SANXIA YIMIN WENHUA LILUN YANJIU

›››

『十三五』国家重点图书出版规划项目
重庆市出版专项资金资助项目

三峡移民文化理论研究

黎小龙 张文 郎诚 主编

西南师范大学出版社
国家一级出版社 全国百佳图书出版单位

图书在版编目(CIP)数据

三峡移民文化理论研究 / 黎小龙，张文，郎诚主编
. -- 重庆 : 西南师范大学出版社，2016.12
ISBN 978-7-5621-7778-4

Ⅰ. ①三… Ⅱ. ①黎… ②张… ③郎… Ⅲ. ①三峡水利工程—水库移民—文化—理论研究 Ⅳ. ①D632.4

中国版本图书馆CIP数据核字(2017)第002678号

三峡移民文化理论研究
SANXIA YIMIN WENHUA LILUN YANJIU

黎小龙 张文 郎诚 主编

责任编辑 卢渝宁 黄丽玉
装帧设计 王玉菊
排　　版 重庆大雅数码印刷有限公司·吴秀琴
出版发行 西南师范大学出版社
　　　　 网址 www.xscbs.com
　　　　 地址 重庆市北碚区天生路2号
经　　销 全国新华书店
印　　刷 重庆紫石东南印务有限公司
开　　本 787mm×1092mm 1/16
印　　张 21.5
字　　数 290千字
插　　页 8
版　　次 2016年12月 第1版
印　　次 2016年12月 第1次印刷
书　　号 ISBN 978-7-5621-7778-4
定　　价 88.00元(精装)

三峡移民

三峡移民文化理论研究

›››

2012 年 4 月，“三峡移民文化理论研究”课题开题

2013 年 11 月，“三峡移民文化理论研究”课题结题

黎小龙在研讨会上发言

黎小龙等专家在三峡水利枢纽工程考察

张文与李娟娟等在重庆江津移民局领导陪同下考察江津内安移民安置点

张文与汪悦等在重庆江津内安移民安置点与移民交流

郎诚在重庆奉节指导三峡移民工作

李文学在山东青岛外迁移民安置点对移民进行访谈

曾现江在重庆万州考察

岳精柱在重庆江津对内安移民进行问卷调查

岳精柱在重庆江津对内安移民进行访谈

邱建彬、孙丰琛在山东青岛对外迁移民进行访谈

邱建彬、孙丰琛在山东青岛对外迁移民进行访谈

周渝津在重庆巫山对就地后靠移民进行问卷调查

周渝津在重庆巫山对就地后靠移民进行访谈

汪悦等在重庆江津对内安移民进行访谈

李娟娟在重庆江津对内安移民进行问卷调查

重庆江津油溪内安移民参加当地选举大会

重庆江津盘古内安移民杀年猪准备过年

MULU

目录

一、绪论

中国三峡工程，又称三峡水电站、三峡大坝，是我国有史以来所建设的最大型的，也是人类历史上鲜有的水利工程项目，它所蕴含的丰富的文化内涵，早已超出水利工程本身，成为一项值得特别加以研究的文化事物。其中，由三峡工程所引发的世界性难题——百万大移民，更是世界移民史上规模最为庞大的非自愿的工程性移民，其所折射出的文化内涵，成为观察三峡工程留给世人的文化遗产的重要切入点。

回顾这段宏伟的三峡移民历史，可以说是一次艰辛而动人的命运大迁徙，也是一次重大的社会重组、一场文化再造工程。因此，百万移民事件绝不仅仅是120余万人口的简单重组，它所引发的巨大社会变迁，并不亚于三峡地区自然景观历经的沧海桑田。因此，在修建三峡工程的大背景下，规模巨大而历时长久的百万大移民，在搬迁安置过程中，始终伴随着国家的顶层设计、省（市）移民局的统筹规划及安排、地方政府和地方移民管理部门的全力配合，以及全社会和全国人民的共同参与。而百万移民，无论是就地后靠、内安还是外迁，他们从迁出地迁移到迁入地的过程，也是一次对物质文化、精神文化、制度文化的适应过程。在这个过程中，必然会形成一种独特的文化现象，即三峡移民文化。随着2010年移民安置任务的全面完成，在百万移民工作取得了举世瞩目的成就的同时，需要对三峡移民文化这一深刻的时代命题加以系统总结和理论概括，从而为这一历史壮举树立起一座文化丰碑。

研究三峡移民文化，首先从文化价值上看，三峡工程和三峡移民在长时间里成为中国政府、中外媒体、外国政治家、学者、各种社会活动家、各类社会组织以及普通大众进行复杂互动的核心论题，作为中国历史上的重大事件，它已经被建构为中华民族文化精神的重要组成部分和新的标志性符号，并必定沉淀为中华民族文化的重要要素，成为承载历史与现实的中国文化的一个有机组成部分。从小处来说，就地后靠、内安、外迁这三种移民模式势必会对三峡地区、重庆地区、异地迁入区带来社会结构和文化结构的变化。这三种移民模式也都需要移民适应周边社会，重构自己的文化模式，而这种重构由于迁入地的不同会出现诸多的面貌和方向。因此，以三峡和重庆为依托的三峡移民文化亦是三峡文化、重庆文化的一个重要有机组成部分。

再者，从现实价值上来看，无论是就地后靠移民、内安移民还是外迁移民，在由迁出地转移到迁入地后，都会经历一次物质文化、精神文化、制度文化层面上的适应过程，在重新构筑自己文化模式的过程中，必然会形成一种新的移民文化适应性规律，我们的任务之一就是找到这个规律并加以系统总结。另外，这次由三峡工程引发的人类历史上罕见的大规模非自愿的工程性移民，随着工程的进度和移民的实际情况，在国家的统筹安排与地方的因地制宜之下，制定出了一系列关于工程性移民的方针、政策、法律、法规、制度、办法等。通过不断实践和探索，不断总结经验和教训，加以适当的修正和完善，已经形成了一套成熟的工程性移民指导方法。三峡移民的成功完成已经部分地证明了这些指导方法的科学性、合理性和可操作性。因此，总结移民文化适应性规律以及一套成熟的工程性移民指导方法，对将来类似的工程性移民有着指导、借鉴的现实价值。

最后，从学术意义上来看，三峡移民历时 18 年，共搬迁安置了超过 120 万人口，如此长时间、大规模的群体人口迁移，必然会生发出一系列有价值的移民理论命题。因此，百万三峡移民在对传统意义的移民理论形成冲击的同时，也会对其进行必要的补充、丰富、修正和创新，其学术价值显而易见。

（一）三峡移民与三峡移民文化概述

三峡，位于长江流域上中游之间，地处我国大陆的腹心地区，西通巴蜀，东达荆楚，拥有得天独厚的地缘优势和突出的战略控制地位，是长江流域的黄金水段。三峡地区的历史源远流长，文化积淀丰厚深邃，多种成分通和交融，上古时期即为东亚大陆重要的民族走廊。进入文明时代以后，三峡成为进出长江中上游的战略通道，由此影响了整个三峡地区乃至巴渝大地，成为一个拥有悠久移民历史的移民走廊和集散地。历史上，远至先秦，近至明清，移民浪潮始终伴随着这一地域的历史发展脉络。历史研究表明，三峡地区乃至巴蜀地区在经历了明末清初的战乱和第二次“湖广填四川”以后，真正的土著居民已经极少了，占据居民中主要人口的已是外来移民。在近现代的历史中，抗战时期国民政府西迁重庆设立陪都，中华人民共和国在 20 世纪 60 年代展开的“三线建设”，都为三峡文化打上了深深的移民烙印。因此，我们可以清楚地看到，三峡文化拥有非常显著的“移民性”特征。换言之，三峡地区，特别是重庆历史上持续的移民浪潮形成了特点鲜明的移民文化传统，成为三峡文化的重要组成部分。

在当代，三峡地区和重庆地区又迎来了一次具有非凡历史意义的大移民，这就是由长江三峡水利枢纽工程而引发的百万移民事件。长江三峡水利枢纽工程是中国人自近代以来一直孜孜追求的治水之梦，在历经了七十年梦想，四十年论证，三十年争论，八年试点，几代领导人慎重考虑，无数水利工作者呕心沥血的努力之后，终于在 1992 年 4 月 3 日第七届全国人民代表大会第五次会议上正式审议通过，成为具有重大战略意义的国家重点工程，具体包括枢纽工程、输电工程和移民工程三部分。根据“一级开发，一次建成，分期蓄水，连续移民”的三峡工程建设方案，三峡移民工程在党中央、国务院和全国人民的关心支持下，经过广大干部的不懈努力和移民的无私奉献，于1993年至1997年完成了一期移民，保障了大江截流的实现；1998年至2003年完成了二期移民，确保了按期蓄水至135米、首批机组发电和永久性船闸通航，移民总任务完成50%以上；2003年到2006年完成了三期移民，水库成功蓄水至156米；2007年到2009年完成了四期移民，支持了枢纽工程的全线建成，并使蓄水位在2010年成功升至175米高程，三峡工程移民总体搬迁安置工作亦在2010年宣告全面完成。这次历时18年之久、移民人口总数超过120万之巨的大型移民工程，由就地后靠、内安、外迁三种类型组成，其中以就地后靠和内安移民为主，特别是重庆地区承接了总移民人口的85%以上。据资料统计显示，至2009年底，重庆库区总共搬迁安置城乡移民1 138 049人，完成了移民的总体规划。另外15%约计18万人口的移民，则离开了世代生活的故土，外迁到了我国山东、上海、江苏、广东、江西、浙江、安徽、福建、湖北、湖南、四川等11个省(直辖市)。

三峡工程移民，属于工程性的非自愿移民，而这一公认的世界性难题最终得以破解，离不开三峡及重庆地区的移民文化传统对三峡工程移民的支撑。三峡及重庆地区的移民文化传统中勇于牺牲当前、追求未来的“冒险精神”“拓荒精神”以及相对较弱的“恋土情结”等，是三峡工程百万移民能够在付出巨大现实代价的前提下，如期完成移民搬迁安置的重要文化动因。[①]

可以说，兼容性、开放性和创新性既是三峡及重庆地区移民文化传统的一般特点，也是整个三峡文化、重庆文化的一般特点。坚毅果敢、勇于冒险、重情重义、团结协作、开拓创新、与时俱进的优秀人文品格，既是

① 参见熊建立:《关于三峡文化与三峡移民文化的若干思考》，重庆三峡学院共建频道，http://uzone.univs.cn/news2_2008_147538.html，访问日期:2014年1月6日。

三峡及重庆地区移民文化传统的精神和灵魂，也是整个三峡文化、重庆文化的精神和灵魂。因此可以说，三峡及重庆地区的移民文化传统很好地支持了当今的三峡工程百万移民。

再次回顾三峡工程百万移民，数量庞大的三峡移民是移民的主体，也是我们必须关注的主要群体和研究的关键部分。移民，必将涉及从一个熟悉的社会生活环境迁移到一个陌生或相对陌生的社会生活环境，再到逐渐熟悉并适应这个新的社会生活环境，然后完全融入其中。这个由熟悉到陌生，再由陌生到熟悉的过程，并不是简单意义上的地理位置的空间变动，而是一种新文化的创造过程，是一种文化模式的变迁，是移民在迁出地长期养成的文化模式与迁入地新的文化模式的适应及融合，是移民重构自身文化模式的过程。移民来到一个陌生的地方，面临一个崭新的环境，从陌生到熟悉，再到适应并完全融入其中，是个漫长而艰难的过程，也是个再社会化的过程。在这个过程中，移民往往面临着来自生理、心理和社会适应等方面的压力，而其中涉及的最主要的问题即是移民的文化适应性问题。可以说，移民的文化适应性是检验移民是否真正融入一个新的社会生活环境，衡量移民搬迁安置工作是否成功的一个长期性、综合性、关键性的指标。从移民的文化适应性内容上来看，涉及移民的物质文化、精神文化和制度文化的多方位的适应。大致来讲，包括以经济生产、饮食与服饰、居住与交通为主的物质文化适应，以语言、休闲方式、家庭社会观、教育观、情感归属与身份认同为主的精神文化适应，以及以移民政策的宣传落实和运行、乡规民约、企业制度、移民社会关系与制度文化的互动的制度文化适应。从移民的文化适应类型上来看，包括以就地后靠模式为主的移民在三峡文化圈内的适应，以内安模式为主的移民在重庆文化圈中的适应，以外迁模式为主的移民在异地文化圈中的适应，这三种类型的适应又会呈现出不同的文化适应状态。因此,移民的文化适应性研究是三峡移民文化理论中最为主要的内容。

研究移民的文化适应性是一项重要的基础性工作,从深层次的角度上看,还必须通过分析三峡移民的动力机制,上升到对三峡移民文化体系的构建。在这里,可以从以下四个层次加以解释。

第一个层次,三峡移民属于工程性非自愿移民,相对于自愿性移民来说,他们实质上是缺乏搬迁动力的,移民被迫离开故土迁移到一个陌生的地方,面临的将是对新的社会生活环境的长期而艰难的文化适应过程。我们必须清楚地认识到,这种非自愿性移民的文化适应前提,是移民必须“搬得出”,必须忍受背井离乡的痛苦,离开熟悉的生活生产环境以及改变长期养成的文化模式,因此,三峡移民所面临的困难显而易见。但三峡百万移民最终如期实现了搬迁安置,驱使他们克服种种困难,最终踏上移民之路的,除了国家政策的扶持、广大移民干部长期的思想宣传工作以及全国人民的广泛关注之外,最重要也是最核心的动力来源于移民本身。只有移民自身对三峡工程事业形成心理认同,从而肯定自身的利益牺牲在这项事业中产生的价值,并且由此怀着对未来生活的憧憬,他们才可能在非自愿的前提下主动地去适应新的社会生活环境。这就是三峡移民文化适应的前提,即移民搬迁的动力机制,是构建三峡移民文化的一个重要组成部分。

第二个层次,在移民搬迁内、外部动力的共同作用下,三峡移民最终实现了“搬得出”的目标,这使他们对新环境的文化适应成为可能。从移民定义的时间规定来看,移民从迁出地搬出,应是长时间或永久性的,到迁入地居留,也应是长时间或永久性的。因此,移民来到迁入地后,还必须实现“稳得住”的目标,这就涉及移民在迁入地文化适应性过程的问题。如果移民无法适应迁入地文化,那么就很可能因“稳不住”而出现返迁的情况,特别是对一些外迁到其他 11 个省(直辖市)的移民来说,能够适应当地文化,是他们"稳得住"的重要基础。我们应看到,移民的文化适应是一项长期而艰难的过程,移民需要通过再社会化,明确角色定位,确定移民身份,进而形成安置点及其外部环境所需要的知识、技能和价值观,在与他人的互动和博弈中找到适合移民自己的生存方式。从文化适应的一般规律上来讲,移民的文化适应要经历四个阶段,即由新鲜感带来的短暂的多幸期,进入新文化对母文化的文化冲击阶段,进而来到最为漫长的文化变化阶段,最后经历一系列的文化适应才能达到精神安定阶段。也就是说,移民要完成以上文化适应的全部阶段,最终成功融入当地社会,中间必然会遇到各式各样的困难,而支撑他们克服这些困难的动力,除了当地政府、民众的帮助和社会各界的大力支持以外,最主要、最核心的动力依然来源于移民自身。只有在移民群体自身中形成了顾全大局的观念和坚忍不拔的精神,移民才有可能最终完成长期而艰难的文化适应过程,移民任务才能取得全面意义上的胜利。

第三个层次,通过以上两个层次的动力机制分析,可以看到,移民进行文化适应的核心动力来源于他们对三峡工程的认同和对自身价值的肯定,以及在适应过程中顾全大局的观念和坚忍不拔的精神。在第三个层次中,就是要将这些内涵加以整合提炼,形成价值提升,从三峡移民精神和国家观念的高度构建三峡移民文化体系。众所周知,在三峡移民过程中逐步形成了以"顾全大局的爱国精神、舍己为公的奉献精神、万众一心的协作精神、艰苦创业的拼搏精神"[①]为主要内涵的三峡移民精神。而三峡工程是一项国家级的重大水利工程,因此,只有移民首先对国家产生认同,才能认同三峡工程的价值,进而才能认同三峡移民工作,认同自身牺牲的价值。因此,三峡移民精神集中体现了国家观念在移民文化适应动力机制中的巨大作用和价值导向。国家观念是中华民族几千年来

① 肖长富:《新时期民族精神和时代精神的生动体现》,《人民日报》2006 年 4 月 10 日。

形成的文化精髓，三峡移民作为中华儿女，血液中流淌着“天下兴亡，匹夫有责”的优良传统，胸怀着“苟利国家生死以，岂因祸福避趋之”的主人翁意识和“舍小家，保大家”的大无畏精神。可以说，国家观念始终伴随着三峡移民文化适应过程的始终。

第四个层次，“在人类改造和利用自然的历史上，任何一项关系全局的重大工程建设都必然对国家和民族的发展产生重大而深远的影响，也必然孕育出震撼人心、传之千古的伟大精神”。[①] 长江三峡水利枢纽工程就是这样一项关系着我国现代化建设全局和中华民族长远发展的重大工程，由兴建三峡工程而引发的百万大移民更是创造了人类水库移民史上空前的奇迹，而在百万大移民的实践中产生的三峡移民文化必将极大地丰富和发展三峡文化、重庆文化的内涵，并沉淀为中华民族文化的重要传统，成为承载历史与现实的中国文化中的一个有机组成部分。三峡百万移民亦是一次主要基于国家和民族公共利益的大移民，由此形成的三峡移民精神是三峡移民文化的灵魂和价值所在，是新时期民族精神和时代精神的生动体现。三峡移民精神是以爱国主义为核心的民族精神和以改革创新为核心的时代精神在三峡移民过程中的生动体现，是广大三峡移民、移民干部、安置地非移民群体及全国各族人民共同创造出来的宝贵的精神财富，将成为中华民族文化精神具有感召力和凝聚力的新的符号性象征。这种符号性意义，将强化民众的国家观念、爱国主义和集体主义意识，唤起民众的民族情感和对国家利益的认同感，使人们作为公民主体和道德主体，在国家利益面前甘心情愿地牺牲小我，并发扬艰苦奋斗、开拓创新的精神，以极大的热情投身于三峡库区建设、中华民族伟大复兴事业和社会主义现代化建设之中，为库区的和谐、祖国的富

① 肖长富:《新时期民族精神和时代精神的生动体现》,《人民日报》2006 年 4 月 10 日。

强、民族的振兴奉献自己的力量。[①] 因此，在最后一个层次中，将全面提升三峡移民文化作为中华民族精神伟大历史遗产的价值。

综上所述，本书的主旨可概括为：在研究三峡文化、重庆文化中的“移民性”特征的基础上，以三峡工程移民为主要研究对象，以移民的文化适应为主要研究内容，总结出三峡移民的文化适应性规律，通过分析移民文化适应的动力机制，从而构建起三峡移民文化体系，突出三峡移民精神和国家观念在移民中的巨大作用和价值导向，进而全面提升三峡移民文化作为中华民族精神伟大历史遗产的价值，最终从文化的视角为三峡工程百万移民这一历史壮举树立起一座丰碑。

（二）三峡移民与三峡移民文化类型

研究三峡移民文化理论，首先要对本书的一些主要概念做一个明确的界定，弄清楚何为三峡移民，何为三峡文化，何为三峡移民精神，何为三峡移民文化，并且厘清这些概念的内在联系。其次，还必须对三峡移民文化的类型进行清楚的划分，以及讲明每种类型中所包含的文化层次。这是此部分的主要内容，也是全文的基础性工作。

1. 三峡移民文化理论中主要概念的界定

（1）三峡移民

“移民”一词最早见于《周礼·秋官·士师》：“若邦凶荒，则以荒辩之法治之，令移民、通财、纠守、缓刑。”[②]这里的“移民”是作为动词出现的，即迁移人口。与“移民”同义的词是“徙民”，徙即为迁移之意。《周礼·地官·邻长》中记载：“邻长掌相纠相受……徙于他邑，则从而授之。”[③]而

① 参见贺建平等：《宣传与认同：三峡移民精神报道分析》，《新闻界》2008年第3期。

② ［汉］郑氏注，［唐］陆德明音义、贾公彦疏：《周礼注疏·秋官·士师》，文渊阁四库全书本。

③ ［汉］郑氏注，［唐］陆德明音义、贾公彦疏：《周礼注疏·地官·邻长》，文渊阁四库全书本。

最早将移民作为名词使用，则出现于《史记・平准书》中："其明年，贫民大徙，皆仰给县官，无以尽赡。卜式持钱二十万予河南守，以给徙民。"[①]这里的"徙民"，也就是"移民"，用作名词即是指迁移的人口。

现代汉语中对"移民"的解释，有以下三种典籍可供参考。第一种，《现代汉语词典》中对"移民"的解释有三种含义：其一，居民由一地迁往另一地落户；其二，居民由一国迁往另一国落户；其三，迁移到外地或外国去落户的人。[②] 第二种，《辞海》中对"移民"的解释有二：其一，迁往国外某一地区永久定居的人；其二，较大数量的、有组织的人口迁移。[③] 第三种，台湾《云五社会科学大辞典》第11册《地理学》中对"移民"的解释为："移民是人口动态的一种，'普通限于涉及有较长期居住变更的人口迁徙'，并非指任何一种的人口移动。如甲地人口移往乙地从事较长期的居留，这才叫做移民。从甲地的立场看，这是人口外移(emigration)；从乙地的立场看，这是人口内移(immigration)。就其迁徙所及的区域看，国与国间的人口迁徙名为国际移民；一国内部的人口迁徙名为国内移民，又可别为区域移民和农村都市间之移民。"[④]在国际上，也有权威的典籍对"移民"进行解释，如《不列颠百科全书》对"移民"(human migration)的中文解释为"个人或群体居住地的经常性变动"[⑤]。

综合以上古今中外典籍对移民的解释，我们认为，移民是指个人或团体，经过一定距离上的空间移动，从迁出地搬迁开始到迁入地定居结束的过程，也是指进行迁移的人口本身。从空间上看，可以分为国际移民、国内移民、区域移民、城乡移民等，移民的最小空间距离至少应该有

---

① [汉]司马迁：《史记》卷30《平准书》，中华书局，1959年，第1432页。

② 《现代汉语词典》第7版，商务印书馆，2012年，第1545页。

③ 《辞海》，辞书出版社，1989年，第4585页。

④ 王云五主编：《云五社会科学大辞典》第11册，台湾商务印书馆，1974年，第195页。

⑤ 《不列颠百科全书》国际中文版第8册，中国大百科全书出版社，1999年，第226页。

居住环境或文化背景上的较大变更。从时间上来看，移民从迁出地搬出，应是长时间或永久性的。到迁入地居留，也应是长时间或永久性的。在人口学中，一般将居住时间在一年或六个月以上者界定为“迁移者”或“移民”，这是为了区别于“流动人口”而言的。从意愿上来看，总体可以分为自愿性移民和非自愿性移民两种，[①]三峡移民应属于非自愿性的工程移民。

在对移民的概念有一个总体的认识之后，接下来还应对“三峡”有一个区域范围的界定。在我国，论及三峡的区域概念，学术界还没有一个统一的认识和看法，一般有大、中、小三峡三种说法：大三峡，即广义上的三峡，是指西起四川宜宾，东至湖北宜昌段长江，共 1 044 千米的江段；中三峡，即通常所说的三峡，是指西起重庆，东至湖北宜昌段长江，共 659 千米的江段；小三峡，即狭义的三峡，是指西起重庆奉节白帝城，东至湖北宜昌南津关，共 193 千米江段的瞿塘峡、巫峡、西陵峡三个特大峡谷。

本书所涉及的三峡区域概念，与通常所认为的三峡地区的范围大致相同，但为了更加准确，我们将采用因三峡水利枢纽工程建设而引发的三峡库区的概念。三峡工程完成后，按水库坝前 175 米蓄水计算，水库从湖北宜昌三斗坪一直淹没到重庆市江津区，水库长达 600 多千米，淹没面积约 632 平方千米，形成一个水面约 1100 平方千米的人工内陆湖，这就是通常所说的三峡水库。三峡水库除了接纳上游主流金沙江和本段主流峡江以外，还接纳了嘉陵江、乌江、彭溪河、梅溪河、大宁河等库内支流，这些呈辐射状的支流无疑放大了三峡水库的范围和功能。因此，我们将三峡水库周围涉及重庆的 20 多个区县、湖北的 4 个市县统称为三峡库区，因为行政管辖区域不同，又分别称三峡重庆库区、湖北库区。就

① 参见施国庆：《移民学探讨》，载唐传利、施国庆主编：《移民与社会发展国际研讨会论文集》，河海大学出版社，2002 年，第 263 页。

重庆库区而言，包括了重庆的奉节县、巫山县、巫溪县、开县、云阳县、万州区、忠县、石柱县、丰都县、涪陵区、武隆县、长寿区、江津区、渝北区、巴南区、渝中区、沙坪坝区、南岸区、九龙坡区、大渡口区和江北区等20多个区县。[①] 就湖北库区而言，则包括了湖北省所辖的宜昌市、秭归县、兴山县，以及恩施州所辖的巴东县。可以看出，三峡库区是一个被三峡水利枢纽工程放大了的工作空间、生态空间和地缘区域。[②]

从三峡库区淹没情况来看，受淹陆地面积约为632平方千米，为全库面积的1.11%，其中85%在重庆市境内，淹没重庆市467平方千米的陆地面积。根据国务院办公厅2006年1月2日在官方网站发布的三峡库区淹没情况的数据，三峡水库淹没涉及湖北省、重庆市的20个县（区）的277个乡镇、1 680个村、6 301个组，淹没涉及的城市2座、县城11座、集镇114个。其中，全淹或基本全淹的县城有8座：秭归县归州镇、兴山县高阳镇、巴东县信陵镇、巫山县巫峡镇、奉节县永宝镇、原万县沙河镇、开县汉丰镇、丰都县名山镇。大部分淹没的县城1座：云阳县云阳镇。部分淹没的市区和县城4个：万州区、涪陵区、忠县忠州镇、长寿县（2001年改为长寿区）城关镇。主要淹没实物指标：按1992年普查统计，三峡工程淹没线以下人口84.75万，其中城镇人口55.93万（含工矿企业人口），农村人口28.82万。考虑到人口自然增长等因素，至2009年工程竣工时，规划搬迁人口达113万。淹没耕园地38.95万亩[③]，其中淹没耕地25.26万亩，园地10.83万亩。淹没房屋面积3 473.15万平方米，其中城镇1831.24万平方米，农村921.44万平方米，工矿企业720.47万平方米。淹没工矿企业1 549个（不含湖北省非工矿企业、重庆市汛后影响企业）。

① 参见王川平：《三峡文化特质与三峡人文精神》，《重庆社会科学》2010年第8期。

② 参见王川平：《三峡文化与三峡人文精神》，《长江文明》2010年第2期。

③ 鉴于移民群体的使用习惯，为保持采用数据的原始性、通俗性，本书保留使用以亩为土地面积单位。1亩≈666.7平方米。数据38.95万亩与下文分项数据合计不一致，原文如此。

淹没公路 816 千米，输变电线路1 986千米，通信线路3 526杆千米，广播线路4 480杆千米；淹没码头 601 个，水电站 114 处(装机91 735千瓦)，抽水站 139 处(装机9 933千瓦)。[1] 根据淹没性质，需进行水库淹没处理及移民安置规划的县(市、区)有：湖北省的宜昌县(2001 年改为宜昌市)、兴山县、巴东县、秭归县，重庆市的巫山县、巫溪县、云阳县、奉节县、开县、忠县、万州区、涪陵区、石柱县、丰都县、长寿区、武隆县、江北区、巴南区。

综上，本书所论及的三峡移民，即特指因长江三峡水利枢纽工程引发的三峡库区内受淹地区所涉及的移民。从空间上来看，包括就地后靠移民，即在受淹本县、区内安置的移民；内安移民，即受淹本县、区安置不了的，由湖北省、重庆市政府在本行政区域内其他市、县、区安置的移民；外迁移民，即湖北省、重庆市安置不了的，需要外迁至其他省、自治区、直辖市安置的移民。这些移民在最小空间距离上都存在居住环境和某种文化背景上的变更。从时间上来看，由于三峡工程蓄水原因，将会有大面积的土地、住房遭到永久淹没，因此三峡移民从迁出地搬出的时间是永久性的，移民通过政府有组织、有规划地实施搬迁安置，他们到迁入地定居的时间也应是长期或永久性的。从意愿上来看，三峡工程移民属于典型的非自愿性移民，具有人数庞大、内容繁杂、项目众多、资金数额巨大、时间跨度长、管理难度大等显著特点。

另外，三峡移民在本书除了特指三峡工程移民外，由于研究需要，还会涉及历史上三峡地区的移民。这里的三峡地区在范围上也会从中观乃至宏观的区域角度加以延伸，具体内容将在后文论述。

(2)三峡文化

说到“文化”这一人类社会特有的概念，其涉及的内容非常广泛。一

① 《[总体规划]三峡库区的淹没情况》，中央政府门户网站，2006 年 1 月 2 日，http://www.gov.cn/ztzl/2006-01/02/content_145309.htm，访问日期：2014 年 3 月 10 日。

直以来，许多哲学家、社会学家、人类学家、历史学家和语言学家都试图从各自学科的角度来界定文化的概念，然而，迄今为止仍没有获得一个公认的、令人满意的定义。仅在美国人类学家克罗伯与克拉克洪合著的《文化，关于概念和定义的讨论》一书中，就罗列了从1871年到1951年80年间关于文化的164种定义。[①] 由此可见，要给“文化”下一个严格而精确的定义是一件非常困难的事情。

一般认为，宏观的文化是指人类所创造的物质财富与精神财富的总和。微观的文化作为有机整体包括了物质、人群和精神三方面，人群是指组织化群体。马林诺斯基解释说：“我提议将这样的人类组织单位称为制度。”“这个概念意味着对一套传统价值的认同，人们为此而结成一体。它也意味着人们之间，以及人与自然或人工环境的特定物理部分之间，都有着确定的关系。在自身目的或传统要求的宪纲之下，遵循着其团体的特定规范，使用着受其控制的物质装备，人类共同行动以满足他们的某些欲望，同时也对其环境产生影响。”[②]哲学家张岱年等也认为，文化主要包含三个层次：第一层是思想、意识、观念等，思想意识中最重要的方面是价值观和思维方式；第二层是文物，即表现文化的实物，它既包括哲学家的著作、文艺作品等“物”，也包括科学技术物化形态的“物”，即人工改造过的物质；第三层是制度、风俗，是思想观点凝结而成的条例、规矩等。[③]

本书所讨论的文化概念，可以从宏观和微观两个方面来说。在论及三峡文化、巴渝文化、中华文化时，采用文化的宏观解释，即人类在实践中创造的物质与精神财富的总和；在论及三峡移民文化时，重点分析的

① 转引自童恩正：《文化人类学》，上海人民出版社，1989年，第7页。

② 〔英〕B. 马林诺斯基：《科学的文化理论》，黄建波等译，中央民族大学出版社，1999年，第55页。

③ 张岱年、程宜山：《中国文化与文化论争》，中国人民大学出版社，1991年，第4页。

是移民的文化适应性，则采用文化的微观解释，主要涉及物质文化、制度文化和精神文化三个层面。

(3)三峡移民精神

三峡移民精神是三峡移民文化的总体价值提升，集中体现了国家观念在移民文化适应性动力机制中的巨大作用和价值导向。它是三峡移民过程中所形成的“顾全大局的爱国精神、舍己为公的奉献精神、万众一心的协作精神、艰苦创业的拼搏精神”的总称。对于三峡移民精神的内涵和特征，郇云峰在《三峡移民精神概论》一书中做了如下概括[①]：

顾全大局，是三峡移民精神形成的前提和起点，爱国是在特定时代和特定环境下实实在在的意识和行动，表现为当地区、家庭及个人利益与国家利益相冲突时，能够自觉服从国家利益这个大局。随着三峡工程的兴建，这个报效祖国、无怨无悔的大局意识，始终与库区百万移民相随相伴，无论是移民的毁家舍园、背井离乡，移民干部的风餐露宿、鞠躬尽瘁，还是安置区的让利移民、无私奉献，各级政府部门的不辞劳苦、忘我工作，都是顾全大局的爱国精神的具体体现。

舍己为公，无私奉献。广大移民群众、移民干部以及社会各界人士自觉地把顺利完成三峡移民任务当作崇高职责，将自己的人生价值、生活幸福、美好年华乃至宝贵生命奉献于百万大移民和社会经济重建中。各级党政领导和基层移民干部，自觉“以移民为先，以移民为重”，“宁可苦自己，决不误移民”，全身心地投入移民工作中，夜以继日，艰苦奋战，充分体现了中国共产党人“全心全意为人民服务”的精神和“立党为公，执政为民”的政治理念，蕴含着新时期共产党人的献身精神和高贵品格，是共产主义精神在三峡库区和当代中国的生动体现。舍己为公、无私奉

① 参见郇云峰主编:《三峡移民精神概论》，中国三峡出版社，2005年，第9—15页、第22—26页。

献也集中体现在三峡移民“苟利国家生死以，岂因祸福避趋之”的主人翁意识和“舍小家，保大家”的大无畏的奉献精神之中。

万众一心，各方协作，是社会主义制度的最大优势，这一优势在全国对口支援三峡库区移民迁建行动中得到最充分的彰显。对口支援的各省市、各部门按照“优势互补、互惠互利、长期合作、共同发展”的原则，全方位、多形式地给予支援，给库区产业结构调整、先进技术推广、农业产业提升、投资环境改善、社会事业发展、移民外迁安置带来了极大的帮助，用实际行动说明三峡工程、三峡移民是全国人民共有的事业和责任，体现了社会主义团结协作的本质。

艰苦奋斗，负重拼搏，是中华民族的优秀品德，是中国共产党人的优秀传统，同时又是我们今天全面建成小康社会，实现民族伟大复兴的强大精神支持。正是移民群众和干部在迁建过程中怀着为国家建设做贡献、为子孙后代创造美好生活的坚定信念，自力更生、奋力拼搏的创业精神，艰苦朴素、勤俭节约的生活面貌，不屈不挠、发愤图强的工作态度，使得三峡移民工程和库区建设获得丰硕的成果。

开拓创新，锐意进取，是中华民族的传统美德，是中华民族几千年来自强不息的精神法宝，是时代赋予的要义，是开发性移民的本质要求，也是移民自身发展的需要。移民是一个破旧立新的过程，移民需要面对新的生产生活，需要重建家园，工矿企业需要搬迁重建，基础设施需要重新建设……在这个破旧立新的过程中，离不开开拓创新、锐意进取的精神，正是在这种精神的推动下，才能实现“搬得出，稳得住，逐步能致富”的移民目标，才能建设好和谐的新库区。

三峡移民精神产生于三峡库区，植根于百万移民的社会实践中，产生于改革开放和现代化建设的新时期，具有民族性、时代性、实践性、服从性、主动性、创新性等显著特征。

民族性。三峡移民精神继承了中华民族传统中精忠报国、舍生取义、勤劳勇敢、自强自立的精神和识大体、顾大局的优良传统，表现出中华民族在重大历史关头精诚团结、无坚不摧的凝聚力量，具有鲜明的大中华的整体民族性。它还传承了三峡地域文化和民俗文化的精髓，进一步延续了三峡人强悍劲勇、热情豪放、淳朴善良、忍辱负重的人文品格，具有突出的大三峡的地域民族性。

时代性。三峡移民精神是在社会主义现代化建设和改革开放的时代背景下产生形成的，它凝聚着新时期中华儿女报效祖国的真挚情感，饱含着三峡儿女与全国人民一道共创美好生活的不懈努力和追求。治理长江，造福于民，是一部史诗，更是一部中华民族的奋进史，需要顾全大局、无私奉献、万众一心、艰苦创业的时代精神。

实践性。三峡移民精神是对百万移民这一客观实践活动的集中反映，是对这一生动历史进程的概括和总结，是广大移民、移民干部以及对口支援库区的中央各部委、各省市在共同实践基础上形成的精神结晶，是中国共产党在新的伟大创业实践中发展先进文化的最新理论成果，是全国人民用实践行动铸就的一座精神丰碑。

服从性。三峡移民作为非自愿性移民，具有较强的时间阶段约束，表现为整个家庭乃至较大规模的群体迁移安置模式，迁建安置遵循“前期补偿，后期扶持”原则，要经历一个相对长期的过程。百万移民需要顺应国家发展建设大局的需要和改变自身原来的生产生活方式，以适应全新的自然环境和社会环境，因此三峡移民精神中包含着国家意志的规定和要求。

主动性。三峡百万大移民是一个充满着主观能动性、积极性和创造性的过程。百万移民或就地后靠，或内安他乡，或远徙外地，把“水撵人”变成了“人让水”。库区广大干部，外迁地和安置地各级党委政府，对口支援三峡库区的各部门、各省市积极发挥智慧，探索移民安置、迁建和思想政治工作的新思路和新方法，创造出帮助移民顺利搬迁和安稳致富的新模式、新途径。

创新性。三峡百万移民是一个重建家园、再创新业的艰难过程，经过库区广大群众，承担对口支援任务的中央各部委、各省市和全国人民不屈不挠的共同奋斗，库区的经济社会发展、人民生活水平和生产工作条件跃上了一个新的台阶，这种敢于在废墟上追求新生、永不言退的气概是三峡移民精神的创新性所在。

(4)三峡移民文化

本书所讨论的三峡移民文化，从宏观上来说，包括两个部分：一是指由三峡地区，特别是重庆历史上持续不断的移民浪潮而形成的三峡移民文化传统，这是三峡文化和重庆文化中“移民性”特征的集中体现。二是指在长江三峡水利枢纽工程引发的三峡百万移民中形成的新三峡移民文化，以研究三峡移民的文化适应性为主，构建起的三峡移民文化体系，其中又包括移民文化适应的前提和文化适应的过程两部分。从微观上来说，三峡移民文化因三峡百万移民而被提出，所以三峡移民文化又因其时代性而特指在三峡百万移民中形成的移民文化，这也是本书研究的重点。

本书在分析三峡移民文化传统的基础上，重点研究新三峡移民文化的内涵，并进行理论概括。从文化传承上看，新三峡移民文化是对传统三峡移民文化的继承。在三峡移民搬迁工程启动过程中，三峡移民传统的“冒险精神”“拓荒精神”与相对较弱的“恋土情结”有力地支撑了三峡移民搬迁工程的顺利展开。在新时期、新事件、新任务的背景下，新三峡移民文化对传统三峡移民文化进行了丰富和发展，形成了“顾全大局的爱国精神、舍己为公的奉献精神、万众一心的协作精神、艰苦创业的拼搏精神”的三峡移民精神。这一新时代的三峡移民文化的精神实质，成为支撑三峡移民克服各种困难如期完成移民搬迁工程的最重要的精神支柱。

综上所述，三峡移民精神作为三峡移民文化的精神实质，是对传统三峡移民文化的继承与发展，也由此成为三峡文化、重庆文化的有机组成部分，并极大地丰富了三峡文化、重庆文化的精神内涵。从更高层次看，以三峡移民精神为内核的三峡移民文化作为中华民族文化的有机组成部分，随着划时代的伟大工程——三峡水利枢纽工程的顺利完成，前无古人的历史壮举——百万三峡移民工程的顺利实施，已然成为重大历史事件载入史册，从而成为中华民族文化的重要组成部分和新的标志性符号，并必定沉淀为中华民族文化的重要传统，成为承载历史与现实的中国梦的重要载体。

2. 三峡移民文化类型的划分

2001年2月15日国务院第35次常务会议通过的《长江三峡工程建设移民条例》第二章《移民安置》中第十四条规定：“三峡工程建设移民安置实行就地安置与异地安置、集中安置与分散安置、政府安置与移民自找门路安置相结合。移民首先在本县、区安置；本县、区安置不了的，由湖北省、重庆市人民政府在本行政区域内其他市、县、区安置；湖北省、重庆市安置不了的，在其他省、自治区、直辖市安置。”[①]根据条例对移民安置的规定，结合移民管理上的习惯分类，我们将三峡移民类型分为三类：就地后靠移民，即在受淹本县、区内安置的移民；内安移民，即受淹本县、区安置不了的，由湖北省、重庆市人民政府在本行政区域内其他市、县、区安置的移民；外迁移民，即湖北省、重庆市安置不了的，需要外迁至其他省、自治区、直辖市安置的移民。这是以移民搬迁区域的远近空间进行的类型划分。

---

① 《长江三峡工程建设移民条例》，《中华人民共和国国务院公报》2001年第10期。

然而，本书研究的是三峡移民文化，所以还应在文化的层面对三峡移民进行类型的划分。我们以移民搬迁的地理空间位置为依据，将三峡移民文化的类型划分为三峡文化圈、重庆文化圈和异地文化圈三类。

三峡文化圈，主要对应的是就地后靠移民，研究的是就地后靠移民的文化适应情况。三峡工程蓄水，将淹没三峡库区内的许多区县，但不是所有的区县都会遭到全部淹没，因此，只要当地有足够的容纳空间，有充足的土地，有良好的基础设施，这些区县内受淹地区的群众就可以在本区县内部进行就地后靠安置，由低处的淹没地区向高处迁移。由此，就地后靠移民在空间上分布于三峡库区内部，他们在迁入地的文化适应情况所反映出的移民文化类型，我们将之划定为三峡文化圈。

重庆文化圈，主要对应的是内安移民，研究的是内安移民的文化适应情况。当受淹区县内部没有足够的容纳空间安置本区县的受淹民众时，或一些区县基本处于三峡水库蓄水线以下，全区县绝大部分受淹群众面临移民时，就需要在湖北省、重庆市内其他未受淹的区县进行内迁安置。由于有移民搬迁安置任务的区县，除了湖北省的4个县以外，其余的区县都集中在重庆市内，重庆承担了整个三峡移民搬迁安置任务的85%以上。因此，内安移民在空间上主要集中于重庆市内部，他们在迁入地的文化适应情况所反映出的移民文化类型，我们将之划定为重庆文化圈。

异地文化圈，主要对应的是外迁移民，研究的是外迁移民的文化适应情况。当就地后靠和内安移民数达到地区容纳量饱和时，在科学移民的指导下，为了解决余下的移民安置任务，就需要将移民外迁至我国其他省份进行妥善安置。移民外迁的省份有山东、上海、江苏、广东、江西、浙江、安徽、福建、湖北、湖南、四川11个省（直辖市）。在此需要说明的是，由于湖北省有移民搬迁安置任务的只有宜昌县、秭归县、兴山县、巴东县，而且各县基本实现了移民后靠和内迁安置，因此湖北省绝大多数地区未有移民搬迁安置任务，对于地处重庆市的移民来说，在此将湖北省列为外迁地区。由此可见，外迁移民在空间上分散于临近的四川和广大中、东部地区，他们在迁入地的文化适应情况所反映出的移民文化类型，我们将之划定为异地文化圈。

另外，从移民的文化适应性内容上来看，涉及移民的物质文化、精神文化和制度文化的多方位适应过程，因此本书在研究移民的文化适应性时，将从物质文化、精神文化和制度文化三个层面进行分析。大致来讲，包括以生计方式、谋生手段等为主的经济生产适应，以语言、饮食、居住、交通、人际关系、休闲娱乐、民风民俗等为主的生活方式适应，以家庭社会观念、教育观念、身份认同及情感心理归属等为主的思想观念适应，以及移民对移民政策、法规、乡规民约、厂规与企业制度等的制度文化适应等。

综上所述，本书将以三峡移民在物质文化、精神文化、制度文化三个层面的适应性研究为纲，以就地后靠移民、内安移民、外迁移民在以上层面的文化适应性分析为目的，探求三峡文化圈、重庆文化圈、异地文化圈各自的移民文化内涵。

（三）三峡移民研究与三峡移民文化理论

任何系统的研究都不是一蹴而就的，离不开前人研究成果的支持。目前，学术界对三峡移民的研究，经过多年的努力和探索，取得了较为丰硕的成果。在此，我们有必要将国内外学术界对三峡移民的研究、对移民文化适应性的研究以及对移民理论的研究现状做一个概括介绍，以更好地指导本书的写作。

1. 有关三峡移民的研究

三峡移民由长江三峡水利枢纽工程引起，可以说它既是三峡工程项目的重要组成部分，又因其必然带来的长期复杂的社会文化变迁而具有相对的独立性。从三峡项目的设想、论证、展开到今天中国长江三峡集团公司的稳定运行，期间对该问题的研究一直没有间断，成果也越来越丰富。总体上梳理国内的既有成果，可以发现对三峡移民问题的研究大致经历了四个阶段。

第一阶段是1996年之前，主要针对工程性人口迁移和迁移补偿等问题进行研究，研究主体以政府相关部门和水利工程等学科为主，研究体裁以工作报告、规划、总结为主。如时任长江水利委员会库区处助理工程师的朱春芳在《浅谈三峡库区农村移民生产安置途径及方法》一文中指出："随着三峡工程的正式开工，三峡库区移民的动迁已是不能回避的事实。如何合理解决三峡移民安置，尤其是几十万农村移民的生产安置，已不再是纸上谈兵的事了。"她为此对三峡工程农村移民的生产安置途径及方法做了总结，主要有以下几点：第一，种植业安置；第二，利用库区自然优势资源，大力发展第二、三产业；第三，结合库区受淹工矿企业的扩改迁建安置移民；第四，参加农村社会养老保险，安置老年移民；第五，外迁等多个方面对移民提出了建设性意见。[①] 时任宜昌县移民局副局长的王江义在《三峡坝区移民安置的实践与思考》一文中提到，为了三峡工程前期施工准备的需要，从1984年开始，处于坝区的宜昌、秭归两个县4个乡镇19个村的1 400多人要进行搬迁和重新安置。但在这一过程中出现了一些困难，如对施工征地的复杂性认识不足，改变产业结构步子太大，过高估计了坝区发展农村商品经济的能力，忽视了移民劳动就业中对农业的开发，以及存在补偿资金管理缺乏宏观调控等问题。这些问题极大地影响了移民的工作，很多移民对此甚为不满。所以从1986年

① 朱春芳：《浅谈三峡库区农村移民生产安置途径及方法》，《农田水利与小水电》1995年第10期。

开始，政府从调整当地产业结构和开发农业资源入手，逐步改变移民安置工作的不良局面。并提出只有正确处理好开发与发展的关系，才能促进坝区经济的发展，不断提高移民的生活水平。①

第二阶段大致是从 1996 年到 1999 年，经济学、管理学、社会学、人口学、法学等相关社会科学参与其中，研究重点出现转向，即关注重点不再仅仅把移民作为三峡工程的附属部分，而是转向移民群体本身。研究者们总结迁移模式及其后果，进行移民过程中的事件分析，同时开始涉及移民迁徙前后的主观心态，研究方法以观察法和文献法为主。马传松、莫远明等在《三峡工程移民心态调查与分析》一文中提出，移民心态会直接影响三峡工程的进行，也会影响整个三峡库区的经济发展和社会稳定。他们通过调查得出，大部分三峡移民的心态是积极的，具有较强的自力更生意识，对搬迁后的生活充满希望。但也有一小部分移民对此持消极抵制态度，因此需采取一些配套性措施加以调节，及时把握移民的心态并关注其发展变化，积极引导移民改变消极观念，树立起积极向上的乐观态度，使其逐步适应迁后的生产生活。② 刘震、雷洪在《三峡移民在社会适应性中的社会心态》中指出："三峡移民在搬迁后生活环境的社会适应或社会化中，其主观能动性具有重要意义，迁后的社会心态是这种主观能动性首先的和集中的表现状态。"他们通过调查湖北部分三峡移民在搬迁前后生活环境的变化和他们对生活的满意程度，分析移民的社会心态及其原因，认为已迁移民的心态急需调整，政府应在目前工作的基础上，进一步加强对移民心态的引导和调整，使移民在社会适应和社会化的过程中能更好地发挥其主观能动性。政府部门还要倾听移民群众的意见和建议，切实解决移民存在的生产生活困难，充分尊重和保

① 王江义：《三峡坝区移民安置的实践与思考》，《人民长江》1995 年 11 月。

② 马传松、莫远明等：《三峡工程移民心态调查与分析》，《涪陵师专学报（社会科学版）》1998 年第 2 期。

护移民的人格和利益，从而使移民迁得顺心，住得舒心。[①]

第三阶段大致是从1999年到2003年，更多的相关学科介入其中，移民研究视角和范围不断扩展和深化，探索也越来越细致。学者们从主要关注移民个体的微观研究上升到移民社会发展的宏观层面，研究移民的社会适应性、社会整合、可持续发展等问题。研究方法也扩展到问卷调查、参与观察、个案深度访谈等。杜健梅、风笑天的《人际关系适应性——三峡农村移民的研究》一文强调，三峡移民在迁入新的居住地后，除了生产、生活和观念的调适外，还要重新建立和适应新的人际关系。“他们能否适应动迁后的新的人际关系，在某种程度上决定着‘稳得住’这个问题。因此对人际关系适应性的关注，无疑是推动三峡移民工程进程中的一项必不可少的重要工作。”他们通过对宜昌八个移民安置点的调查分析发现，移民与当地居民的人际关系基本融洽，但仍有部分移民有被歧视感，移民安置区干群关系不容乐观，并且大部分移民都有怀旧情绪。他们研究认为影响移民人际关系主观适应性的因素主要是传统的人际交往模式、人地关系紧张、移民的补偿心理受挫，还有就是非移民的平均主义观念和社区管理的非规范性。从而得出若要移民“迁得出，稳得住”就必须做好正确的引导工作，积极发展多种集体经济以及推进移民社区的村民自治制度，扩大移民对村民事务的参与。[②] 谢培秀、刘奇中、程宏志在他们的《三峡移民新村经济发展思路探寻——关于长丰县丰峡村经济发展的调研报告》中写道，三峡移民来到安徽省长丰县丰峡村后，已基本适应当地的气候、生活环境和风土人情，村民的居住条件和生产发展都已得到很大改善，但只能说还处于“稳得住”阶段，在向“逐步能致富”这一阶段发展中还存在不足与问题。其主要不足是农业生产结

① 刘震、雷洪：《三峡移民在社会适应性中的社会心态》，《人口研究》1999年第2期。

② 杜健梅、风笑天：《人际关系适应性——三峡农村移民的研究》，《社会》2000年第8期。

构单一，使得农业物质能量循环不合理，导致农业生产高成本、低回报，加大了农户生产生活费用的支出。根据这一情况，他们为其经济发展提出了建议。[①] 雷亨顺主编的《中国三峡移民》一书，从可持续性发展和开发性移民的角度，通过大量的实地考察，对三峡移民工程做了整体研究，分析了三峡移民经济问题、环境问题、社会问题、法律问题和移民风险，并对三峡移民工程提出了政策建议。[②]

第四阶段大致是2003年以后，人文社会科学的研究者们持续跟进，并更多地对移民社会和文化变迁进行调查和研究。该阶段最突出的特点是对外迁诸省区移民的语言、文化、社会适应与变迁问题的研究，成果大量出版、发表。由于历史学和人类学等学科的参与，移民研究方法更趋人文化，研究者们不但拓宽了"三峡移民"的时间范畴，将历史上的三峡区域移民纳入视野，还对外迁与就地后靠两种不同方式所产生的效果进行比较研究。如风笑天在《生活的移植——跨省外迁三峡移民的社会适应》中依据对江苏、浙江两省343户跨省外迁三峡移民的问卷调查资料，采用多元统计分析方法，总结出影响移民社会适应的主要因素。其研究结果表明，安置地政府和当地居民对移民的接纳状况，很大程度上会影响到移民的社会适应结果。另外，移民对房屋的满意度、移民与迁入地居民的关系状况、移民相互间的交往状况以及两地文化习俗差异的大小等因素，在一定程度上都会影响到移民的社会适应状况。[③] 除此之外，还有程瑜对广东白村三峡移民适应性的人类学研究，孙晓红对华北三峡移民的研究以及其他学者对部分省（直辖市）如山东、湖南、上海等

① 谢培秀、刘奇中、程宏志：《三峡移民新村经济发展思路探寻——关于长丰县丰峡村经济发展的调研报告》，《中共合肥市委党校学报》2002年第3期。

② 雷亨顺主编：《中国三峡移民》，重庆大学出版社，2002年。

③ 风笑天：《生活的移植——跨省外迁三峡移民的社会适应》，《江苏社会科学》2006年第3期。

地三峡移民的社会文化状况的关注和研究。自2006年以后，有部分学者开始关注三峡移民中的老年人、妇女和儿童等移民群体中的弱势群体。向常春在《三峡农村老年移民妇女贫困原因分析》一文中指出，缺少参与经济活动的机会，缺少话语权，以及缺乏社会性保障这三个因素是导致农村老年移民妇女贫困的主要原因。[①] 陈琼的《移民妇女的身份认同——对三峡库区两个案例的解读》一文，通过对两个不同的案例研究发现，移民妇女对新的身份关系及其背后的规则认同已经多元化。部分妇女在搬迁地已通过自己的积极努力去寻求自己的存在点，去规划自己的生活，从而还能在一定程度上对正规机构、制度产生影响；而有些妇女则仍处在家庭、社会权力的边缘，在迁入地的社会生活中表现出很大的依赖性。[②]

在此，我们还应关注一个问题，即三峡移民研究的地区性差别。三峡移民被安置在全国的11个省（直辖市）之内，通过总结近几年的研究结果发现，研究者对各个地区移民研究的侧重点也是不同的。长江中下游地区：这一地区主要包括安徽、湖南、江西、江苏、浙江、上海等省、直辖市，这些地区与三峡库区同属南方地区，就气候条件来说相差不是很大，学者们主要从社会适应、社会整合、语言等方面对这些地区的移民进行相关研究。马德峰从土地、住房、社区整合、移民代表制度、帮扶制度等方面，通过对江苏三峡移民的调查，得出移民的社区适应状况总体不错的结论，在移民群体中已经形成安心生产、劳动致富的良好氛围。[③] 佟秋妹、李伟通过对江苏三峡移民语言选择模式进行研究后得出，移民对语

① 向常春：《三峡农村老年移民妇女贫困原因分析》，《中国老年学杂志》2007年第14期。

② 陈琼：《移民妇女的身份认同——对三峡库区两个案例的解读》，《学术探索》2007年第3期。

③ 马德峰：《影响三峡外迁农村移民社区适应性的客观因素——来自江苏省大丰市首批三峡移民的调查》，《管理世界》2002年第10期。

言模式的选择受到年龄层的影响，不同的年龄层会选择各自不同的语言模式。移民文化程度越高，越倾向于使用双语模式，而老年人多数只会单一的重庆话。[①] 东南地区：这一区域主要包括福建和广东两省。学者对这一地区进行研究的主要方面总的来说与长江中下游地区大致相同，但福建、广东两省乡镇企业发达，城镇化程度较高，很多移民都住进城镇社区，这与其他省份移民相比较是一个很大的不同。因此学者更多的是从就业方式、城市适应的角度对其进行研究分析。程瑜对外迁到广东三水的移民就业状况进行了调查，调查发现虽然政府第一次安排移民进厂务工的效果不是很理想，但这帮助移民在短期内建立起了自己的私人关系，并为第二次就业提供了便利。另外，进厂务工使得移民在较短时间内获得了一个稳定的收入，从实践上说，广东省政府因地制宜的这个帮扶政策取得了不错的效果。“广东省政府这一移民补偿政策应该是充分考虑到巫山移民的具体情况，并结合了广东工业企业众多的特点，制订出台的一个有效移民帮扶方案。”[②]三峡库区腹地：这主要是指三峡库区所在地重庆市和湖北省。作为三峡库区的腹地，两地特别是重庆市承担了大多数的移民安置工作，主要采取就地后靠和内迁安置，因此相对其他省市来说是与移民原居地环境最为接近的地区。学者们对这一地区进行研究的切入点主要是移民安置与库区环境容量的关系和如何促进库区经济发展等。罗怀之指出，由于我国城镇现代化建设的需要和三峡库区农村移民安置的需要，要适当地在三峡库区新建和发展乡镇结合的小城镇。乡镇结合的小城镇既可以作为全乡（镇）的政治、经济、文化中心，又是三峡库区农村移民所乐意接受的，同时也是扩大移民就业的新途径。因而新建和发展乡镇结合的小城镇对发展库区经济和安置库区

① 佟秋妹、李伟：《江苏三峡移民语言选择模式研究》，《语言文字应用》2011 年第 1 期。

② 程瑜：《白村生活——广东三峡移民适应性的人类学研究》，民族出版社，2006 年，第 119 页。

农村移民都有十分重要的意义。[①]

值得一提的是，随着三峡移民工程接近尾声，对三峡移民的研究专著也相继出版。梁福庆所著《三峡工程移民问题研究》[②]一书，从移民规划、移民安置、移民管理、库区建设、环境保护、可持续性发展等方面总结了三峡移民工作的成效和问题，并提出了一些思考和建议。岳非丘的长篇报告文学《安民为天——三峡工程百万移民的历史启示》[③]，分为《苦涩水岸线》《漫漫夔门路》《三峡触动神经》《水库移民启示录》等九个章节，作者通过自己的亲身经历，描写了三峡移民的过去和现在，移民迁徙的牺牲和移民工作的艰难，反映了三峡移民的大致轮廓，强调将移民和安民合二为一，对宣传三峡移民精神方面具有较大的意义。甘宇平等主编的《当惊世界殊——重庆三峡移民纪实》[④]一书，分为综述篇、移民搬迁篇、产业发展篇、移民就业篇、生态环境篇、和谐库区篇、移民精神篇以及移民工作大事记等八个部分，采用文字、照片、图表有机结合的方式，以纪实的风格，采取综合与分析的方法，全面系统地回顾和总结了十几年来三峡重庆库区的移民工作，真实记录了移民中的重要事件，客观反映了破解百万移民难题的决策与实践过程，并总结探索了特大型水库移民中带规律性的问题与经验，具有极高的史料价值和参考价值。

相对而言，国外对三峡移民问题的关注，更多以新闻媒体报道的方式，规范的学术研究数量极少。研究主体上以海外留学的中国人或外籍华人为主；研究内容上主要为关于工程的整体反思、生态和地质等问题，对于移民问题较少涉及，而且主要从人权等角度进行思考。总体看来，

---

① 罗怀之：《长江三峡工程库区农村移民安置的新思路——新建和发展乡镇结合的小城镇》，《人民长江》1999 年第 11 期。

② 梁福庆：《三峡工程移民问题研究》，华中科技大学出版社，2011 年。

③ 岳非丘：《安民为天——三峡工程百万移民的历史启示》，重庆出版社，2007 年。

④ 甘宇平等主编：《当惊世界殊——重庆三峡移民纪实》，重庆出版社，2007 年。

国外对于三峡移民的研究主要停留在工程对移民影响的整体关照和思考层面，系统深入的调查研究成果尚不多见。

上述研究涉及移民的方方面面，从早期对移民政策的关注到后来对移民的人文关怀，从早期单一的政府主导研究到后期的社会各界广泛参与，都说明三峡移民研究的内容越来越广泛，形式也越来越多样化，因而这些研究都具有典型的代表性，同时也为本书的写作奠定了良好的基础。但不难发现，现有的关于三峡移民文化的研究成果还存在几个方面的不足，一是对移民文化适应性的研究还较少，并且多是从社会学的角度采用定量分析的方法来进行相关的研究。统计分析虽然对移民整体的文化适应水平有一个把握，但同时也会造成对诸多移民个体所存在的文化适应问题重视不够，通过统计分析得出的结果是一个整体的呈现，对诸多个体所存在的文化适应问题难免有所掩盖和遗漏。二是存在着重南而轻北的问题，即与对南方移民安置各地的研究成果相比较，对作为北方地区唯一一个三峡移民安置点山东省的调查和研究成果少之又少。

2. 有关移民文化适应的研究

关于国外对移民文化适应的研究，范晶晶在《三峡移民社会融入研究综述》一文中进行了系统的梳理。① 移民文化适应最经典的定义来源于雷德菲尔德·林顿(Redfield Linton)和赫斯科维茨(Herskovits)的界定，认为跨文化适应是由个体所组成，且具有两种不同文化的群体在连续接触的过程中所导致的两种文化模式的变化。从理论上讲，这种文化模式的变化是双向的，即接触的两个群体的文化模式都要发生变化。但就实际情况而言，群体接触的过程中更多的变化往往发生在弱势群体一

① 范晶晶:《三峡移民社会融入研究综述》,《法制与社会》2013 年第 4 期。

边，即要求个体去适应新的文化模式。[①] 米尔顿·戈登（Milton Gordon）在1964年的研究中指出，移民融入是一个多角度、多层面的过程，文化适应只是移民融入的第一步，包括对语言、宗教信仰、风俗习惯和其他文化特质的适应等。初级阶段的文化适应与结构性融入之间并不具备必然的联系。恩泽格尔（H. Entzinger）和拜泽韦德（R. Biezeveld）也认同这一观点。他们认为，文化适应并非是移民社会融入的唯一选择，也不是社会融合成功的必然要求。移民虽然接纳了主流社会的某些重要价值元素，但并不意味着移民对其自身原有文化的全盘否定与丢弃。[②] 英国经典进化论学派代表赫伯特·斯宾塞（Herbert Spencer）在《社会学基础》中利用达尔文的生物进化理论解释了无机物、有机物、人和超有机体的发展过程。他认为，包括社会在内的每一种有机体总是在适应它的生存环境；适应是一个不断被打破又不断趋于完整的过程，适应性总是大致且总处在不断进行的状态中。[③] 美国著名人类学家怀特认为，文化是一种独特的事物，并且是超有机体的、时间上持续的事物，它有自己的组织原则和运动规律。因此，只能用文化来解释文化。同样身为美国人类学家的斯图尔德则认为上述两种文化进化论都是不全面的，他认为早期的经典进化论是单线进化论，怀特的进化论是普遍进化论，因而他提出多线进化论。他的多线进化论认为，正因为不同的自然环境下产生了不同的生产技术和社会组织，因此，尽管人类的社会文化可能会达到大致相同的发展水平，但各社会文化仍会有自己的特殊性，因此各民族社会文化是多线平行地发展着的。[④] 美国社会学家高斯席德（Golds Cheider G.）在《发展中国家的城市移民》一书中认为，移民的适应可以界定为一个过

① 王丽娟：《跨文化适应研究现状综述》，《山东社会科学》2011年第4期。

② 范晶晶：《三峡移民社会融入研究综述》，《法制与社会》2013年第4期。

③ 李廷宪等：《社会适应论》，安徽人民出版社，1998年，第1页。

④ 参见林耀华主编：《民族学通论》，中央民族大学出版社，1997年，第132－133页。

程。在这个过程中，移民对变化了的政治、经济和社会环境做出相应的反应。从农村到城市包含了这三方面的变化。[①]

从以上专家学者对于文化适应的论述中不难看出，人类社会由简单向复杂、由低级向高级的演进和发展，其实是一个主体不断改变自我以适应客体变化的过程。人类社会形态从前工业社会发展到今天的工业、后工业社会，也是不断适应变化了的社会环境的结果。总之，适应是渐进的和必需的，是人类社会发展进步的必然结果。

国内对移民文化适应的研究。近些年来国内有大量学者涉及移民研究这一领域，其研究范围不再仅仅局限于对移民补偿方式、安置方式的研究，而是拓展到了对移民心理、移民文化适应等新课题的研究。对移民文化适应的研究也涉及了诸多的类型，包括生态移民、工程移民、城市农民工、失地农民、来华外籍人员等。

首先，我们列举一些国内对非三峡移民的文化适应研究。陶格斯对镶黄旗生态移民在呼和浩特市郊区的社会适应性进行了调查研究，其研究结果显示，移民无法适应迁入地的生产生活而被迫返迁的比例较高，62户生态移民中只剩下不到20户，多数移民又返迁原居地了。陶格斯认为内蒙古生态移民生产方式和饮食结构发生了很大变化，但生产技能的单一、环境的陌生、已经薄弱的社会关系都使多数移民家庭经济收入下降，语言障碍也是影响移民适应迁入地生活的关键因素。[②] 叶继红从文化适应的角度对失地农民关于集中居住方式的适应进行了探讨，以江苏省无锡市新桥镇为例，通过使用SPSS软件对问卷数据进行处理和回归分析发现，集中居住区的农村移民在总体上适应状况良好，社区环境和配套设施、社会交往和社区参与、地区差异以及身份认同等因素对集

① 转引自朱力：《论农民工阶层的城市适应》，《江海学刊》2002年第6期。

② 陶格斯：《浅谈镶黄旗生态移民在呼和浩特市郊区的社会适应性》，《华北农学报》2006年第3期。

中居住区移民的文化适应具有显著影响。因此，作者对相关政府部门提出应该扩展居住区的公共空间面积，加强居住区社区建设，同时在推进过程中要考虑地区性差异。对农民来说，需要积极配合政府的行动，加强社区参与和邻里交往，以提高对集中居住的适应能力。[①] 邵东珂、范叶超对厦门的近千名新生代农民工进行了问卷调查，对其文化适应现状进行了探讨。他们研究发现，新生代农民工生产方式的适应性较强，价值观念、生活方式和心理归属等其次，最差的是对语言的适应。还发现，性别、学历、是否是独生子女、是否有务农经验、外出打工时间、工作时间和消费水平等都对新生代农民工的适应性有着重要的影响。最后他们指出，文化适应具有惰距特征，结果导致产生市民化和村民化两种不同的路径，需要进行制度创新才能消减新生代农民工的文化适应惰距。[②]

回归三峡移民本身，移民的适应性研究近年来成为国内移民问题研究的热点，研究对象从三峡移民政策转向移民个体，一方面体现出以人为本思想在学术领域的运用，另一方面体现了移民的适应问题成为目前移民稳定和持续发展中不可忽视的一部分。移民只有站稳脚跟，实现整合，稳步发展，才是我们移民工作的胜利。学界的投入使得移民的社会融合和适应问题的研究成果突出，研究范围更加广泛，对于帮助人们认识和了解三峡移民的社会适应状况有一定作用。

根据1999年实地调查三峡移民的数据，华中科技大学社会学系的师生对移民在生活方式的适应性、居住环境的适应性、治安环境的适应性、人际环境的适应性等方面进行了分析研究。[③] 苗艳梅、雷洪通过对湖北省首批三峡移民的调查，分析了移民对新社区环境的主观感受与评价、

① 叶继红：《农民集中居住、文化适应及其影响因素》，《社会科学》2011年第4期。

② 邵东珂、范叶超：《新生代农民工文化适应调查研究》，《集美大学学报（哲学社会科学版）》2011年第2期。

③ 刁涓、风笑天：《三峡移民对新生活环境的适应性分析》，《统计与决策》2001年第2期。

主观适应性，探讨了移民的年龄、职业、受教育程度以及移民类型、社区类型等引起的适应性差异。主要结论有：第一，移民对新社区生活服务设施、人际关系的适应性较高；第二，移民对社区整体适应性高于其主观评价；第三，不同特征的移民对社区适应性有所差别。[①] 叶嘉国、雷洪等在三峡农村移民的经济发展适应性方面做了较为细致的研究。他们认为在发展经济方面，资源与环境因素在移民的投资决策中并不起决定性作用；而社会性因素，例如移民原来的生活方式和生产方式、受教育程度、迁入地政府和村委会对移民的安置情况以及移民的社会心理等，对其投资决策有着十分重要的影响。[②] 雷洪和孙龙对三峡农村移民的生产劳动适应性方面进行了研究，认为移民对生产劳动的适应是其社会适应的客观基础，移民对生产劳动的适应相对滞后，不同安置方式导致移民在迅速适应与长期发展之间存在矛盾，在诸因素影响和制约下，移民对生产劳动的适应乃至社会适应将是一个长期、渐进的过程。[③]《三峡移民社会适应中的主观能动性》一文在部分湖北首批三峡移民的问卷、调查访谈及实地考察的基础上，从三峡移民主体角度考察其迁后社会适应过程中的主观能动性状况，揭示出自我矛盾性特征，从社会化过程的角度，将其归纳为三个方面的九个矛盾。从主、客观两方面探讨了三峡移民社会适应过程中产生主观能动性矛盾的现实原因，指出政府行为因素、不可避免的因素两类客观原因及移民自身诸因素的主观原因，进而讨论移民社会化过程中主体与环境的关系。特别指出环境结构中主观因素及制约作用。最后分析了移民主观能动性矛盾带来的后果，并对引导移民

---

① 苗艳梅、雷洪：《对三峡移民社区环境适应性状况的考察》，《华中科技大学学报（社会科学版）》2001 年第 1 期。

② 叶嘉国、雷洪：《三峡移民对经济发展的适应——对三峡库区移民的调查》，《中国人口科学》2000 年第 6 期。

③ 雷洪、孙龙：《三峡农村移民生产劳动的适应性》，《人口研究》2000 年第 6 期。

充分发挥主观能动性提出建议。[①] 在风笑天《"落地生根"？——三峡农村移民的社会适应》一文中，1997年、1999年和2000年三次农村移民调查的结果显示，三峡工程首批农村移民在社会适应的不同层面状况不同，相对而言，日常生活领域的适应状况普遍较好，而经济方面的适应与心理方面的适应则表现出较差的状况。这一结果既与调查地区和研究样本的性质有一定关系，同时也具有一定的普遍性。研究结果表明，农村移民对新生活的适应，首先是从日常生活领域开始的。这一适应过程需要经历相当长的时间，需要在大量的、连续不断的生活事件、生活经历的熏陶和磨砺中逐渐完成。研究结果还表明，影响农村移民社会适应状况的各种因素，随着移民搬迁时间的不同而表现出不同的影响。在搬迁的初期，不同搬迁方式的影响十分明显。这种影响不仅体现在移民的整体适应状况上，同时也体现在适应的不同侧面上。此外，移民所感觉到的安置地政府对他们的关心，也是影响搬迁初期移民社会适应的一个重要因素。这一结果对安置地各级移民工作部门有针对性地做好移民初期的安置工作，减少移民的适应困难，缩短其不适应的过程，有着重要的参考作用。[②] 朱农在对三峡移民的研究中发现，对于山区农村移民来说，最担心的是政府补偿太少，不足以弥补淹没造成的生产和生活损失；其次为生产条件不好；最后是生活水平降低。对于城郊农村移民来说，最担心的问题是就业不足，其次为生产条件不好。总体上，城郊型移民的担心比山区型移民要大。[③] 张美通过对移民、当地村民和政府移民工作人员的深入访谈，了解到移民在适应过程中所出现的一系列状况，其中包括移民对未来的迷茫以及出现的返乡潮等。这些状况反映了隐藏在

① 郑丹丹、雷洪：《三峡移民社会适应中的主观能动性》，《华中科技大学学报（人文社会科学版）》2002年第3期。

② 风笑天：《"落地生根"？——三峡农村移民的社会适应》，《社会学研究》2004年第5期。

③ 朱农：《三峡库区移民人口心理状况分析》，《经济评论》1995年第3期。

移民身上的不适应,这些不适应实际上是由移民各自处理与其文化不相融合的异质文化所引起的,即面对与自身不同的文化,移民出现了不同的适应情况。[①] 章开英的硕士学位论文以日常生活的视角作为切入点对三峡就地后靠移民的生活和文化适应做了较为详细的记录,通过主位与客位的方式对移民社会文化变迁的影响因素进行探讨。认为相对保守的汉文化农耕文明对减缓其社会文化变迁有一定的作用,而政府主导作用的缺失,特别是农村公共服务和资源、交通配置的不完善在一定程度上加重了他们的生活困境。但新的观念和行为模式的介入使移民生活朝健康的方向发展成为可能。[②] 马德峰通过对三峡外迁农村移民社区适应现状进行研究后指出,外迁使移民沦为特殊的边缘弱势群体,迫使移民进行异地的社区重建,完成社区适应与融合,这一过程充满了艰辛与痛苦。因此,政府应完善移民的社会保障系统,研究者也应对外迁移民角色的特殊地位予以特别关注。[③]

从以上国内对于移民文化适应的研究可以看出,不论是三峡移民研究还是都市流动人口研究,对于社会适应的核心内涵的把握是一致的,即只有个体调节自我才能适应新环境。适应是系统(包括生物系统、社会系统)及个人与环境不断调适并获得生存发展的过程,这种过程是渐进的,不是一蹴而就的。就人类社会而言,文化适应是个体不断社会化的过程。在这个过程中,"个人通过社会化,明了自己的社会权利与义务,形成了与社会要求相适应的知识、技能、价值观和性格,就会在社会交往与社会行动中采取符合社会要求的行动。反之,如果不能很好地适

① 张美:《三峡移民的适应性研究——以湖北省松滋市涴市镇为例》,中央民族大学硕士学位论文,2012年。

② 章开英:《日常生活视角下的移民社会变迁研究——以西沱移民为例》,吉林大学硕士学位论文,2010年。

③ 马德峰:《三峡外迁农村移民社区适应现状研究——来自江苏省大丰市移民安置点的调查》,《市场与人口分析》,2005年第2期。

应社会环境，就会陷入困惑之中。……人们的一生是不断地适应环境的过程”。[①] 但就整个三峡移民研究状况而言，还存在一定的问题，比如重外迁研究，轻后靠研究；重视宏观政策层面的研究，忽视学术层面的研究；对经济发展研究过分看重，忽视社会文化变迁、移民适应等方面的问题；重整体趋势的把握，忽视微观个体的研究，例如在涉及移民的心理状态、社会适应和满意度调查时多采用问卷调查的方式，只能从宏观整体展现移民的一个概况，对于个体适应的具体过程关注不多。

3. 关于移民理论的研究

目前，关于移民理论的研究，主要针对的是国际移民，研究主体也多数是国外学者。我国国内也有一些学者撰文对国外移民理论进行介绍，或者在总结国外移民理论的基础上提出一些观点和看法。如暨南大学华侨华人研究所的周聿峨等在《当代国际移民理论研究的现状与趋势》一文中对这些理论做了介绍。按波尔雅斯(G. J . Borjas)的说法：“个人终将寻求能使其福利最大化的国家定居……此寻求受制于个人经济能力和移入与移出国的相关法律、政策。在国际移民市场，各种信息得到不断交换，各式买卖亦得以左右权衡……这些信息集中起来后，有的人得出留在国内仍较划算的结论；相反，有的人则认为出国更为有利可图。”斯塔克(Oded Stark)提出“劳工移民的新经济学”(The new economics of labour migration)，他认为市场极少像新古典经济学家所设想的理想状态运作。索尔伯格(A. R. Zolberg)针对新古典经济均衡理论的不足，强调世界政治经济的不平衡发展规律对国际移民的推动作用，并将移民主要看作服务于资本的廉价劳动力。他认为国家之间资源与权力的不平等，以及移入国的政策限制，已经极大压缩了移民自由选择的空间，因此新古典经济均衡理论所假设的个人自由选择是不现实的。

① 程继隆：《社会学大辞典》，中国人事出版社，1995 年，第 579 页。

移民系统理论认为，由于殖民、政治影响、贸易、投资和文化联系等原因，移入国与移出国之间形成了紧密而稳定的纽带，正是这个纽带，导致了后续的大规模移民。墨西哥人向美国的移民，要溯源自美国在19世纪对西部的开发；20世纪60年代美国对多米尼加共和国的军事占领推动了如今多米尼加人向美国的移民；而美国在朝鲜和越南的长期军事行为更是直接导致当地居民向美国的移民。系统理论对于移民与定居研究的重要贡献在于它结合移民与定居的实际情况而概括出一系列比较有价值的移民—定居模式，比如美国学者波恩就曾经提出移民与定居的“四阶段说”。他认为移民从发生、定居到生存、发展，主要是按四个阶段进行的。同时他还梳理了当代国际移民理论研究中较为成熟的四个主要理论，即新古典经济平衡理论、历史—结构主义理论、双重劳动市场理论和移民系统理论，认为这些理论有助于我们了解国际移民发生、持续、发展与生存的机制与途径，同时提出在今后的移民理论研究中需要加强对移民社会本身的研究，以往被忽略的问题如移民的社会结构分析和文化适应等应逐渐成为关注的焦点。①

李明欢在《20世纪西方国际移民理论》一文中总结了一些具有代表意义的移民理论，进而结合中国的移民特点更准确地加入国际移民研究的对话中。他在国际移民的启始动因方面介绍了新古典主义经济理论、新经济移民理论、劳动力市场分割理论和世界体系理论；在国际移民的延续衍伸方面，介绍了网络说、连锁因果说（或称“惯习说”）和移民文化说；在国际移民的社会适应方面，梳理出“同化论”和“熔炉论”两大流派的观点。② 贾玉洁《移民理论与中国国际移民问题探析》一文在介绍国际移民相关理论的基础上，分析了我国国际移民所产生的影响以及可行的

① 周聿峨、阮征宇：《当代国际移民理论研究的现状与趋势》，《暨南学报（哲学社会科学版）》2003年第2期。

② 李明欢：《20世纪西方国际移民理论》，《厦门大学学报（哲学社会科学版）》2000年第4期。

政策措施。她介绍了6种国际移民理论,即新经济移民理论、人口移动转变假说、新古典经济学理论、劳动力市场分割理论、网络理论以及累积因果关系理论。[①]

以上都是基于国际移民或者针对中国的国际移民提出的一些理论。除此之外,我国也有少数的学者在研究移民理论的基础上,对国内移民做了一些理论方面的研究。如厦门大学台湾研究所的陈孔立教授在《有关移民与移民社会的理论问题》一文中,以台湾移民社会为基点,将之与若干地区进行比较研究后发现,移民的定义、动因、类型、特点以及移民社会的社会结构、内外关系、转型等均有特定的内涵,并对这些内涵进行了逐一的分析。[②] 钱锦的《西方学者关于移民城市适应性研究的理论综述》一文以农村移民的城市适应性为主要对象,在介绍相关理论的基础上,认为中国自改革开放后,社会经济迅猛发展,户籍制度大幅度松动,大量移民从农村流向城市、从中小城市流向大城市,成为城市不可否认并且急需接纳融合的一部分。因此,西方学者关于移民城市适应性的研究值得借鉴。[③] 赵秋成、李怀在《目前我国人口流动的经济学意义》中指出:"人口流动是市场经济的天然要求。……在市场经济条件下,人、物、资本不再受人为作用的制约,而是根据市场的供需矛盾和价值规律,通过人、物、资金的流动而完成其功能和作用的。其中起决定性作用的因素就是价格。劳动力价格的高低,将对劳动力人口的流动起着规范性的作用。"他们还指出:"我国城乡劳动力人口的流动,是我国地区间、城乡间以及产业、行业和职业间经济发展不平衡和收益差距显著的具体表

① 贾玉洁:《移民理论与中国国际移民问题探析》,《沙洋师范高等专科学校学报》2005年第3期。

② 陈孔立:《有关移民与移民社会的理论问题》,《厦门大学学报(哲学社会科学版)》2000年第2期。

③ 钱锦:《西方学者关于移民城市适应性研究的理论综述》,《理论界》2010年第3期。

现，是地区间、城乡间生产力水平差异性的体现，同时也是我国人口增长、劳动力人口相对过剩的必然产物。"[①]另外，由曾建生等主编的《广东水库移民理论与实践》一书的第二章，对水库移民理论做了相关研究，主要论述了四个部分：第一，水库移民补偿理论，阐述了经济性补偿与政策性补偿，着重提出了综合性补偿的内涵和概念，认为应该区别做好安置和补偿规划，创新移民补偿方式，给予库区经济结构调整特别优惠政策以及建立移民社会保障系统；第二，生态理论，提出库区的生态环境与库区经济的可持续发展思想、移民安置区的环境容量问题，在此基础上阐述了移民异地转移再安置战略；第三，区域理论，在分析水库移民对区域社会经济利弊的基础上，提出了移民工程与区域社会经济的可持续发展问题，并在移民区交通、水利水电等基础设施建设，移民经济的多元化，移民和安置区居民生活水平的协同发展等多方面提出了新观点；第四，管理理论，从建立制衡机制、责任机制，移民区的人口状况，移民机构的建设和完善水库移民的政策法规体系等角度提出了新观点。最后在这四部分研究的基础上提出了新形势下水库移民理论框架。[②] 还有陶传进在《工程移民搬迁动力分析框架》一文中提出了影响工程移民搬迁的"成本—收益性因素"与"非成本—收益性因素"概念。"成本—收益性因素"是指影响自发移民迁移的因素，包括货币成本与收益、非货币成本与收益（主要是心理成本与收益）。通过分析后他发现，在工程移民中，它们一样是重要的影响因素，了解它们有益于解决移民困难问题。而"非成本—收益性因素" 则是工程移民所特有的，它存在于移民与政府的互动过程中，包括宣传动员、移民参与、合理公正感等。这些因素对于移民的搬迁具有不可忽视的作用：它们或者促进或者阻碍移民搬迁。可见，"成

① 赵秋成、李怀：《目前我国人口流动的经济学意义》，《北方论丛》1996年第3期。

② 曾建生等主编：《广东水库移民理论与实践》，华南理工大学出版社，2006年，第31—52页。

本—收益性因素”与“非成本—收益性因素”共同决定了移民的搬迁态度和搬迁行为。[①] 此外，余伟、郑钢在《跨文化心理学中的文化适应研究》一文中，站在跨文化心理学研究领域，从文化适应的角度介绍了四种理论模型，即单维度模型、双维度模型、多维度模型以及融合模型，认为这一研究领域对我国流动人口的适应问题和民族融合等方面的研究也有重大的理论意义。[②]

综上所述，国内外学术界对三峡移民、移民文化适应性以及移民理论的研究都取得了比较丰富的成果，但仍然存在一些不足之处。在此，我们总结出四点：第一，对三峡移民的研究存在分散性和局部性问题，大部分研究者着重对就地后靠移民、内安移民和外迁移民进行分别研究，或者对农村移民群体、城市移民群体、妇女移民群体进行个别研究，很少有整体层面上的学术成果，且存在重外迁移民而轻就地后靠、内安移民的问题，同时忽略了三峡地区历史上的移民研究。第二，对移民的文化适应性研究存在单一性和局部性问题，如对经济制度研究过分看重而忽视社会文化变迁、移民适应等方面的问题，也存在偏重外迁移民的社会适应状况而轻视内安移民特别是就地后靠移民的文化适应性研究。第三，在移民理论研究方面存在片面性和力度弱的问题，移民理论主要集中在国外学者对国际移民理论的研究中，且多数经典理论都是围绕自愿移民的动因进行分析，而对非自愿移民以及移民的社会结构分析和文化适应等往往较少论及。国内对移民理论的研究力度则相对薄弱，主要以介绍国外移民理论或者基于对中国国际移民的讨论为主，而对国内移民特别是三峡移民的移民理论研究涉及很少。第四，就整体而言，以论文居多，专著研究偏少，专著以纪实类、报告文学类为主。学界尚未对三峡

① 陶传进：《工程移民搬迁动力分析框架》，《社会学研究》2000 年第 6 期。

② 余伟、郑钢：《跨文化心理学中的文化适应研究》，《心理科学进展》2005 年第 6 期。

移民的文化适应性进行系统的研究，也未对三峡移民文化体系的构建进行总结性研究，缺少在学术理论上的整体宏观把控。此四种不足，对于三峡移民这一中国历史上具有里程碑意义的大事件来说，或多或少存在一些遗憾。

因此，在三峡移民工程已然结束，移民搬迁安置任务全面完成之际，我们有必要从文化的视角对三峡移民进行整体的全面的理论研究。本书所作三峡移民文化理论研究，既回顾了三峡地区历史上的移民大潮，总结出三峡移民文化传统，又着重对三峡工程移民这一非自愿性移民进行研究，整合了就地后靠移民、内安移民、外迁移民三种移民模式，并以移民的文化适应性研究为中心，从物质文化、精神文化、制度文化的层面分别对此三种移民进行文化适应性分析，继而通过对移民文化适应性的动力机制研究，总结出三峡移民的文化适应性规律，构建起三峡移民文化体系，突出三峡移民精神和国家观念在移民文化适应性中的巨大作用和价值导向，进而从三峡移民文化对三峡文化、重庆文化、中华文化的继承与丰富的层面，全面提升三峡移民文化作为中华民族精神伟大历史遗产的价值，最终从文化的视角为三峡工程百万移民这一历史壮举树立起一座丰碑。

（四）移民理论与三峡移民文化适应性研究

1. 移民理论概述

从逻辑上讲，移民理论应该包括两大部分，即移民与定居的理论(Theories on migration and settlement)和移民族群及其社会地位的理论(Theories on ethnic minorities and their position in society)。[①] 目前，虽

① 周聿峨、阮征宇：《当代国际移民理论研究的现状与趋势》，《暨南学报(哲学社会科学版)》2003年第2期。

然移民理论的研究成果主要是基于西方学者对国际移民的关注，但我们认为，无论是国际移民还是国内移民，是自愿移民还是非自愿移民，一些较为经典的国际移民理论依然对有关移民的研究起着一定的指导作用。因此，在这里有必要对移民理论做一个概述，分别从移民与定居理论（又称为移民动因理论），以及移民族群及其社会地位理论（又称为移民适应理论）两个方面进行介绍，以此来引导本书所关注的在三峡工程修建而引发的非自愿性移民背景下，三峡移民的文化适应及其动力机制的研究。

（1）移民动因理论

关于移民动因的分析是西方移民理论研究的最大关注点和热点，《当代国际移民理论研究的现状与趋势》《20世纪西方国际移民理论》《当代西方国际移民理论述略》等文章对这一问题的西方理论研究情况进行了梳理。社会学家莱温斯坦(E. G. Ravenstein)在19世纪末就开始对人口迁移的动因和规律进行研究。后来，赫伯拉(R . Herberle)在莱温斯坦的研究基础上，于1938年对影响人口迁移的推力和拉力理论进行了论述，形成了著名的"推—拉理论"(Push-pull theory)，成为以后学者研究移民理论的基础，主要形成了以下九种比较有影响力的移民动因理论，包括"推—拉理论""新古典主义经济理论""新经济移民理论""劳动力市场分割理论""历史—结构主义理论""世界体系理论""移民系统理论"，以及关于诱发移民增值原因的"移民网络说"和"累积因果关系说"等。

"推—拉理论"，认为"推"和"拉"的双重因素共同决定了移民的存在和发展。"推力"是指迁出地存在某些不利于生存和发展的因素，产生排斥力并迫使人们背井离乡，一般包括经济因素、政治因素、自然灾害及其他特殊因素。它可以是对某一地区具有普遍性影响的因素，也可以是某一小群体遭遇的意外或不幸，如经济萧条、政治压力、人口过剩、粮食供应缺乏、失业率增长、环境恶化、战争爆发、宗教矛盾等。“拉力”是指迁入地对移民具有的吸引力，不一定是因为迁入地比迁出地条件优越，而是因为迁入地存在较多的谋生和发展的机会，或者仅仅是对于某一小群体而言有特殊的机遇，如劳工需求量大、较多的经济机遇、就业机会较多、政治自由等。“推—拉理论”作为早期的移民理论对后世的研究产生了深远影响，它搭建了一个简单灵巧的结构框架，给研究者们提供了相当大的想象和理论填充空间。[①]

“新古典主义经济理论”(Neoclassical economics theory)，主要代表有拉里·萨斯塔(Larry Sjaastad)、迈克尔·P. 托达罗(Michael P. Todaro)等。他们着重从经济学角度分析推动移民行为产生的因素，认为移民取决于当事人对付出与回报的估算，在对迁入地与所期望的迁出地进行比较之后，当迁移后的预期所得高于为此所需要付出的代价时，移民行为就会发生。由此推导，移民将迁往收入最高的地方，而移民所掌握的知识、经验和语言能力等会帮助他们赢得更多的收入回报。[②]

“新经济移民理论”，是新迁移经济学派提出的理论，或被称为“劳工移民的新经济学”，以奥迪·斯塔克(Oded Stark)和爱德华·泰勒(J. Edward Taylor)为主要代表。该理论是在新古典主义经济理论的基础上发展而来的，并对其做了重要修正。不同于新古典主义经济理论将个人看作追求收益最大化的主体，他们认为移民是理性选择的，并且将家庭视为主体。依据在墨西哥的研究，斯塔克认为推动移民迁移的动因并非两地之间“绝对收入”的差距，而是基于同参照群体比较后可能产生的“相对失落感”，意图通过迁移寻求社会地位的提升。[③] 而家庭成员的迁移不仅能增加该家庭的绝对收入，还可以提升其家庭在该地的社会地

① 傅义强:《当代西方国际移民理论述略》,《世界民族》2007 年第 3 期。

② 高洪:《当代中国人口流动问题研究》,上海人民出版社,2008 年,第 24 页。

③ 李明欢:《20 世纪西方国际移民理论》,《厦门大学学报(哲学社会科学版)》2000 年第 4 期。

位。由此推论，一个社会的收入分配越不平均，相对贫困的感觉越强烈，人们移民的欲望也就越热切。“新经济移民理论”与“新古典主义经济理论”相比有了很大的发展，思路趋于多元化，或多或少地弥补了忽视政治因素的缺陷。它没有将移民简单归因于不同国家之间的收入差距，并且认为工资差异不是导致国际迁移的唯一原因，获得资金和减少经济差异以及提高社会地位、弥补“相对失落感”也是导致移民的重要因素。① 但“新经济移民理论”对移民中非经济因素的影响重视不够，将所有移民都看作打工仔，对其他身份视而不见。

“劳动力市场分割理论”(Segmented labor market theory)，也称为“双重劳动力市场理论”(The dual labor market theory)，该理论是迈克尔·皮奥里(Michael Piore)提出的。他认为现代发达国家的经济体系主要划分为两个层次，由此形成了双重劳动力市场需求。② 上层市场是资本密集的高级劳动力市场，提供的是高福利待遇、高收益、高保障和环境舒适的工作；下层市场则是劳动力密集的低级劳动力市场，提供的是不稳定、报酬低、缺乏晋升机会和工作环境恶劣的工作。发达国家的本地劳工对上层市场的工作趋之若鹜，而对下层市场的工作却不屑一顾，从而需要移民来填补下层劳动力市场。③ 由此，劳动力市场分割理论认为，发达国家的内需推动外籍劳工的产生，因此他们的存在并不会对本地劳工的就业机会构成影响和挑战。然而，劳动力市场分割理论并非尽善尽美，它只考察了接受移民的需求方，而不从供给方来看待移民，同时该理论也只注重市场需求的作用，忽视了推动移民的其他因素的重要作用。④

“历史一结构主义理论”(The historical-structuralist theory)，以波赫

① 傅义强:《当代西方国际移民理论述略》,《世界民族》2007 年第 3 期。
② 傅义强:《当代西方国际移民理论述略》,《世界民族》2007 年第 3 期。
③ 李明欢:《20 世纪西方国际移民理论》,《厦门大学学报(哲学社会科学版)》2000 年第 4 期。
④ 傅义强:《当代西方国际移民理论述略》,《世界民族》2007 年第 3 期。

底(Alejandro Portes)和萨斯凯·萨森(Saskia Sassen)为主要代表,他们强调世界政治经济的不平衡发展规律对国际移民的推动作用,并认为移民是服务于资本的廉价劳动力。“历史上,为降低生产成本、攫取廉价的劳动力和原料,资本不断从核心国家向边缘国家渗透和扩张,引发了边缘国家社会经济、政治结构的剧变,传统生活方式已经难以为继。于是,第一次产生了一个无根无系、随时准备漂洋过海的无产者阶层,他们随时被吸引到核心国家的经济部门从事廉价劳动,让人赚取高额利润。”历史一结构主义理论研究了劳工移民的形成和发展历史,探讨了移民由前殖民地向宗主国流动的原因。但同时过度强调资本的作用,认为资本是决定一切的要素,却不够重视移民的主观动机和其迁移行为本身。因此该理论由于思维单一,只适宜研究劳工移民,对其他复杂的移民现象则难以解释。[①]

“世界体系理论”(World system theory)的主要观点是:“商品、资本、信息的国际流动,必然推动国际人口迁移,因此,国际移民潮是市场经济全球化的直接结果。”其代表有埃罗·理克特斯(Erol Ricketts)、莎里·E. 芬德利(Salley E. Findley)、萨斯凯·萨森(Saskia Sassen) 等。[②] 该理论对于我们了解处于不同发展阶段的国与国之间的联系有一定的积极意义。但“世界体系理论”与“历史一结构主义理论”一样,无法解释除劳工移民以外的其他众多类型的移民。

“移民系统理论”(The migration systems theory),主要代表人物有阿金·马博贡耶(Akin Mabogunje)、克里茨(M. Kritz)、利姆(L. Lim)、兹洛特尼克(H. Zlotnik)等。他们认为移民是由众多因素共同作用的结果,政治、经济等一系列因素推动形成了一个移民系统。这个移民系统

① 周聿峨、阮征宇:《当代国际移民理论研究的现状与趋势》,《暨南学报(哲学社会科学版)》2003 年第 2 期。

② 李明欢:《20 世纪西方国际移民理论》,《厦门大学学报(哲学社会科学版)》2000 年第 4 期。

存在宏观与微观双重结构(Macro and micro-Structures),“宏观结构是指世界政治经济、国际关系以及政府的移民政策与法律制度等,它对当代国际移民具有重要影响。例如,越南人向美国移民是‘越战’的直接结果,阿尔及利亚人向法国移民源自法国对阿尔及利亚的殖民统治,土耳其人向德国移民则与20世纪六七十年代德国招募劳工的政策密切相关。微观结构是指移民链(Migration chain),它减少了移民风险与成本,使移民过程更加安全、稳妥。家庭与社区在移民链中扮演了核心的角色,一些中介性的组织,如走私团伙、慈善或人道主义团体,也出于种种目的提供一系列服务,帮助移民克服进入他国的各种困难,推动移民持续发展。可见,移民链一旦建立,就会使移民行为持续不断”。移民系统理论是一个综合的理论框架,它将移民作为一个整体研究是一次重要的理论突破,但目前的移民系统理论还不完善,仍停留在对移民的简单描述上。①

“移民网络说”(Network theory),由道格拉斯·梅西(Douglas Massey)等人在“社会资本论”的基础上提出。他们认为“移民网络”是以血缘、乡缘、情缘等为纽带,建立起来的一系列人际关系的组合,每次移民迁移都可以为后来的移民提供桥梁,而新移民又会推动原有移民网络进一步扩大、延伸,进而产生“移民增殖效应”。梅西通过对潜在的移民人口的研究,发现与海外移民有某种社会关系和联系的人,存在着更高的迁移可能性。“他认为移民网络是一种社会资本,移民信息可以通过移民网络更准确、更广泛地进行传播,这种社会资本能为移民提供各种形式的支援,如助人钱财、代谋差事、提供住宿等,这就降低了移民的成本和风险,从而不断推动跨国移民。”他还认为,后期向国外特定地区的定向移民更多是由与移民网络的联系程度和移民在该网络中累积的社会

① 傅义强:《当代西方国际移民理论述略》,《世界民族》2007年第3期。

资本等因素决定的，而不再与经济、政治条件直接相关。该理论虽不能解释移民的最初发生，却提出了“移民增殖效应”对移民动因的作用，也有助于预测未来的移民动向。[①]

“累积因果关系说”(Cumulative causation)，最早由瑞典经济学家冈纳·米尔达尔(Gunnar Myrdal)提出。该理论探讨的是移民延续的内在机制，认为一个人的人际交往关系中移民占的比例越大，此人移民的可能性就越大；曾有过移民经历的人，再度移民的倾向性相对较大，并可能带动亲朋好友移民。移民汇回家乡的钱款，会导致迁出地的收入不均，使那些没有移民汇款收入的家庭产生较强的“相对失落感”，从而推动一些新的移民。移民带来的人口、商品以及思想的流动会逐渐产生一种新的文化，在这种文化中，物质上获得成功的移民会为那些潜在移民提供一种示范效应，同时，成功移民所表现出的智慧和毅力也具有强大的精神感召力。在这种文化的潜移默化的影响下，移民得以不断延续。与“移民网络说”相似，“累积因果关系说”也提出了一种“移民增殖效应”对移民动因的作用。[②]

以上理论从各自不同的角度出发，对移民的动因进行了解释，但这些理论是基于对国际移民的研究，且分析的都是自愿移民的动力机制，不能直接应用于三峡移民的研究中，因为，三峡移民属于非自愿性移民，被迁移者并不愿意离开原居地，与迁出地的“推力”没有直接的关系；三峡移民是国家、政府有计划、有组织实行的大规模移民，体现了国家在移民过程中的重大作用，而就移民自身而言，“个人最大效用原则”在此也并不完全适用；集中于经济、政治、资本、市场、社会关系等因素的考虑，对于推动移民的精神动力的研究则极少开展。因此，在三峡移民的问题

① 傅义强：《当代西方国际移民理论述略》，《世界民族》2007年第3期。

② 傅义强：《当代西方国际移民理论述略》，《世界民族》2007年第3期。

上，还需要具体问题具体分析。但尽管如此，我们认为这些理论还是有一些可供借鉴之处，如国家移民政策的制定、经济市场的导向、对改变生活环境和寻求自身发展的需求、移民榜样的模范作用等都可以用来解释在非自愿移民背景下，促使或动员移民进行搬迁安置的内在动力，也可以解释国家在移民搬迁地的选择上为什么集中在生产生活条件相对较好的地方，将移民外迁地安排在中东部经济发展程度相对较高的城市。正如陶传进在《工程移民搬迁动力分析框架》一文中指出的那样："在工程移民中，移民搬迁要在国家计划的政策框架下进行，表面上看来，成本—收益理论对此不再适用，但进一步分析可以发现，该理论所表达的规律仍然存在，只是其作用形式有所改变。"①在移民搬迁的政策框架下，在多种移民安置方式中，由于不同的迁移成本和收益，移民所选择的安置也有所不同。如三峡移民，就地后靠与外迁两种安置方式对比，外迁可以得到更多的补偿、更好的耕种条件和更理想的发展空间，即货币收益较高，这对三峡移民外迁起到了一定的促进作用。

(2)移民适应理论

相对于移民动因理论的研究热度，移民适应理论则显得薄弱很多，如《当代国际移民理论研究的现状与趋势》中评述的那样："(他们)在移民发生论上重墨叠彩，但都不甚关心移民为何留下来和如何留下来的问题，诸多精力放在了琢磨'娜拉为何出走'，却几乎毫不理会'出走后的娜拉该怎么办'。"②据李明欢在《20世纪西方国际移民理论》一文中的介绍，在围绕美国外来移民与主流社会关系问题的理论讨论中，移民适应理论发展出两大流派："同化论"(即"熔炉论")与"多元文化论"。

美国学者埃克托·圣约翰·克雷夫科尔(Hector St. John-

① 陶传进：《工程移民搬迁动力分析框架》，《社会学研究》2000年第6期。

② 周聿峨、阮征宇：《当代国际移民理论研究的现状与趋势》，《暨南学报(哲学社会科学版)》2003年第2期。

Crevecoeur)在1782年提出了“熔炉论”，他认为，作为一个移民国家，“美国已经并且仍然继续将来自不同民族的个人熔化成一个新的人种——‘美国人’”。在此基础上，19世纪中叶，弗雷德里克·杰克逊·特纳(Frederick Jackson Turner)提出“边疆熔炉论”，社会学家鲁比·乔·里维斯·肯尼迪(Ruby Jo Reeves Kennedy)于20世纪40年代提出“三重熔炉论”，乔治·斯图尔特(George R. Stuart)又提出“变形熔炉论”，这些理论都认为：“各外来民族应当且必然会在美国这个‘上帝的伟大的熔炉’中熔化为具有同一性的‘美国人’。”“同化论”是“熔炉论”的普遍性表述。美国学者罗伯特·E.帕克(Robert E. Park)在《社会科学百科全书》(1930年版)中对“社会同化”做了定义：“社会同化指的是生活在同一区域内的一些具有不同种族源流、不同文化传统的群体之间形成一种共同文化的过程，这种文化的共性至少应当达到足以使国家得以延续的程度。”主张“同化论”的学者大多认为，跨境移民在接受国一般要经历刚进入接受国在边远地区落脚立足的定居阶段、逐步与主流社会融合的适应阶段和通过获得“成功”得以提升自己的社会地位而进入主流社会的交往网络的同化阶段。[①] 霍斯斯·卡伦(Horace Kallen)认为，个人与族群的关系取决于祖先、血缘和家族关系，是不可分割、不可改变的。美国不仅在地理和行政上是一个联邦，而且也应该是各民族文化的联邦，美国的个人民主也应该意味着各族群的民主。1924年，卡伦在此基础上进一步提出“文化多元论”，即“在民主社会的框架内保持各族群的文化，将使美国文化更加丰富多彩”。[②]

另外，跨文化心理学领域中也有对文化适应的研究，在余伟、郑钢《跨文化心理学中的文化适应研究》一文中，介绍了四种文化适应模型，

① 李明欢：《20世纪西方国际移民理论》，《厦门大学学报(哲学社会科学版)》2000年第4期。
② 李明欢：《20世纪西方国际移民理论》，《厦门大学学报(哲学社会科学版)》2000年第4期。

即单维度模型、双维度模型、多维度模型以及融合模型。单维度模型认为“文化适应中的个体总是位于从完全的原有文化(Culture of origin/heritage culture)到完全的主流文化这样一个连续体的某一点上,并且这些个体最终将到达完全的主流文化这一点,也就是说对于新到一个文化环境的个体来说,其文化适应的最后结果必然是被主流文化所同化。同时,个体受到主流文化的影响越多,原来民族文化对他的影响就相应地越少”。双维度模型是现在研究中使用得最多的一类,其提出者 Berry 根据个体在文化适应中对原处群体和现处群体的态度来区分文化适应策略,“提出的两个维度分别是保持传统文化和身份的倾向性,以及和其他文化群体交流的倾向性”。他认为这两个维度是彼此独立的,即对某种文化有较高认同并非就意味着对其他文化认同较低。根据文化适应中的个体在这两个维度上的不同表现,Berry 区分出了四种不同的文化适应策略:整合(integration),同化(assimilation),分离(separation)和边缘化(marginalization)。“当文化适应中的个体既重视保持原有文化,又注重与其他群体进行日常的交往时,他们所采用的策略就是‘整合’;当个体不愿意保持他们原来的文化认同,却与其他文化群体有经常性的日常交流时,他们所使用的策略就定义为‘同化’;当这些个体重视自己的原有文化,却希望避免与其他群体进行交流时,就出现了‘分离’;最后,当这些个体对保持原来文化,对和其他群体进行交流都没有什么很大可能性,也缺乏兴趣时,这时的文化适应策略就是‘边缘化’。”多维度模型是随着对文化适应研究的深入,一些心理学家提出的研究中应需要三个或三个以上的维度。如双维度模型提出者 Berry 在其原有理论基础上增加了第三个维度,认为还需要从主流文化群体的角度来分析文化适应。融合模型认为“文化适应中的个体实际上面对的是一种新的‘整合的文化’,而不是单一的主流文化或者原有文化。这种整合的文化可能包含了两种文化里所共有的精华部分,也可能包含着某一文化所特有的但并不突出的内容”。此种模型有其创新之处,但缺少实证性证据,因此在维度理论研究中对其重视不多。①

综合以上移民适应理论来看,这些理论对本书所研究的三峡移民文化,特别是移民的文化适应性有着一定的指导作用,可以用来分析移民如何适应迁入地的文化:是完全融入迁入地,还是在保留原有文化的基础上,重构自身的文化模式?他们在移民前后的物质文化生活、精神文化生活有何差异?也可以分析迁入地的社会主流文化对移民的包容程度,以及移民在文化适应过程中遇到的困难。还可以分析移民的到来对迁入地的社会影响,对比迁入地在移民到来前后的社会变化等。

2. 三峡移民文化适应性研究

前面已经多次提到,本书对三峡移民文化理论的研究是以移民的文化适应性为中心的,结合以上介绍的移民理论来说,移民理论包括移民动因理论和移民适应理论,因此,关于移民文化理论的核心内容——移民文化适应性研究,我们也设定为两个部分。具体到本书的逻辑结构上,我们将先从移民文化的适应性分析入手,再从文化适应性的前提和过程两个角度讨论移民的文化适应性动力机制,这样显得更为合理和严谨。

其一,先从移民文化适应性分析入手,从物质文化、精神文化、制度文化三个层面,对就地后靠移民、内安移民、外迁移民进行文化适应性分析,以此反映出三峡文化圈、重庆文化圈、异地文化圈各自的移民文化内涵,从而总结移民的文化适应性规律。

其二,对移民文化适应性的动力机制进行分析,包含两个角度:一个是移民文化适应性的前提,一个是移民文化适应性的过程。所谓移民文

① 余伟、郑钢:《跨文化心理学中的文化适应研究》,《心理科学进展》2005 年第 6 期。

化适应性的前提，是指作为非自愿性移民，三峡移民对文化适应的预判和文化适应的意愿。我们应清楚地看到，这种非自愿性移民的文化适应前提，除了对国家政策扶持的预期、移民干部的深入动员之外，最重要、也是最核心的动力应该来源于移民本身。只有移民自身对三峡工程事业形成心理认同，从而肯定自身的利益牺牲在这项事业中产生的价值，移民才可能在非自愿的前提下主动地去适应新的社会生活环境。所谓移民文化适应性的过程，是指在三峡移民搬迁至迁入地时对新的文化环境的适应动力。因为文化适应是一个长期而艰难的过程，移民需要通过再社会化，重新明确角色定位，进而形成对安置点及其外部环境所需要的知识、技能和价值观的再造，即通过与新环境的博弈，达到适应新的社会环境的目的。如上所述，从文化适应的一般规律来讲，移民的文化适应要经历四个阶段，即多幸期、冲击期、变异期、安定期(适应期)。也就是说，移民要完成以上文化适应的全部阶段，才能最终融入当地社会。在文化适应过程中，必然会遇到各种各样的困难，而支撑他们克服这些困难的动力，除了当地政府、民众的帮助和社会各界的大力支持以外，最主要、最核心的动力依然来源于移民自身。只有在移民群体自身中形成了顾全大局的观念和坚忍不拔的精神，移民才有可能最终完成长期而艰难的文化适应过程，移民任务才可能取得真正意义上的胜利。

最后，在以上两部分的移民文化适应性分析的基础上，才有可能构建起三峡移民文化体系，并站在宏观的角度突出三峡移民精神和国家观念在移民中的巨大作用和价值导向，进而全面提升三峡移民文化作为中华民族精神伟大历史遗产的价值。

二、三峡移民与三峡移民文化的形成

（一）历史上的三峡文化与三峡移民

1. 历史上的三峡文化

三峡文化是历代生活在三峡地区的人用勤劳和智慧创造出来的物质文化与精神文化的总和，是一种独特的地域性文化。对三峡文化的研究，有着十分重大的现实意义。20 世纪 90 年代初，随着三峡工程的兴建，学术界本着弘扬三峡文化、振兴巴山楚水、建设繁荣美丽新三峡的宗旨，全方位展开了对这一区域文化的研究，每年都有大量的论文论著、咨询报告、对策方案等研究成果面世，连续性出版物《三峡文化研究丛刊》收录了大量优秀的研究成果。经过 20 余年艰苦细致的研究，三峡文化已经为世人所了解，并得到了广泛关注。在这里，我们结合前人的研究成果，对三峡文化的形成进行概括性梳理，并总结三峡文化的主要特征，提炼三峡文化精神。

迄今为止，三峡文化的源头，可以追溯到 200 多万年前。1984—1986 年我国古人类学家先后在重庆市巫山县庙宇镇龙骨坡发现了“巫山人”的牙齿及颌骨化石，还有少量石器和大量的古生物化石。“巫山人”的发现，证明了早在 200 多万年前就已有古人类在三峡地区生活，也有力证明了三峡地区是人类文明的摇篮之一。此前，1956 年，考古工作者在湖北省长阳县大堰乡钟家湾的龙洞中发现了距今 20 万年的“长阳人”化石，说明旧石器时代三峡地区一直有人类居住。进入新石器时代，三峡地区发现有大溪文化、屈家岭文化，其中，以距今约 6000 年的大溪文化最能体现三峡地区特色。大溪文化主要分布于三峡峡区沿岸和鄂中偏南与湘西北部一带，经过 1959 年和 1975 年的两次发掘，已在巫山县大溪镇清理了

200 多座墓葬，出土石器、陶器、骨器、蚌器以及玉器数千件。[①] 考古发现表明，三峡地区新石器时代的人类已基本上从山洞逐渐移居到三峡地区长江及支流沿岸的山前台地和缓坡地带定居，形成村落，有了房屋，能够制造比较精致的石器和陶器，原始农业、家畜饲养业、渔猎业也有了一定发展。

先秦时期，三峡地区的主要方国有巴国、庸国、夔子国和楚国，尤以巴国和楚国影响最大，形成的巴楚文化为三峡文化奠定了重要的历史底蕴。按《山海经・海内经》的记载："西南有巴国。大皞生咸鸟，咸鸟生乘釐，乘釐生后照，后照是始为巴人。"[②]这是关于巴人在三峡地区活动的最早的文献记载，时间约在夏代。商代时期，巴人势力发展迅速，东与长江中游的古族联系密切，西与古蜀国民族互动交往，北至汉水上游地区活动，这引起了中原的商王朝的关注。为了将巴族纳入统治范围，商王朝曾多次派军南下征伐，这在殷墟甲骨卜辞中就有记载，如"壬申卜，争贞，令帚好从沚戢伐儿方"，此处"儿方当即夷方"，[③]即为巴族。商末，巴人参与了周武王伐殷的联合部队，在战斗中表现出了步调一致、阵容严密、勇往直前的大无畏精神，史称"巴师勇锐，歌舞以凌殷人，前徒倒戈"。[④] 因巴人在武王伐纣中立下大功，周王室分封巴为诸侯国之一。《华阳国志・巴志》载："武王既克殷，以其宗姬封于巴，爵之以子。"[⑤]关于巴国的辖区和都城，《华阳国志・巴志》中记为："巴子时虽都江州（今重庆），或治垫江（今合川），或治平都（今丰都），后治阆中。其先王陵墓多在枳（今涪陵）。"[⑥]由此可见，作为当今三峡地区首府的重庆，在西周初年便已正

① 陈孝胜：《三峡库区人力资源开发与文化发展战略》，《经济师》2004 年第 3 期。
② 袁珂校译：《山海经校译》卷 18《海内经》，上海古籍出版社，1985 年，第 298 页。
③ 郭沫若：《殷契粹编》，科学出版社，1965 年，第 660 页。
④ ［晋］常璩撰，刘琳校注：《华阳国志校注》卷 1《巴志》，巴蜀书社，1984 年，第 21 页。
⑤ ［晋］常璩撰，刘琳校注：《华阳国志校注》卷 1《巴志》，巴蜀书社，1984 年，第 21 页。
⑥ ［晋］常璩撰，刘琳校注：《华阳国志校注》卷 1《巴志》，巴蜀书社，1984 年，第 58 页。

式成为巴国的国都。公元前611年，巴灭庸国之后，进入强盛时期，据《华阳国志·巴志》载："(其地域)东至鱼复(今奉节)，西至僰道(今宜宾)，北接汉中(今陕西)，南及黔、涪(今黔江、涪陵地区)。"[①]战国时，一支巴人在名叫"廪君"的首领带领下进入三峡地区，原先，他们主要活动于鄂西夷水(清江)地区，由此给三峡地区带来了新的文化传统。《水经注·夷水》载："廪君乘土舟下及夷城，夷城石岸险曲，其水亦曲。廪君望之而叹，山崖为崩。廪君登之，上有平石方二丈五尺，因立城其傍而居之。四姓臣之。"[②]近年来，考古学者在长阳渔峡口发现的香炉石遗址，结合考古实物资料与历史文献记载，判断香炉石遗址为廪君巴人遗址，廪君在长阳渔峡口地区，击败了其余原始部落登上部落首领的位置。传说廪君死后，魂魄化为白虎，后代以奉祀，故巴人崇拜白虎，以白虎为图腾。

楚国在西周初期时疆域很小，主要在鄂西北荆山一带，《左传·昭公十二年》记载了右尹子革对楚灵王说的一段话："昔我先王熊绎，辟在荆山。筚路蓝缕，以处草莽，跋涉山林，以事天子。"[③]其后，楚国在与巴国的战争中，势力逐渐扩张，原属巴国的西陵峡以东地区——包括清江中下游地区，均被楚国占领。巴人除了沿江向西迁徙外，原活动在三峡东部地区的夔子国、庸国以及一些小部落都臣服了楚国。到东周时，楚国已经发展成为一个强大的诸侯国，成为春秋五霸、战国七雄之一。《华阳国志·巴志》载："江州以东，滨江山险，其人半楚。"[④]说明楚国不仅在历次战争中占领了巴国许多土地，而且还伴随着大批楚人移居到三峡地区。楚国对巴国的战争，除了开疆拓土的需要，另一个重要的原因则是掠夺巴国盐泉。三峡地区自古以来就是食盐的重要产地，有悠久的采盐历

① [晋]常璩撰，刘琳校注：《华阳国志校注》卷1《巴志》，巴蜀书社，1984年，第25页。
② [北魏]郦道元著，陈桥驿校正：《水经注校证》卷37《夷水》，中华书局，2007年，第863页。
③ 《春秋左传正义》卷45，北京大学出版社《十三经注疏》本，2000年，第1502页。
④ [晋]常璩撰，刘琳校注：《华阳国志校注》卷1《巴志》，巴蜀书社，1984年，第49页。

史，盐曾是三峡地区的经济命脉和对外贸易的主要商品，无论是巴国还是楚国，都对盐场十分重视。随着楚国对巴国的征伐，楚国接管了曾属巴国的盐场，在增强本国经济的同时，也使巴国受到重创。但从另一个方面来看，与巴楚之间长期的战争相伴随的移民现象也使巴楚文化不断交流与融合。楚文化不断地播化到三峡地区，与该地区本土的巴文化融合在一起，构成了一种崭新的文化形态。①

公元前316年秦灭巴国，前223年秦灭楚国，前221年秦朝建立，完成了国家统一。秦朝设立郡县，在三峡地区设巴郡、南郡，统一归中央政府管辖。从秦朝开始到新中国成立的两千多年里，无论是国家大一统时期，还是战争、政权分裂时期，三峡文化随着历史的进程和大势，伴随着三峡地区的移民浪潮，本土巴楚文化与周边地区文化以及华夏文化不断交流融合，出陈纳新，丰富着三峡文化的内涵，形成了既兼容并包又独具特色的地域文化。当代三峡工程与三峡百万移民，又赋予了三峡文化新的时代内涵。

2. 历史上的三峡移民

三峡地区是一个拥有悠久历史的移民走廊和集散地，这其中，既有寻求新的生存空间的自愿移民，也有为躲避灾难战祸的非自愿移民；既有政府推动之下的开发性垦殖移民，也有为追逐利益的商业性移民；②既有从外地迁入三峡地区的移民，也有在三峡地区内部迁移的移民，当然还有从三峡地区走出去的外迁移民等。各种形式、性质的移民现象频繁发生在这一地区，形成了独特的三峡移民文化传统。针对历史上的三峡移民问题，任桂园的《战争与移民对三峡文明发展进程的巨大推动作用》、赖华明的《秦汉移民与巴蜀文化的变迁》等文章对此进行了大致梳理。

---

① 任桂园：《战争与移民对三峡文明发展进程的巨大推动作用》，《三峡文化研究丛刊（第五辑）》，武汉出版社，2005年，第285页。

② 姜明：《论三峡民间体育的地域文化特征》，《科技信息》2008年第33期。

据《山海经·大荒南经》记载，在虞舜时代，大巫山地带有一个方国名曰“巫戴”（即今巫溪、巫山、巴东等地）。帝舜曾因此地盐资源丰富，派儿子无淫前去治理。“巫戴民肦姓，食谷，不绩不经，服也；不稼不穑，食也。爰有歌舞之鸟，鸾鸟自歌，凤鸟自舞。爰有百兽，相群爰处。百谷所聚。”[①]所谓“无淫降戴处”，可以想象，必定会有部分中原人随同他前来，他们可被看作三峡地区的首批外来移民。

其后，《山海经·大荒西经》载：“有人无首，操戈盾立，名曰夏耕之尸。故成汤伐夏桀于章山，克之，斩耕厥前。耕既立，无首，走厥咎，乃降于巫山。”[②]从这段文字中可以发现，夏末商初中原地区的部分农耕部族跟随夏桀作战，在商汤灭夏的过程中首领被杀，战败后余部进入了长江三峡地区，在巫山一带定居下来。

先秦时期，不仅有外部移民迁移至三峡地区，还有本土先民在该地区内部的迁移，既有外来文化对三峡文化的影响，也有本土文化的传承和播化。《后汉书·南蛮西南夷列传》里就记载了巴人先祖廪君率族人迁移的始末：“巴郡南蛮郡，本有五姓：巴氏，樊氏，瞫氏，相氏，郑氏。皆出于武落钟离山。其山有赤黑二穴，巴氏之子生于赤穴，四姓之子皆生黑穴。未有君长，俱事鬼神，乃共掷剑于石穴，约能中者，奉以为君。巴氏子务相乃独中之，众皆叹。又令各乘土船，约能浮者，当以为君。余姓悉沈，唯务相独浮。因共立之，是为廪君。乃乘土船，从夷水至盐阳。盐水有神女，谓廪君曰：‘此地广大，鱼盐所出，愿留共居。’廪君不许。盐神暮辄来取宿，旦即化为虫，与诸虫群飞，掩蔽日光，天地晦冥。积十余日，廪君伺其便，因射杀之，天乃开明。廪君于是君乎夷城，四姓皆臣之。”[③]这段文字描述的首先是廪君务相在率众迁移之前，有五大部落生活在夷

① 袁珂校译：《山海经校译》卷15《大荒南经》，上海古籍出版社，1985年，第259页。

② 袁珂校译：《山海经校译》卷16《大荒西经》，上海古籍出版社，1985年，第273页。

③ ［南朝宋］范晔：《后汉书》卷86《南蛮西南夷列传》，中华书局，1965年，第2840页。

水(清江)流域的武落钟离山(湖北省长阳县境内),居住在山中的洞穴里,各部落已经进入父系社会,信奉鬼神,但没有共同的首领。于是各部落约定,能够将剑准确投掷到石穴、能够驾土船而不沉没的人就推举为首领,这实际上考察的是军事才能、造船技术和驾船水平,因为只有掌握这些技能最出众的人,才能够领导部族进行迁移。其次,廪君在领导部落迁移的过程中,在盐阳这个鱼、盐资源丰富的地方,与当时还处在母系社会的一个部族发生了战争,这就是文中所提到的盐水神女留难廪君的传说,后世将这个传说演化成了一个富有浪漫色彩的爱情故事,而实际上则表明了廪君在迁移过程中对其他部族的战争征服和对鱼、盐资源的占有。最终,廪君率众定居在附近的夷城(据考证应在长阳县渔峡口镇的香炉石遗址),成为君王,其他部落都向他称臣。这次廪君五姓巴人为了生存发展而采取的军事迁移,是史籍记载的最早发生在三峡地区内部的移民事件。

其后,巴人溯江而上,进行了大规模的西迁移民,都城也由夷城迁往了巴国新都江州(今重庆市区),这是一次因人口增加、生存发展需要,伴随着战争杀伐而逐渐向西迁移的移民过程。巴国的领土范围也因此不断扩大,极盛时期的疆域包括了今四川盆地大部分,北至汉中秦岭一带,南至黔江、涪陵一线,西至四川宜宾,东至川东地区,实力超过楚国。巴国在战国时逐渐衰弱,与楚国势力此消彼长,巴国东南部被楚国侵占,公元前 316 年为秦所灭。在巴国兴衰的漫长过程中,巴人的主体由湖北西部向西迁入重庆,一部分又北迁至汉中盆地,“在川境的,部分称板楯蛮;南移到今湘西的,构成武陵蛮的一部分;先后移到今鄂东的,东汉时称为江夏蛮,两晋、南北朝时称五水蛮”。[①]

先秦时期,三峡地区另一支主要移民群体是楚人,按照文献记载,楚

① 《辞海》,辞书出版社,1989 年,第 252 页。

人先祖鬻熊生活在鄂西北的荆山一带，鬻熊的后代熊绎在成王时得到周天子的承认，封为楚子，建都丹阳(今湖北秭归县东南)。[①] 早期，楚人一部分移民在楚国占领巴国故地时，在三峡地区内部向西迁移；另一部分移民则在楚国向东发展势力以及与中原诸侯国争霸的过程中，走出三峡地区，向东迁移至长江中游，向北迁移至中原地区。后期，楚国在疆域扩张的过程中，也伴随着一定数量的三峡移民迁移到新的领土，同时，一些被征服国的人口也迁移至三峡地区内部。

秦时期，出现了第一次大规模的北方、中原人口移民进入三峡巴蜀地区，数量以万计。在秦惠文王后元十一年(前316年)时，秦国先后发兵灭蜀和巴，大量人口跟随军队进入巴蜀地区，战争结束后，又"移秦民万家实之"。[②] 秦在统一全国过程中，"辄徙其豪侠于蜀"，[③]秦始皇将一部分地方豪强、六国贵族及其后裔迁到偏远的巴蜀地区，如赵国卓氏、齐国程郑等。同时，秦也将巴蜀地区作为流放罪犯的主要地区。如公元前238年，嫪毐作乱被杀后，其舍人党羽"夺爵迁蜀四千余家"；[④]又如公元前235年，已被罢免相位的吕不韦被迫自杀，舍人私自为他举行葬礼，秦王政下令将其中的一部分人流放到巴蜀地区。[⑤] 在以上这些移民中，有一部分来到巴郡，也就是今天的重庆，带来了北方和中原地区的先进文化和技术，也丰富了三峡文化的内涵。

两汉时期，政治相对稳定，巴蜀地区因农业发展迅速，是西南粮食生产重镇，成为因饥荒而移民的首选之地。早在楚汉之争时，刘邦就因"关中大饥，米斛万钱，人相食。令民就食蜀汉"。[⑥] 其后，汉朝统治者一遇灾

---

① [汉]司马迁:《史记》卷40《楚世家》，中华书局，1982年，第1691页。

② [晋]常璩撰，刘琳校注:《华阳国志校注》卷3《蜀志》，巴蜀书社，1984年，第194页。

③ [晋]常璩撰，刘琳校注:《华阳国志校注》卷3《蜀志》，巴蜀书社，1984年，第225页。

④ [汉]司马迁:《史记》卷6《秦始皇本纪》，中华书局，1982年，第227页。

⑤ [汉]司马迁:《史记》卷6《秦始皇本纪》，中华书局，1982年，第231页。

⑥ [汉]班固:《汉书》卷1《高帝纪》，中华书局，1962年，第38页。

荒，遂令民"就食蜀汉"，渐成惯例。这些"就食"的人，一般来说，在灾害过去之后应该返回故乡，但如果这些人中，特别是老弱妇孺已经没有亲人在关中，或者有意留在粮食富裕的巴蜀之地，就很可能就此定居，而留在巴地的人，就成了三峡移民。

东汉末年，中国又进入了一个政权大分裂的时代，战争不断，伴随而来的移民涌动不止，三峡地区也迎来了又一次大规模的移民潮。东汉献帝初平三年(192 年)，"南阳、三辅民数万户流入益州，焉(益州牧刘焉)悉收以为众，名曰'东州兵'"。[①] 后刘备带兵入川，于 221 年称帝，建立蜀汉王朝，与东吴、曹魏并称为三国。跟随刘备进入巴蜀的，除了刘氏贵族后裔、中原地方豪族和部分关陇大姓外，还有一大批士兵和为了规避战祸而迁徙巴蜀的百姓，迁移人口数量巨大。这些人在蜀汉政权存在的 40 多年时间里，其中一部分基本实现了在三峡重庆地区的定居。其后，随着蜀汉政权的覆灭，据《华阳国志·蜀志》的记载，随后主刘禅迁往洛阳和中原其他地方的有三万家之多，可以想见，其中也会有一部分重庆地区的三峡人随之迁移。《三国志·魏书·张郃传》则记载了另一则关于三峡移民外迁的事例，张郃"降巴东、巴西二郡，徙其民于汉中"。[②]

西晋元康七年(297 年)，"雍、梁州疫。大旱，陨霜，杀秋稼。关中饥，米斛万钱"。朝廷无力救济，公开下诏允许百姓"骨肉相卖"。[③] 于是"百姓乃流移就谷，相与入汉川者数万家"，其中就有以李特为首的大批氐人。这些流民在汉中的时候上书朝廷，要求"寄食巴蜀"。朝廷不同意，但侍御史李苾建议朝廷："流人十万余口，非汉中一郡所能振赡，东下荆州，水湍迅险，又无舟船。蜀有仓储，人复丰稔，宜令就食。"于是这批流

① [南朝宋]范晔：《后汉书》卷 75《刘焉传》，中华书局，1965 年，第 2433 页。
② [晋]陈寿：《三国志》卷 17《魏书·张郃传》，中华书局，1964 年，第 526 页。
③ [唐]房玄龄等：《晋书》卷 4《惠帝纪》，中华书局，1974 年，第 94 页。

民合法地迁入了巴蜀地区。[①] 还有一些人是从中原其他地方被征从军，因战乱而留在巴蜀的，如“贼张奕本中州人，元康中被差西征，遇天下乱，遂留蜀”。[②] 而后，李雄（李特之子）在太安三年（304 年）攻占成都，称帝，史称成汉。至此，秦雍流民基本上定居巴蜀，人数在十万以上，留在巴地的一部分人又一次成为三峡移民。与此同时，一部分因避祸的原蜀民由江阳（今四川泸州市）沿长江向东逃亡至三峡地区。

永嘉之乱后，北方战祸不断，加上严重的饥荒，大量北方移民南迁，拉开了中国历史上人口南迁的大序幕。在这次大规模人口南迁的漫长过程中，一方面，巴蜀地区继续接收着关中流民，巴地重庆亦由此而产生了持续的移民潮；另一方面，巴蜀地区在东晋和南朝时期也经历了多次战乱，在东晋灭掉成汉政权后，既有南北间的争夺战争，也有地方势力与南方中央政权的较量，经常引起本地人口大量外迁，而他们外迁的主要路线即是利用沿长江而下的交通之便，三峡地区自然会留居部分外迁人口。

另外，汉末近三百年的社会动荡战争频仍，使川东人口锐减，每平方千米只有数人而已，江州只有几百户人家，于是四川盆地四周高山地带的“僚人”（僚，音佬）涌入盆地。据王川平《重庆人文化心态》一文的研究，现綦江、江津、合川、铜梁、大足、荣昌在四、五世纪是僚人甚多的地区，统治者甚至在僚人集中的地方设立专门管理僚人的机构。涌入盆地的僚人最多时达 300 万人。僚人“不解丝竹，唯吹铜鼓”，现在许多县仍有被称为“铜鼓山”“铜鼓乡”的地方。江津县（今江津区）内古墓多为向氏、杨氏墓，此二姓与僚人有渊源关系。[③]

隋唐时期，三峡地区的移民大致有两种情况：其一是为了寻找耕地

① ［唐］房玄龄等：《晋书》卷 120《李特载记》，中华书局，1974 年，第 3022—3023 页。

② ［唐］房玄龄等：《晋书》卷 66《陶侃传》，中华书局，1974 年，第 1781 页。

③ 王川平：《重庆人文化心态》，《巴渝文化（第三辑）》，西南师范大学出版社，1994 年，第 357 页。

或躲避赋役而到巴蜀来的逃户，一般是逃到偏僻的山区和政府统治力量较为薄弱的地区。武周圣历三年(700 年)，在蓬(今仪陇县)、渠(今渠县)、果(今南充市)、合(今合川区)、遂(今遂宁市)等山区，“诸州逃走户有三万余”。[①] 其二是因战争、饥荒而迁来的流民。在隋唐之际，由于“天下饥乱，唯蜀中丰静”，[②]巴蜀成为当时北方避难者最多的地区之一。唐高祖曾指出：“西蜀僻远，控接巴夷，厥土沃饶，山川遐旷。往者隋末丧乱，盗寇交侵，流寓之民，遂相杂挠，游手坠业，其类实繁。”[③]进入巴蜀避难的不仅有平民，也有北方的僧人，原集中在东都(今河南洛阳)的众多高僧，隋末因战乱“供料停绝，多游绵、蜀”。[④] 唐中期，玄宗天宝十四年(755 年)，“安史之乱”爆发，次年六月叛军攻入关中，玄宗被迫逃入蜀中。虽然随同到达的官吏军士不过 1 300 多人，但不少北方人受此影响，纷纷迁入蜀中。“安史之乱”平定后，皇室返回关中，但许多平民定居下来，如张氏在天宝末期随玄宗西迁，后来成为荣州当地大姓。[⑤] 此后，关中地区每遇局势动荡，都有大批移民迁往巴蜀。如广德元年(763 年)关中缺粮严重，百姓纷纷向巴蜀迁移，“衣冠士庶，颇亦出城，山南剑南，道路相望，村坊市肆，与蜀人杂居”。[⑥] 又如韩洄任蜀州刺史时，“辟田之污莱三千余顷，复人之庸亡二千余户，教之树艺，俾之生植”。[⑦] 这些“庸亡”就是从北方迁移到巴蜀来的移民。唐末黄巢起义后，中和元年(881 年)，唐僖宗一行又南迁避难，到达成都。部分朝廷官员和军队不久也进入巴蜀，如晋

① [唐]陈子昂：《上蜀川安危事》，《全唐文》卷 211，中华书局，1983 年，第 2133 页。
② [唐]慧立、彦悰：《大慈恩寺三藏法师传》卷 1，中华书局，1983 年，第 7 页。
③ 《全唐文》卷 2《遣使安抚益州诏》，中华书局，1983 年，第 27 页。
④ [唐]惠立、彦悰：《大慈恩寺三藏法师传》卷 1，中华书局，1983 年，第 7 页。
⑤ [宋]吕陶：《净德集》卷 28《赠大理评事张府君墓表》，文渊阁四库全书本。
⑥ [唐]高适：《请罢东川节度使疏》，《全唐文》卷 357，中华书局，1983 年，第 3628 页。
⑦ [唐]权德舆：《袋赠户部尚书韩公行状》，《全唐文》卷 507，中华书局，1983 年，第 5158 页。

晖、王建、韩建、张造、李师泰等将领也领军进入。[①] 僖宗南迁蜀中引起了北方人口向巴蜀迁移的高潮，如郑谷诗云："乱来奔走巴江滨，愁客多于江徼人。"[②]僖宗在蜀中避难五年之后返回长安，但随皇帝来到巴蜀的人应该有一部分留了下来，成为巴蜀居民。如随僖宗入蜀的王建就率部占领阆州，在川东发展自己的势力，后来建立了前蜀政权。唐末军阀混战，一些北方军队开始从东面进入巴蜀。如文德元年（888 年），原占据荆南的王建肇被归州刺史郭禹击败后，率部逃亡黔州。同年，秦宗权别将常厚占据夔州，后为郭禹击败，流落到巴地。据统计，唐开元天宝年间，三峡地区已有人口477 552人，而到了北宋元丰年间，三峡地区的人口则增至1 199 560人。[③] 可以想见，除了在政治经济环境相对稳定情况下人口的自然滋生外，也有一部分原因是由移民带来的人口增长。这些由战争所导致的移民活动，推动了各地文化在三峡地区的碰撞、融合，也推动了三峡文化的进一步发展。

两宋时期，三峡地区又有两次移民大潮，分别发生在两宋更替的"靖康之乱"后以及宋末元初之际。北宋靖康二年（1127 年），金兵大举南下，攻破京师汴梁，其后又大举进攻川陕地区，战乱延续到南宋高宗建炎、绍兴年间，这段时期北方居民不断举家南逃，数以十万计的人口纷纷迁入巴蜀避难。建炎和绍兴初，是北方移民进入四川最多的时期，富平之战失败后，南宋失去关中，关中的军队和流民进入四川各地。绍兴二年（1132 年）九月，四川统帅张浚向朝廷报告，迁入四川的将士达 15 万余人之多。为了保卫四川，南宋在此驻扎重兵，绍兴年间正规兵力达 7 万人，

① 葛剑雄主编，吴松弟：《中国移民史（第三卷）：隋唐五代时期》，福建人民出版社，1997 年，第 253 页。

② [唐]郑谷：《巴江》，《全唐诗》卷 676，中华书局，1980 年，第 7752 页。

③ 蓝勇：《长江三峡历史地理》，四川人民出版社，2003 年，第 175，187 页。

到乾道末年登记在册的军人达到97 338人。[①] 如以每位军人有家属两口计算，这一人口数可达到20余万。孝宗淳熙二年(1175年)，成都府路安抚使兼四川制置使范成大向朝廷报告："自关外宿师以来，多有离军，使臣及将家子弟，所在侨寓。外铨阙少，注拟不行，往往衣食匮乏，狼狈无归。"[②]可见，这些军人很多都分散在了四川各地，三峡地区如合州、夔州、巴州、忠州、彭水等地的移民也相当广泛。

南宋后期，由于蒙古开始了意在攻占四川，进而沿长江而下攻灭南宋政权的大规模军事行动，巴蜀人民在以重庆合川钓鱼城为中心的长江上游抗蒙(元)保卫战中，坚持抗击蒙(元)军队达半个世纪，直到南宋末年全境被攻占。此后，蒙古军队进入四川，开始了大规模的屠杀行动并大量掠夺人口到北方充当奴隶。百姓为了逃避这场浩劫，纷纷东迁，有的迁入三峡地区。如位居川东的大宁监(今巫溪县)因远离战场，"世号桃源"，"流移辐辏"，以致"生者寡而食者众"。[③] 更多的三峡移民，特别是衣冠士族，则顺长江东下，外迁到长江中下游和东南地区。据《元史·地理志》卷59、卷60、卷63记载：至元年间，峡州路有口93 947，重庆路有口93 535，夔州路有口99 598，归州有口10 964，合计298 044口。[④] 与北宋元丰年间三峡地区人口总数1 199 560相比，人口减少数量巨大，出现"土著之姓十亡七八，五方之俗更为宾主"[⑤]的现象。此后，元朝统一全国，大量外来移民又迁入三峡地区，使这一地区经济得到一定恢复，但"元朝统治四川80年，四川境内户口的恢复是很有限的。这大概是由于战争的破坏

① [宋]李心传：《建炎以来朝野杂记》卷18《关外军马钱粮数》，中华书局，2000年，第406页。

② [宋]范成大：《范石湖大全集》，《永乐大典》第4册卷8413，中华书局，1986年，第3901页。

③ [宋]阳枋：《字溪集》卷9《大宁监劝农文》，文渊阁四库全书本。

④ [明]宋濂：《元史》卷59、卷60、卷63《地理志》，中华书局，1976年，第1418，1441，1443，1527页。

⑤ [元]揭傒斯：《揭傒斯全集》卷6《彭州学记》，上海古籍出版社，1985年，第361页。

严重,户口大幅度下降后的基数很低,而元朝的统治又很残酷的缘故”。[①]

元末明初和明末清初的两次“湖广填四川”的移民浪潮极大程度地改变了三峡地区的居民构成,这也是中国移民史上影响较大的两次大规模移民运动。元末明初战争不断,导致四川许多地方(包括川东)人烟稀少,大量耕地荒芜,经济凋敝。平定四川后,明太祖为了促进社会经济恢复和地区稳定,采取强制性手段组织邻近的湖广移民迁往蜀地,进入了第一次“湖广填四川”移民运动的高潮阶段。[②] 作为入川必经之路的三峡地区,自然会滞留大量的移民。清代、民国重庆地区的家谱、地方志如道光《重庆府志》、民国《合川县志》、民国《云阳县志》、民国《忠县志》以及清代《四川通志》和清代或民国区县乡土志对明代移民均有较多资料留存。如民国《忠县志》卷 10 所列氏族 118 姓中,除严、文、甘、奚四姓是土著外,其余 114 姓中除杨、杜两姓是部分土著外,均为元末及明清移民。据光绪《巫山县乡土志》记载,有明确迁入时间的有 73 族,其中明代为 26 族。[③] 又据民国《忠县志》载,从宋末到清中叶,从外省迁入忠县者共 378 户,其中洪武年间迁入者共有 207 户,占全县迁入户一半以上,且绝大部分来自湖广地区。[④] 移民深入山地,进行农业垦殖,也有从事盐业、煤矿开采或运输、商贸等其他行业的经营者,逐步走向发家致富之路。移民的大量涌入推动三峡地区人口迅速增长,洪武五年(1372 年),“户部奏四川民总八万四千余户”,若按每户六七人计算,全川人口不过562 800人左右,但到了洪武十四年(1381 年),全川已有214 900户,1 464 515人。在短短十年的时间里,全川人口总量翻了 2.6 倍,这样的人口增长速度,绝非人口

---

① 李世平:《四川人口史》,四川大学出版社,1987 年,第 129 页。

② 秦俊法:《论卤盐养生》(2),《广东微量元素科学》2013 年第 5 期。

③ 李禹阶主编:《重庆移民史》,中国社会科学出版社,2013 年,第 452—453 页。

④ 任桂园:《第一次“湖广填四川”与三峡井盐业》,《西南大学学报(人文社会科学版)》2006 年第 3 期。

繁衍的自然滋生所能达到，从中尚可见第一次“湖广填四川”所带来的积极影响。[①] 另外，自洪武四年(1371 年)以后迁入四川的移民大多在所修家谱中称他们的先祖乃是“奉旨入川”，由此可见，第一次“湖广填四川”之所以能在三峡地区很快地进入高潮，除了该地区与湖广地区紧相毗邻且有峡江连通的地理优势外，更与明朝中央政府积极组织湖广民众迁徙入蜀的移民政策直接相关。[②]

明末清初，四川再次饱受战乱，再加上灾荒和瘟疫，人口大幅度减少，经济凋敝，以致荒野千里，人烟稀少，其中三峡地区所受的摧残尤为惨烈。据记载，当时重庆城里“不过数百家”，“此外州县，非数十家，或十数家，更有止一、二家者”。合州三县只剩百余人。永川、璧山、铜梁、定远、安居等县，“或无民无赋，萧条百里”。江津“人烟断绝”。大足“止逃存一二姓”。綦江县城荒废六年无人烟。[③] 万历六年(1578 年)，全川共有3 102 073人，[④]到了康熙二十四年(1685 年)，全川则仅有18 509丁。[⑤] 为恢复四川经济，自康熙初年一直延续到乾隆中叶，清政府招募大量流民入川进行垦殖，从而形成了规模更为巨大、影响更为深远的第二次“湖广填四川”的移民运动。进入四川地区的移民，主要来自湖广地区，还有部分来自陕西、江西、浙江、福建、广东等省地。在这场移民运动中，三峡地区由于地处横贯东西的孔道，故仍然是外地移民入川的主要途径；又由于这次移民运动延续的时间长，移民不断涌入，因而三峡地区人口大

① 任桂园：《战争与移民对三峡文明发展进程的巨大推动作用》，《三峡文化研究丛刊(第五辑)》，武汉出版社，2005 年，第 281－296 页。

② 任桂园：《战争与移民对三峡文明发展进程的巨大推动作用》，《三峡文化研究丛刊(第五辑)》，武汉出版社，2005 年，第 281－296 页。

③ 王川平：《重庆人文化心态》，《巴渝文化(第三辑)》，西南师范大学出版社，1994 年，第 358 页。

④ 梁方仲：《中国历代户口、田地、田赋统计》，上海人民出版社，1980 年，第 204 页。

⑤ 梁方仲：《中国历代户口、田地、田赋统计》，上海人民出版社，1980 年，第 392 页。

增。[①] 同时，在强大的人口压力下，亦由于美洲高产作物适宜山地种植的特性，“外地移民不得不深入三峡地区的崇山峻岭之中从事经济开发，形成三峡地区的山地垦殖运动”，[②]移民开始从各个方向深入三峡广大山地腹心地带。乾隆、嘉庆之际，陕西按察使严如熤对此情况做了十分生动而详细的记载：“流民之入山者，北则取道西安、凤翔，东则取道商州、郧阳，西南则取道重庆、夔府、宜昌，扶老携幼，千百为群，到处络绎不绝。不由大路，不下客寓，夜在沿途之祠庙岩屋或密林之中住宿。取石支锅，拾柴做饭。遇有乡贯便寄住。写地开垦，伐木支椽，上覆茅草，仅蔽风雨。借杂粮数石作种，数年有收，典当山地，方渐次筑土屋数板，否则仍徙他处，故统谓之棚民。”[③]又据《巫山县乡土志》卷6《氏族》载：“巫邑经流贼屠戮后，土著人甚鲜，类皆由湖广、江西、福建、浙江、陕西、广东等省懋迁而来。”[④]光绪《巫山县志》卷9《田赋志》亦有记载：“巫邑田地，多因无主荒芜，自募民垦种以后，两湖人民，负耒耜而来者几千万人。”[⑤]大量的人口涌入三峡地区，推动了荒地垦殖和经济恢复，也将各地的先进技术和先进文化带到该地区。三峡地区山高谷深，土地贫瘠，但自“湖广填四川”之后，外来移民的开荒垦殖和外省各方面技术的传入、外来农业品种的引入，使三峡地区物产丰富，经济恢复发展。[⑥] 随着外省移民的大量涌入，加上人口的自然繁衍，四川人口不断增加。雍正二年（1724年）全川人口增至409 310人，及至乾隆四十九年（1784年），全川人口增加到了

① 任桂园：《战争与移民对三峡文明发展进程的巨大推动作用》，《三峡文化研究丛刊（第五辑）》，武汉出版社，2005年，第281－296页。

② 任桂园等主编：《三峡历史文化与旅游》，巴蜀书社，2008年，第102页。

③ [清]严如熤：《三省山内风土杂识》，关中丛书，陕西通志馆，第27页。

④ 转引自蓝勇：《清代三峡地区移民与经济开发》，《史学月刊》1992年第5期。

⑤ 转引自任桂园：《战争与移民对三峡文明发展进程的巨大推动作用》，《三峡文化研究丛刊（第五辑）》，武汉出版社，2005年，第281－296页。

⑥ 任桂园：《战争与移民对三峡文明发展进程的巨大推动作用》，《三峡文化研究丛刊（第五辑）》，武汉出版社，2005年，第281－296页。

7 789 782人,[①]可见乾隆年间外省移民入川之盛。及至嘉庆初年,尽管这一场移民高潮已基本消歇,但仍有一些外省民众,为求口食之计而零星迁徙入川,然而,这已经是这场“湖广填四川”移民大潮的余波了。[②] 这次“湖广填四川”之后,据民国《巴县志》卷10记载:“土著为之一空,外来者什九皆湖广人。”[③]

民国时期,1937年抗日战争爆发后,东部、中部地区相继沦陷,国民政府西迁至重庆设立陪都,大批工厂、学校、企事业单位迁移,东部人口也随之内迁,三峡地区又迎来了一次规模庞大的移民大潮。[④] 抗战期间,有100万以上人口,400多家工厂,20多所大学,大量文化、科研、商业团体和党、政、军机构内迁来渝。[⑤] 据统计,重庆1937年的人口为27万,1945年达到了100万。[⑥] 抗战胜利后,西迁人口大多返迁,但其中也有相当多的人口仍留驻重庆,成为三峡地区的永久性移民。

新中国成立后,为了扩大防御纵深,巩固新兴的工业基础,党和政府开始有计划地将沿海和东部地区的工业向内地迁移,当时称之为“三线建设”。其中三线地区包括了现四川、重庆、贵州、湖南、湖北、广西等13个省、自治区、直辖市。[⑦] 搬迁对象主要以军工企业、新兴科技企业为主,迁出的大多是上海、江苏、浙江沿海一带的工业企业,随企业迁移的工人

---

① 梁方仲:《中国历代户口、田地、田赋统计》,上海人民出版社,1980年,第393,398页。

② 任桂园:《战争与移民对三峡文明发展进程的巨大推动作用》,《三峡文化研究丛刊(第五辑)》,武汉出版社,2005年,第281—296页。

③ 民国《巴县志》卷10,《中国地方志集成·四川府县志辑》第六辑,巴蜀书社,1992年,第406页。

④ 余建荣:《重庆城市文化的传统与变迁》,《重庆文理学院学报(社会科学版)》2011年第6期。

⑤ 王川平:《重庆人文化心态》,《巴渝文化(第三辑)》,西南师范大学出版社,1994年,第358页。

⑥ 鲍宗豪:《中西方城市文明比较研究》,《社会科学》2005年第9期。

⑦ 李禹阶:《试论重庆历史上人口迁徙的阶段性特点》,《长江师范学院学报》2013年第2期。

家属不少，迁入重庆的人口约十多万，带来三峡地区的又一移民大潮。[①]

综上所述，三峡地区，特别是重庆地区的移民历史深远悠久，上可追溯到神话时代，下可到新中国成立以后。几千年来，无论是高山峡谷、激流险阻，从来没有使这一地区真正封闭过，三峡地区的移民浪潮涌动不止、从未间断，集中体现了三峡文化的“移民性”特征，造就了三峡地区特有的移民文化传统。这种移民文化传统使三峡人的血液里流淌着一种开拓创新、勇于冒险、坚忍不拔、兼容并包的文化气质，也使三峡人的宗法观念、家族观念、恋乡情结相对来说较少一些，这些都成为当今的三峡工程百万移民在付出巨大的现实代价下，依然能够如期完成搬迁安置的重要文化动因。如在长江支流的大宁河上有一个千年古镇，叫作大昌镇。大昌古镇被称为袖珍古镇，“一灯照全城，四门可通话，堂上打板子，户户听得见”。从晋太康元年（280 年）设泰昌县而建城，迄今已有 1700 多年，城内保存有明清建筑群，多为四合井院，青砖黛瓦，雕梁画栋，翘角飞檐，古朴幽雅。温家大院是古镇中最为出名的民居之一。明末清初的时候，温家先祖在广东任巡抚，随着“湖广填四川”的大潮来到了大昌镇。400 多年以后，温家大院的主人温家大嫂又像她的先祖一样，见证了这次宏伟的三峡移民大搬迁。温家人为了支援国家建设，为了大昌的繁荣昌盛，毅然举家外迁。[②]

（二）三峡工程与三峡移民

1. 三峡工程

三峡工程，全称为长江三峡水利枢纽工程，位于重庆市到湖北省宜

---

① 余建荣：《重庆城市文化的传统与变迁》，《重庆文理学院学报（社会科学版）》2011 年第 6 期。

② 《百万移民感动中国——三峡移民精神颂展览讲解词摘要》，搜狐新闻，2006 年 4 月 14 日，http://news.sohu.com/20060414/n242795813.shtml，访问日期：2014 年 3 月 10 日。

昌市之间的长江干流之上,大坝位于湖北省宜昌市上游不远处的三斗坪,并和下游距离37千米的葛洲坝水电站构成梯级电站。三峡工程是世界上规模最大的水电站,也是中国历史上最大规模的建设工程项目。

兴建三峡工程是几代中国人的夙愿。从1919年孙中山先生在《建国方略》中提出兴建三峡大坝的设想肇始,经历了20世纪三四十年代国民政府对三峡大坝兴建的勘察测量,新中国成立初期毛泽东重提兴建三峡工程的设想,以周恩来总理为核心的领导及相关专家为兴建三峡工程所做的一系列努力,直到1989年完成三峡工程可行性论证,1992年全国人大七届五次会议通过《关于兴建长江三峡工程决议》,将其列入国民经济和社会发展的十年规划,总共历经了73年的时间。

三峡大坝以三斗坪为坝址,位于葛洲坝水电站上游37千米处,地势开阔,地质条件为较坚硬的花岗岩,地震烈度小。江中有一沙洲中堡岛,将长江一分为二,左侧为宽约900米的大江和江岸边的小山坛子岭,右侧为宽约300米的后河,可为分期施工提供便利。三峡大坝坝高为185米,蓄水位为175米。大坝为混凝土重力坝,长2 335米,底部宽115米,顶部宽40米,高程185米,正常蓄水位175米。整个工程的土石方挖填量约1.34亿立方米,混凝土浇筑量约2 800万立方米,耗用钢材59.3万吨。水库全长600余千米,水面平均宽度1.1千米,总面积1 084平方千米,总库容393亿立方米,其中防洪库容221.5亿立方米,调节能力为季调节型。[①] 三峡水电站的机组布置在大坝的后侧,共安装32台70万千瓦水轮发电机组,其中左岸14台、右岸12台、地下6台,另外还有2台5万千瓦的电源机组,总装机容量2 250万千瓦,位居世界第一。

三峡工程的总体建设方案是“一级开发,一次建成,分期蓄水,连续

---

① 杨鹏、杨鑫鑫、杨蕊源、杨道富:《大型水利工程物资供应链管理探讨》,《黄河水利职业技术学院学报》2014年第2期。

移民”,经历了前期准备阶段和三期工程建设,从1993年始,至2010年验收完工,共历时17年。

第一,前期准备阶段(1993—1994年)。[①]

建立重要组织机构。1993年1月3日,国家建立了国务院三峡工程建设委员会(简称三峡建委)作为实施三峡工程建设的最高决策机构,直接领导三峡工程建设,由国务院总理李鹏担任委员会主任。委员会下设办公室、三峡工程移民开发局、监察局等负责具体事务的机构。1993年9月27日,国务院批准成立中国长江三峡工程开发总公司(简称中国三峡总公司)作为三峡工程项目的业主单位,全面负责三峡工程的建设和建成后的运行管理,负责建设资金的筹措(含移民安置费)与偿还等。

筹措三峡工程建设资金。国务院1992年规定,全国人民每使用1千瓦时电能便需附加上交0.003元作为三峡工程的建设基金,之后这一数字又多次调升,有的省份甚至达到0.0124元。1994年3月18日,葛洲坝电厂的产权划归中国三峡总公司,其部分发电利润用于三峡工程建设。到2002年,以葛洲坝电厂为主体的中国长江电力股份有限公司成立,掌管葛洲坝和三峡的所有发电资产。该公司于2003年在上海证券交易所公开发行股票并上市,其募集的资金以及此后获得的发电利润也成为三峡工程建设资金的重要来源。[②] 同时三峡工程建设资金还通过利用三峡电站发电收入、贷款、发行债券等途径解决。

开始实行征地移民。1993年5月,三峡工程坝区移民第一村——中堡岛新居民点动工,共完成坝区移民1.2万人。1993年8月19日,国务院总理李鹏签发《长江三峡工程建设移民条例》。同年6月18日,国务院

① 《三峡工程历史回顾》,人民网,2006年5月16日,http://politics.people.com.cn/GB/1026/4374299.html,访问日期:2014年3月12日。

② 杨鹏、杨鑫鑫、杨蕊源、杨道富:《大型水利工程物资供应链管理探讨》,《黄河水利职业技术学院学报》2014年第2期。

副总理邹家华主持会议，研究三峡工程建设和移民问题，确定三峡工程移民从当时起，开始实行分省负责、经费包干使用。同年10月16日，江泽民总书记视察三峡工程，强调要保质保量建好工程，积极稳妥安置移民。

三峡工程建设的准备与开工。1993年5月25日，长江水利委员会提出的三峡工程初步设计获得通过，开始着手进行技术设计。1994年1月15日，三峡一期工程的主体工程三大建筑物——永久船闸、临时船闸、升船机，左岸大坝和电站的一期开挖工程正式开标。随后，中标的施工单位开始左岸一期工程的施工。同时，坝区内各项准备工作全面展开，坝区航运交通指挥部也宣布成立。三峡工程右岸一期工程混凝土纵向围堰的基坑于1994年7月1日在中堡岛破土动工，右岸一期工程也随之全面展开。至1994年年底，三峡坝区各项基础设施已初具规模，左右两岸的土石方开挖工程已全面展开。前期准备工作取得的成果，为三峡工程正式开工打下了坚实的基础。1994年12月14日，国务院总理李鹏在三峡坝区向全世界庄严宣布：伟大的三峡工程正式开工。

第二，三峡一期工程（1995—1997年）。①

在此阶段，为了保证三峡工程建设顺利进行，党中央、国务院陆续采取了一系列重大举措，如国务院办公厅于1995年1月发文，要求各级政府机关清理整顿以三峡工程名义进行的各种非法经营活动；为进一步筹集三峡建设基金，1996年国务院决定对直接受益地区的用电征收每千瓦时7厘钱（0.007元）的三峡建设基金；批准发行三峡债券等。

以土石方开挖为重点，以大江截流为中心，三峡工程进入第一个施工高峰。1997年9月底，大江截流前的枢纽工程、库区移民工程全面验

① 《三峡工程历史回顾》，人民网，2006年05月16日，http://politics.people.com.cn/GB/1026/4374299.html，访问日期：2014年3月12日。

收完毕。经三峡建委批准，1997 年 11 月 8 日，实施大江截流合龙。江泽民总书记、李鹏总理亲临三峡工地截流施工现场视察。李鹏发布截流合龙令，并最后宣布合龙成功。大江截流的成功，标志着三峡工程第一阶段的预期建设目标圆满实现，开始转入第二阶段的工程建设。

在此期间，1996 年 6 月，三峡输变电系统设计阶段的工作基本结束，开始转入工程施工阶段。1997 年 3 月 26 日，三峡输变电第一个单项工程——长寿县至万县的 500 千伏输变电工程破土动工。与二、三期工程紧密相关的各项准备工作相继大力展开，“九五”国家重大技术装备研制及国产化三峡水利枢纽工程成套设备项目也正式启动。与此同时，与枢纽工程建设同步的移民工作逐渐展开。

第三，三峡二期工程建设（1998—2003 年）。①

1998 年 5 月 21 日，三峡工程临时船闸通航；8 月 27 日，二期围堰防渗工程全部告捷；9 月 12 日，二期基坑积水抽干，万古江底首见天日；坝段河床基坑土石方开挖当年基本结束。1999 年，施工进入混凝土浇筑高峰期，连续三年混凝土年浇筑量突破 400 万立方米，屡创世界纪录。为保证工程质量和施工安全，中国三峡总公司成立了质量总监办和安全总监办，聘请中外权威专家担任专业质量总监和安全总监。1999 年，为确保三峡工程质量，三峡建委决定组建三峡枢纽工程质量检查专家组，每年两次到工地检查工程质量。同年，还成立了三峡工程稽查组，对三峡工程资金运作及安全生产进行稽查。

从 2000 年开始，金属结构和机电设备安装工程，伴随混凝土浇筑和灌浆工程相继展开，2001 年进入安装高峰。2001 年 11 月 22 日，三峡工程 70 万千瓦水轮发电机组本体开始安装。同年 11 月 18 日，三峡工程二

① 《三峡工程历史回顾》，人民网，2006 年 5 月 16 日，http://politics.people.com.cn/GB/1026/4374299.html，访问日期：2014 年 3 月 12 日。

期围堰完成历史使命开始被拆除。2002年1月，三峡二期工程的枢纽工程、输变电工程、移民工程三个验收大纲通过审查。2002年3月22日，三峡二期工程蓄水前库底清理工作全面启动。2002年5月1日，三峡大坝开始永久挡水。同年10月26日，三峡左岸大坝全线浇筑到185米设计高程。同年11月6日，三峡工程实现了导流明渠截流。2003年4月16日，三期碾压混凝土围堰浇筑到140米的设计高程。2003年5月29日，国务院三峡工程建设委员会第十二次全体会议，批准国务院长江三峡二期工程验收组的验收意见，同意枢纽工程按期下闸蓄水，船闸进行试通航，首批机组发电。同年6月1日，三峡工程如期下闸蓄水；10日，水库蓄水达到135米；16日，双线五级船闸成功试通航。同年7月10日，首台机组并网发电，到11月22日，首批6台机组相继投产发电。实现水库初期蓄水、第一批机组发电和永久船闸通航，标志着三峡工程二期三大目标顺利实现。[①]

1998年5月上旬，国务院办公厅下发《关于清理三峡工程重庆库区移民收费项目问题的通知》。2001年2月15日，国务院总理朱镕基主持召开了国务院第35次常务会议，审议并通过了《长江三峡工程建设移民条例(修正草案)》。该条例自2001年3月1日起执行。1998年9月，三峡建委办公室组织召开《长江三峡工程淹没及迁建文物古迹保护规划报告》论证会。2001年7月，国务院决定：二期蓄水前(2003年6月)，在三峡基金中安排40亿元专项费用用于三峡库区地质灾害的防治。同年，还批准三峡库区及上游水污染防治规划(2001—2010年)总投资为392.2亿元。

---

① 《三峡工程十年建设历程》，新华网湖北频道，2005年8月30日，http://hb.xinhuanet.com/zhibo/jzfd/2005—08/30/content_5011660.htm，访问日期：2014年3月12日。

第四,三峡三期工程建设(2004—2009 年)。[1]

三峡工程从 2004 年起进入三期工程建设阶段。2004 年 4 月 30 日,三峡工程左岸电站 7 号发电机组正式并网发电。至此,三峡工程已有 8 台70 万千瓦大型机组投产,日发电量达 1.15 亿度。7 月 8 日,三峡船闸通过验收,由试通航转为正式通航。7 月 26 日,三峡工程第 9 台投产机组——三峡左岸电站 11 号发电机组正式并网发电,是当今世界已投产的水轮发电机组中重量最重的机组。8 月 24 日,三峡工程左岸电站 8 号机组正式并网发电。至此,三峡工程已有 10 台机组投产发电,投产总装机容量达 700 万千瓦,实际装机容量已位居世界发电厂第三位,发电能力位居全国第一。三峡工程提前完成该年的机组投产计划。12 月 8 日,长江三峡工程地下电站主体工程公开招标,拉开了三峡地下电站建设的序幕。28 日,三峡电力外送的第三条通道——三峡至上海 500 千伏直流输变电工程在湖北宜都市正式开工。2005 年 9 月 16 日,三峡工程左岸 14 台70 万千瓦机组全部并网运行,提前一年实现了投产发电。同年 12 月 1 日,三峡重庆库区三期蓄水库底清理工作全面启动。2005 年底,三峡工程左岸大坝已全线达到 185 米高程,左岸电站14 台机组(容量达 980 万千瓦)比设计提前一年全部投入运行;右岸大坝浇筑高程已达到 160 米(超过计划 2 米),未发现裂纹和质量问题,右岸电站机组埋件安装全面展开,地下电站主厂房、尾水洞等工程也在抓紧实施,工程质量进一步提高。

2006 年三峡工程三期库底清理工作进入全面实施阶段。3 月 29 日,三峡大坝进入最后的施工建设阶段,离大坝全部建成只剩下约 7.8 万立方米混凝土。5 月 11 日,由葛洲坝集团机电建设公司承建的三峡右岸电

① 《三峡工程建设大事记》,新华网,http://news.xinhuanet.com/ziliao/2006-05/18/content_4566242.htm,访问日期:2014 年 3 月 12 日。

站首台机组定子开始组装，这标志着三峡右岸电站12台发电机组进入机电安装阶段。5月20日，185米大坝完成封顶，三峡大坝主体工程竣工，三峡大坝全线建成。6月6日，被称为"天下第一爆"的三峡大坝右岸上游围堰爆破工程在下午引爆。9月20日，三峡工程开始156米水位蓄水，标志着三峡工程转向初期运行期。10月27日，三峡水库坝上水位达到156米高程。2007年2月28日，三峡右岸下游围堰成功爆破。6月11日，右岸22号机组投产发电，这是三峡水电站右岸电厂第一台发电的机组，标志着三峡水电站三期工程开始发挥效益。2008年10月29日，右岸15号机组投产发电，这是三峡水电站右岸电厂最后一台投产发电的机组，至此，三峡水电站26台发电机组全部投产发电。2009年8月29日，长江三峡三期工程正常蓄水水位175米正式通过验收，到此为止，三峡工程完成了蓄水、发电、改善航道的基本功能。

三峡工程的建设主要产生了三大功效，即防洪、发电和航运。首先，三峡工程在长江干流的重庆至宜昌段形成巨大水库，可以有效地调节和控制长江上游因暴雨导致的洪水，对长江中下游地区，特别是对荆江河段的防洪具有关键作用。其次，三峡工程位于长江上游与中游的交界处，能够较好地改善重庆至武汉间的通航条件，满足长江上中游航运事业远景发展的需要。万吨级船队可直达重庆，也将促进船型和船队向标准化、大型化方向发展，有利于降低运输成本，使长江干流及几大支流的航运事业进一步发展，充分发挥长江水系的水运优势。再次，三峡水电站装机总容量为1 820万千瓦，年均发电量为847亿千瓦每小时，将产生巨大的电力效益，有效地解决华中、华东和广东地区的缺电问题，有利于全国电力联网，而且具有重大的环境效益。①

① 唐纪林主编:《宜昌市经济开发现在与未来》，经济管理出版社，1995年，第18—19页。

2. 三峡移民

三峡工程的兴建引发了当今世界上数量最多、规模最大、难点最突出的工程性非自愿移民群体——三峡移民。三峡工程移民人数超过120万,其中,重庆市承担了移民总任务的85%以上。据统计,百万三峡大移民被称作是一道当今的“世界级难题”,中外专家、学者和国家政要都把解决百万移民作为三峡工程建设成败的关键。较之三峡工程的水利枢纽工程和输变电工程而言,移民工程的难度有其特殊之处。具体来讲,主要体现在以下几个方面。第一,特大规模移民难。世界上有几十个国家的人口在百万以下,我国为建设三峡工程而实施的规模浩大的百万三峡移民工程,等同于迁建一个小型国家,其淹没面积之大,涉及移民数量之多,在古今中外的水利建设史上都是绝无仅有的。第二,被动移民工作难。三峡移民,从移民方式看是属于政府行为,移民属于非自愿性移民或被动移民。在移民过程中,虽然从总体上看绝大多数移民识大体、顾大局,积极、主动支持国家建设,乐于奉献,勇于牺牲,但也难免有个别移民因自己的特殊情况和困难,对移民工作持被动、消极的态度,甚至抱有抵触的情绪和心理。这就需要做大量艰苦细致的思想教育、政策宣传和动员说服工作。第三,故土亲情离别难。中国人的故土、亲情情结是十分深重的。长期以来,人们信奉的观念就是“金窝银窝,不如自己的狗窝”。在三峡移民中,要让移民们搬离祖祖辈辈生于斯、长于斯的故土,拆掉自己的房屋,毁掉赖以生存的家园,砍掉亲手栽种的果树,迁动长眠祖先的祖坟,割舍亲属、乡邻间的亲情、友情,这必然会经历长期、痛苦的情感煎熬。第四,具体补偿问题难。在三峡移民中,国家实行的是“前期补偿,后期扶持”的移民政策。对移民的淹没损失,包括土地、房屋及附属物等是给予适当“补偿”而不是“赔偿”。补偿问题涉及每一个移民的切身利益,而移民的情况又千差万别、纷繁复杂:房屋的结构、面积、地段,具体情况各不相同,有的位居黄金地段,有的家住交通要道,有的生产生活条件十分优越……而国家的补偿标准则是划一的统一规定，且是按20世纪90年代初的物价水平制订的。因此，要对百万移民一一做出非常具体和恰当的补偿，的确是三峡移民工作的巨大难题。第五，城镇规划选址难。由于长江三峡两岸山高坡陡，地质破碎，城镇、单位、移民迁房建屋在选址上大都十分困难。沿岸成规模并适宜城镇选址迁建的较好土地几乎没有，在山坡上修路、建房不仅地质条件不好，而且造价太高，移民资金有限。如果迁建城镇离长江沿岸太远，又会使城镇失去交通、发展等相关优势。因此，这种特殊的地理环境和条件，给城镇的大规模迁建、修建移民定居点及移民个人建房，都带来相当大的困难。我们现在看到的不少沿江移民城镇，都是几易其址，艰难修建而成，的确难觅理想的建城之地。第六，百万移民安置难。三峡移民的总目标是要让广大移民“迁得出，稳得住，逐步能致富”，这一高标准的定位和要求也为三峡移民工作增加了压力和难度。由于我国人多地少，适宜人居住和发展的地方相对不多，同时我们现仍然处于社会主义初级阶段，经济发展水平总体不高，且不平衡，国家财力有限，就业矛盾比较突出，一下子突然要新增安置100多万人口，而且移民条件各不相同，期望各异，在安置上实在难以达到和满足所有移民的要求。而移民安置要达到“稳得住，逐步能致富”的要求更是需要长期、艰苦的努力。第七，生活方式改变难。移民们“听惯了艄公的号子，看惯了船上的白帆”，种惯了江边的地，插惯了田中的秧，驾惯了江中的船，经惯了小镇的商，放惯了山中的牧，办惯了自家的厂……从民风民俗，到柴米油盐，从左邻右舍，到气候方言，移民们要改变自己原来所熟悉的基本生产方式和生活方式，一切都要从头开始，要重新适应一种全新的生活，这确实会带来很多新的意想不到的困难。[①]

① 郭云峰主编：《三峡移民精神概论》，中国三峡出版社，2005年，第252—256页。

1992年4月，七届人大五次会议通过了《关于兴建长江三峡工程决议》，三峡水利枢纽工程实行“一级开发，一次建成，分期蓄水，连续移民”的方案。1993年8月，国务院发布《长江三峡工程建设移民条例》，规定：国家在三峡工程建设中实行开发性移民方针，使移民的生活水平达到或者超过原有水平，并为三峡库区长远的经济发展和移民生活水平的提高创造条件；移民安置工作实行中央统一领导、分省（直辖市）负责、以县为基础的管理体制。[①] 在开发性移民总方针的指导下，以“搬得出，稳得住，逐步能致富”为移民搬迁安置的总目标，最终实现移民可持续发展。开发性移民方针概括起来具有以下几方面的基本内容和基本特点。第一，明确了政府的责任和作用。开发性移民是在各级政府部门的组织领导下，统筹使用工程概算中的移民经费，合理开发资源，拓展移民容量，妥善安置移民，这改变了过去重工程轻移民、重补偿轻开发的倾向，加大了政府的责任，有利于三峡移民的安居乐业，确保了三峡库区的长治久安。第二，强调要合理开发当地资源。暗含了移民要运用现代科学技术作为行动指针，要处理好人口、资源、环境的关系，坚持走可持续发展的道路。第三，指出了移民安置途径和渠道的多样化。要以农业为基础，农工商相结合，通过多渠道、多产业、多形式、多方法妥善安置移民，也就是要充分运用经营机制，把开放与开发有机结合起来，最大限度地提高移民资金的使用效益，既为移民安置累积资金，又为移民广辟生产安置门路。第四，指出了移民安置的具体目标。要使移民的生活水平达到或者超过原有水平，并为三峡库区长远的经济发展和移民生活水平的提高创造条件，通过三峡库区人民的艰苦努力和各省市、国家各部委的对口支援以及社会多方面的支持，把三峡库区建设成为一个经济繁荣、环境优美、移民安居乐业、社会长治久安的地区。第五，阐明了开发经济与安置移民

① 《长江三峡工程建设移民条例》，《中华人民共和国国务院公报》2001年第10期。

的辩证关系。开发经济是为了带动整个库区经济的发展，而库区的经济发展则可以扩大移民安置的环境容量，二者相辅相成，密不可分。开发性移民方针的制订和执行，充分体现了国家对移民真心实意负责到底的精神，符合三峡工程建设移民搬迁的实际，有利于三峡移民的顺利搬迁，有利于三峡库区的繁荣与发展，有利于三峡库区的长治久安。①

由此，国家制定了一系列支持移民搬迁安置的配套政策。第一，扶持政策。首先，为加快三峡库区开发开放的步伐，国家将三峡库区有关市县列为沿江开放城市和长江经济开放开发区，享受沿海经济开放区的优惠政策。其次，三峡库区扶持资金的使用，原则上用于生产扶持、库区开发、环保建设，部分用于救济性扶持和财政补足。对于搬迁后的移民生产投入、搬迁企业能够正常经营的流动资金投入，可采取有偿周转投入和无偿投入。再次，为了扶持农村移民，国家实行了多项优惠政策，如三峡水库移民工程按纳税额40%征收的耕地占用税，由国家全部返还给湖北省、重庆市的移民管理部门，用于农村移民搬迁与安置；国家每年拨付1亿元水利专项资金，专门用于三峡库区与农村移民安置直接相关的水利基础设施建设；为了保护库区的生态环境，防止毁林开荒、陡坡种植，国家给予外迁农村移民适当补助；号召农村移民积极进行农业生产结构调整，发展高效生态农业，并在科技开发、组建龙头企业等方面给予照顾和扶持等。最后，鼓励搬迁工矿企业实行结构调整，搞活一批效益好的企业，依法破产、关闭污染严重、资不抵债、产品无市场的中小企业。国家实行三项扶持优惠政策：把在全国范围内仅限于国有企业兼并国有企业的优惠政策，适用于对口支援的国有、集体搬迁工矿企业；限于全国试点城市国有企业破产或关闭的优惠政策，适用于三峡库区的国有或集体搬迁工矿企业；因搬迁工矿企业破产或关闭而使地方财政减少的收

① 雷亨顺主编：《中国三峡移民》，重庆大学出版社，2002年，第145—147页。

入，由财政、税务等部门核定数额后，按照中央和地方共同负担的原则，由中央财政采取转移支付办法予以适当补助。第二，对口支援政策。国家鼓励和支持国务院有关部门和各省、自治区、直辖市采取多种形式，从教育、科技、人才、管理、信息、资金、物质等方面，对口支援三峡库区移民安置；一些全国知名的优秀企业、公司纷纷到三峡库区投资，合资建厂、办企业，给当地带来了先进的技术和管理方法，推动了地方经济的发展和移民安置工作。第三，外迁政策。三峡移民生产安置采取了形式多样的安置方式，同时国家积极引导和鼓励移民远迁到三峡库区以外的地区进行安置。第四，后期扶持政策。根据《长江三峡工程建设移民条例》第四十五条规定："国家从三峡电站的电价收入中提取一定资金设立三峡库区移民后期扶持基金。"[①]后期扶持资金主要是用于移民发展生产，基础设施的完善，经济结构与社会结构功能的恢复，移民生活水平的提高，遗留问题的处理等。后期扶持政策的另一项内容是人才与技术方面的扶持。为了使水库移民能够分享三峡水电站的收益，国家从三峡水电站的发电利润中提取一定资金，设立三峡库区建设基金；三峡水电站发电后缴纳的增值税等税款留给地方的部分，按照淹没损失分配给湖北省、重庆市，用于对移民的后期扶持和三峡库区的建设。国家将三峡库区受淹并有水能资源的县、区列为农村水电初级电气化县，对其水力发电和农村电气化建设予以扶持。[②]

在三峡工程开发性移民的总方针下，以"搬得出，稳得住，逐步能致富"为总目标，在党中央、国务院和全国人民的关心支持下，经过广大移民的无私奉献和移民干部的不懈努力，三峡库区已于1993年至1997年完成一期移民，保障了大江截流的实现；1998年至2003年完成二期移

① 《长江三峡工程建设移民条例》，《中华人民共和国国务院公报》2001年第10期。

② 《中外大规模移民及重庆历史上重大移民情况的研究》，中共重庆市委调研课题，2006年。

民，确保按期蓄水至135米，首批机组发电和永久性船闸通航，移民总任务完成50%以上，移民主体搬迁工作基本完成；2003年到2006年完成了三期移民，水库成功蓄水至156米；2007年到2009年完成了四期移民，支持了枢纽工程的全线建成，并使蓄水位在2010年成功升至175米高程，三峡工程移民总体搬迁安置工作亦在2010年宣告全面完成。

近年来，在中央及地方的持续支持下，三峡库区人民及三峡移民艰难前行，努力建设新家园，库区的基础设施和社会面貌也大为改观，特色产业日渐兴起，迁入地的地方政府多方扶持，百万移民逐渐走上了安稳致富之路。从2011年开始，进入了后三峡工程阶段，三峡移民后续工作仍需得到持续的支持和关注。三峡移民的社会适应及文化建设不是短期内就可以完成的，这需要一代甚至几代人的努力。所以，虽说三峡移民安置任务全面完成，以后的工作仍旧任重道远，应特别关注三峡移民的文化适应问题，这是检验移民任务是否真正完成的重要指标。

（三）三峡移民与三峡移民文化

三峡地区历代移民的足迹已为这片地域打下了深深的移民文化烙印，形成了历史悠久的三峡移民文化传统。如今，宏伟的三峡工程已然建成，发挥着它抗洪、航运、发电等重要功效。同时，三峡百万移民工程也已落下帷幕，曾经的世界性难题初步得到破解，三峡移民也在迁出地开始全新的生活。在此背景之下，必将形成具备时代特色和全新内涵的三峡移民文化。因此，三峡移民文化这一既富有历史厚重感，又具有重大现实价值的命题，将成为我们关注的核心。

当代三峡移民文化形成于移民搬迁安置的始末，发展于后移民时期的文化适应性之中。当代三峡移民文化的形成，大致经历了以下三个阶段，呈现出各自的阶段特征。

1. 初期阶段(1993—1997年)

从三峡移民工作正式开始到三峡工程一期移民顺利完成为三峡移民文化形成的初期阶段。这一时期重庆尚未直辖,因而重庆库区的移民工作仍是在四川省的领导下开展的。这一阶段的移民方式主要是就地后靠安置农村移民,采取开发改造土地,综合考虑移民和库区的实际情况,结合库区各地的资源、环境等因素,多渠道、多方式安置移民。同时,由于国家始终以经济建设为中心,三峡移民始终以“开发性移民”为总的指导思想,而这一阶段移民的工作方针为:“把移民搬迁安置与开发利用库区资源,发展库区经济结合起来,通过搬迁这个机遇,改善和提高库区社会生产力。”因此,移民工作的重点在于搬迁移民,发展移民,发展三峡库区经济,实现移民“搬得出,稳得住,逐步能致富”目标中的第一步“搬得出”。主要体现在以下几方面。

第一,法律政策的构建。为了保证移民工作的顺利进行,全国人民代表大会、国务院三峡工程建设委员会、国务院三峡工程建设委员会办公室等相关部门颁布了一系列涉及移民的政策、法律法规,这些法规政策数量庞大,内容丰富,体系完整,内容涉及移民搬迁安置、补偿、规划管理、资金管理等方面。同时四川、重庆和湖北等库区地方政府为全面贯彻党中央国务院的移民政策,根据国家相关的法规政策,结合本地的实际情况也颁布了相应的地方性移民政策法规。

第二,管理制度的初步形成和逐渐完善。国务院三峡工程建设委员会、国务院三峡工程建设委员会移民开发局制定出了一套较为完善的移民工作管理体制,确定了一套“中央统一领导,分省(直辖市)负责,以县为基础”的移民管理体制,以实现责任的落实,提高工作的进程;实行移民经费切块包干、移民任务量完成与移民资金量完成“双包干”的移民工作管理办法,以提高移民资金的安全性和使用效率,杜绝出现移民投资无限膨胀的现象。此外,还逐渐形成和完善了移民安置规划管理、移民全程计划管理、移民资金财务管理、移民投资价差管理、对口支援工作管理等近20个方面的管理办法,[①]从而有效地推进和确保了三峡工程移民安置工作的顺利进行,为工程竣工、移民任务的最终完成奠定了坚实的管理基础。在中央政府的强力推动之下,地方各级部门和干部积极贯彻落实中央政府的管理安排,遵循《长江三峡工程建设移民条例》的相关规定,动员和组织各方面的力量,积极开展移民工作。

第三,开展对移民的思想动员工作。针对广大移民留恋故土、难舍家园、难弃产业等情况,各级党组织和政府部门对移民做了全面耐心的思想工作。教育和引导广大移民顾全大局,理解三峡工程兴建的巨大意义,树立移民的主人翁意识,增强移民的责任感。同时,还充分说明、讲透国家的相关移民政策和对移民的补偿、优惠措施,决不让移民的利益白白受损。让广大移民充分认识到这次移民同样是一次难得的改善生活居住环境、经济状况的机遇,号召移民抓住这次机遇,在国家的帮扶之下,调整经济结构,发展库区经济。

第四,社会各界广泛参与移民宣传。举办了诸如三峡灯会、三峡书画展等各种展览活动和文艺演出宣传三峡工程和三峡移民。歌曲《三峡,我的家乡》表现了三峡人民和平美好的生活以及三峡移民对故土的眷念,入选精神文明建设"五个一工程"第六届优秀作品;《三峡大移民》《三峡情思》等影视作品,展示了三峡移民工程的恢宏场面,同时也揭示了移民的恋根心理和奉献精神,受到广大观众好评。全国性报刊和地方性媒体也加大移民工作宣传力度。例如《重庆日报》每天一期对三峡工程建设、三峡移民事迹、国家和地方的移民政策等进行报道和宣传,成为库区移民以及全国人民了解三峡移民信息的一个不可或缺的窗口。

---

① 梁福庆:《三峡工程移民问题研究》,华中科技大学出版社,2011年,第19页。

第五，宣传移民先进分子，树立移民典型。在这一阶段的移民过程中，涌现出了许多先进移民干部、移民积极分子，当他们的事迹广为人知后，形成了强烈的示范效应，极大地推动了移民工作的进程。例如移民干部冉绍之被誉为“移民先锋”“三峡移民的贴心人”。他于 1992 年当选为奉节县安坪乡乡长，次年担任乡党委书记。他所在的乡曾承担了首批移民试点任务。他带领班子成员挨家挨户做工作，仅在大堡三社就开村民大会 30 多次，还拉绳子去农户家丈量土地、房屋。任职 6 年间，他带领干部群众炸开十几座山头，修出 6 条共 39 千米长的公路。[①] 又如，被称为“三峡坝区移民第一户”的韩永振，在 1992 年冬三峡工程刚刚拉开序幕的时候，他家乡所在的秭归县成为最早需要搬迁的地方之一。在干部们的鼓励动员之下，他积极劝说村民进行移民搬迁。针对村民的不理解，他带头忍痛把自家的新房全部拆除。他的行为感动了不少村民，终于带动了全村群众的搬迁，他也因此获得了由县政府颁发的“三峡坝区移民第一户”的牌匾。[②]

第六，三峡移民精神萌芽。三峡移民精神是在百万三峡大移民的实践中逐渐产生出来的，是由库区的广大移民、干部以及对口支援三峡移民工作的各省市人民共同创造出来的。这个阶段，在移民工作中，广大移民干部树立起执政为民、全心全意为人民服务的思想，“宁可苦自己，绝不误移民”，他们舍己为公、兢兢业业地开展着移民工作。广大移民更是“舍小家，为大家”，为了祖国的繁荣富强、民族的振兴、子孙后代更美好的生活，甘愿迁离故土，含泪割舍家业，辛勤劳动，艰苦奋斗，重建新家园，振兴三峡库区。在移民迁建中，全国人民和有关省市政府纷纷伸出援助之手，帮扶三峡移民，为移民工作提供了强大的物质和精神动力。

---

① 甘宇平等主编:《当惊世界殊——重庆三峡移民纪实》，重庆出版社，2007 年，第 417－418 页。

② 《韩永振:秭归三峡移民第一人》，三峡秭归在线，2011 年 10 月 17 日，http://www.zigui.gov.cn/2011－10/17/cms492502article.shtml，访问日期:2014 年 4 月 7 日。

总的来说,第一阶段在法律政策的制定、管理制度的形成、对民众的宣传教育等方面进行了许多卓有成效的工作,广大移民群众初步形成了三峡移民的思想与意识,并积极配合党和政府的要求完成了移民搬迁工作。到1997年9月进行一期移民验收时,各库区都合格通过。其中,"重庆库区完成移民搬迁2 734人,生产安置农村移民15 492人,还建城乡移民房屋21.76万平方米",[①]成功完成了三峡工程一期移民任务。

2. 中期阶段(1997—2003年)

从三峡工程二期移民开始到结束为三峡移民文化形成的中期阶段。重庆于1997年正式直辖,这使得重庆库区的移民工作有了一个更加直接有效的领导机构。重庆直辖后,立即把移民工作作为"立市之本",提出举全市之力做好移民工作,极大地促进了移民工作的开展,也标志着重庆库区的移民工作进入了一个新的阶段。这一时期,移民的安置方式由原来的就地后靠转变为以异地安置为主。由于一期移民阶段对农村移民主要采取垦荒和就地后靠的安置办法,安置思路"仅局限于单一的后靠农业安置,开发改造土地成本高、质量差、生态环境破坏严重,安置效果也不理想"。[②] 因此在二期移民的前期,对农村移民的安置由一期移民阶段的就地后靠安置逐渐变为调整耕地安置农村移民的办法。而在二期移民的后期,特别是到了新世纪以后,又调整为"三个相结合"的安置方式,即把本地安置与异地安置、集中安置与分散安置、政策安置与自找门路相结合,鼓励农村移民外迁安置。在这一时期,在继续坚持"开发性移民"的总的指导方针之下,重庆库区各级党委和政府相关部门从移民和库区的长远利益出发,综合考虑库区的资源条件、生态环境与经济、社

---

① 重庆三峡移民志编撰委员会:《重庆三峡移民志》第3卷《移民实施(上)》,中国三峡出版社,2010年,第6页。

② 重庆三峡移民志编撰委员会:《重庆三峡移民志》第3卷《移民实施(上)》,中国三峡出版社,2010年,第26页。

会协调与可持续发展，确保移民能够“迁得出，稳得住，逐步能致富”，实现移民在物质精神、社会生活等各方面的全面提高，保障移民的根本利益。主要体现为以下几个方面。

第一，法律、政策的调整。国家在移民生产生活方面给予政策的扶持，加大对库区文化设施建设方面的资金投入。1999 年 5 月，国务院三峡移民工作会议提出“两个调整”的方针，即农村移民安置与工矿企业迁建两个调整，明确农村移民实行多种方式安置，采取“三结合”的办法，大力提倡和鼓励农村移民外迁安置。2001 年，修订后的《长江三峡工程建设移民条例》颁布实施，提出把本地安置与异地安置、集中安置与分散安置、政策安置与自找门路相结合，鼓励农村移民采取外迁安置。

第二，管理体制的进一步完善。由于重庆库区承担着整个三峡库区 85%的移民安置任务，因而重庆库区成为三峡移民工作是否能顺利完成的关键所在。1997 年重庆成为直辖市后，对重庆库区的移民工作有了更加直接有效的领导。重庆更加注重移民工作的开展，将其作为“立市之本”和直辖初期的四大任务之首，并举全市之力做好三峡库区的移民搬迁安置工作。重庆按照中央的移民管理体制要求，确立了“党委统一领导、政府全面负责、移民部门综合管理、相关部门各负其责”的组织领导体制，同时，市委还要求每位市级领导分别联系指导一个移民区县的工作。在移民工作的实践中，各地还提出并实施“一包两挂”“移民工作首问责任制”等创造性的有效措施，极大地促进了移民工作的开展。

第三，加强对外迁移民的思想动员。由于二期移民以异地安置为主，出现了大量的外迁移民。相对来说，对外迁移民的思想动员工作更具难度性和复杂性，因此，从党中央、国务院到库区各级党委和政府、移民部门都积极采取措施开展对外迁移民的安置部署，加强对外迁移民的思想动员。1999 年 5 月 19 日，国务院在北京召开了三峡工程移民工作会议，国务院总理朱镕基在会议上强调："库区各级干部要转变思想，库区群众也要转变思想。要下定决心，开拓门路，以多种方式安置移民，加大农村移民外迁安置力度……库区各级政府要认真做好外迁移民管理、协调、服务工作，做好移民群众的思想政治工作，使各级干部和广大群众真正转变思想，理解并坚决贯彻执行国家的移民政策，自愿外迁安置。"[①] 对党中央、国务院提出的要求，中共重庆市委和市政府、市移民局积极组织库区乡、镇、村各级干部，深入库区村社院落，到移民家中宣传搬迁政策；组织开展了"移民政策宣传月"和"移民宣传培训月"等活动；编印了关于移民政策和相关法律法规的书籍和资料，发放到移民手中，宣扬移民政策。针对外迁移民的故土难舍之情以及担心在新环境中遇到各种困难的情况，重庆库区各级党委、政府和移民部门，认真分析移民的思想和心态，教育和引导移民树立大局观念，正确处理个人利益与集体利益、长远利益与眼前利益的关系；教育和引导移民充分认识三峡工程的性质以及意义，增强移民群众为三峡工程做贡献的光荣感和使命感；教育和引导移民充分认识移民外迁安置既是为了保护三峡库区环境，造福子孙后代，同时又是移民发展致富，改善生活环境的一次难得的机遇；鼓励广大的移民响应国家的号召，为国分忧，支援国家经济建设，积极主动地外迁。

第四，社会各界进一步宣传三峡移民。为了适应移民工作的新需要，移民宣传工作由原来的"适度宣传"转向了"加大宣传"的阶段，社会各界积极宣传三峡工程与三峡移民：举办了"重庆市三峡工程百万移民五年成就展"、"三峡移民唱新歌"专题音乐会、"心连心"艺术团慰问演出等大型展览、文艺演出活动；出版了《家园》《三峡移民诗歌选》《移民先锋冉绍之》等文学作品，展示了三峡移民工程的壮举，歌颂了库区移民舍小

① 张宝欣主编：《三峡外迁移民工作回顾与思考》，中国三峡出版社，2008年，第55页。

家、顾大家的奉献精神；拍摄了《三峡大移民》《淹没》《千秋三峡》《永远的三峡》等一系列反映三峡移民的影视作品，生动形象地反映出库区移民搬迁、库区社会经济发展等各个方面，在社会上产生了巨大的反响；出现了如《三峡库区移民资金运用与管理》《三峡库区人力资源开发研究》《三峡重庆库区可持续发展移民》《三峡移民社会适应中的主观能动性》《三峡库区农村移民社区文化建设现状与对策》《三峡移民在社会适应性中的社会心态》等大量学术理论研究成果。新闻媒体也通过各种途径加大对三峡移民的宣传。特别是移民外迁工作启动以后，全国主要新闻单位和各省、市电视台、报刊都纷纷把焦点集中在重庆库区，中央电视台《新闻联播》《东方时空》《焦点访谈》等名牌栏目以及新华社新华网等都及时进行了多方面采访报道。

第五，树立典型，推进移民工作开展。宣传了以叶福彩、张兰权、冯春阳、吴小川、邓永清、冉振爱、冉绍之等为代表的典型移民干部和群众，推动了外迁移民的搬迁。三峡人“舍小家，顾大家”，离开故土，奔赴第二故乡的情景令无数人感动。外迁移民安置地各级党委、政府认真组织安置三峡移民，帮助外迁移民尽快融入迁入地的社会生活得到社会各界肯定。2002 年 2 月 14 日，由中央电视台主办的首届“感动中国”2002 年度人物评选的颁奖仪式上，将特别大奖授予“舍小家，为大家”的百万三峡移民，其奖杯在重庆中国三峡博物馆永久收藏。这极大地肯定了三峡移民为国家做出的奉献与牺牲，大大增强了移民群体的归属感和自豪感。

第六，三峡移民精神的初步发展。这一时期的移民安置方式主要以政府组织、集中大规模安置的异地外迁安置为主，广大移民迁去的安置地离故土更远，整个过程也更加困难、复杂，移民工作也必然更艰巨、繁重。在移民搬迁过程中，库区广大移民毁家舍业、离别故土；移民干部克己奉公、无私奉献，甚至还有干部献出了自己宝贵的生命。全国上下的非移民群体，尤其是接受地的干部和群众，也尽自己的努力帮助移民，为移民工作做出自己的贡献和牺牲。正是在库区移民、移民干部和全国人民的共同努力下，三峡移民精神的内涵得以不断丰富、发展和完善。与此同时，重庆市委和市政府开始打造“三峡移民精神”，让三峡移民精神“唱响重庆，唱响全国”。2000 年 1 月 5 日，“三峡工程先进事迹巡回报告活动”首次报告会在重庆举行，随后，报告团到三峡库区巡回宣讲，广大干部群众现场听取报告，受到强烈的感染。当年 3 月，报告团还到山东、福建、湖北等外迁移民安置地进行巡回报告。

总的说来，这一阶段，国家的移民方针政策日益深入人心，大大增强了移民的主动意识与自觉性，促进了移民任务的顺利开展，也促成了重庆库区二期移民任务的全面完成。其间，重庆库区累计完成农村移民安置 26 万人，其中外迁安置 11.6 万人，全部搬迁安置到位，逐步融入当地社会。[1] 移民建迁工作加快了库区经济的发展和社会的进步。2003 年，重庆库区二期移民任务经国务院验收合格，二期移民任务圆满完成。

3. 发展阶段(2003—2010 年)

2003 年，伴随着二期移民的完成，三峡移民的主体搬迁工作基本结束，同时也标志着大搬迁、大安置的结束。此后，三峡移民工作重心由“搬得出”逐渐转向“稳得住，逐步能致富”。2006 年，三期移民的完成，标志着三峡移民主体搬迁工作的全面结束，此后移民工作主要围绕“稳得住，逐步能致富”展开。在中央和地方的共同支持下，三峡移民群众负重前行，努力建设新的家园，到 2010 年，持续 18 年的三峡工程大移民宣告结束，百万移民安置任务全面完成，三峡移民群众逐渐过上了稳定、富裕的生活。同时，三峡移民精神传唱全国，震撼和激励了全国人民群众，构

① 《重庆市移民工作报告》(2002 年)，载重庆市统计局编:《重庆统计年鉴 2003》，中国统计出版社，2003 年，第 70 页。

成了中华民族新的宝贵的精神财富。主要体现为以下几个方面。

第一,国家政策的与时俱进。从2004年起,国家连续10年投入30多亿用于三峡移民的后期扶持工作,这批资金的使用范围包括三峡库区农村移民以及未享受到低保和再就业政策的城镇移民。2005年1月6日,对口支援三峡库区企业家座谈会在武汉召开,国务院三峡工程建设委员会办公室负责人张宝欣根据国家发展和改革委员会编制的《三峡库区经济社会发展规划》指出:"培育和发展库区特色产业,拓展移民就业空间,是解决移民长远生计问题,实现移民安稳致富的根本保障,是推进三峡库区经济社会发展的中心任务。"要坚持"统筹规划,落实资金,突出重点,形成合力"的原则,这样才能合力促进经济发展,使库区移民得到实惠。[①] 这些转变表明,随着移民搬迁工作的顺利进行,国家以人为本,落实科学发展观,注重移民的生产生活,不仅追求生活的稳定,而且也开始重视生活的富裕。2006年是三峡三期移民结束的一年,同时也是三峡移民主体工程完工的一年。国家开始正式把工作重心转移到"逐步能致富"这一目标上。2006年8月13日,《国务院关于完善大中型水库移民后期扶持政策的意见》(以下简称《意见》)公布。《意见》指出,完善大中型水库移民后期扶持政策的近期目标是解决水库移民的温饱问题以及库区和移民安置区基础设施薄弱的突出问题;中长期目标是加强库区和移民安置区基础设施和生态环境建设,改善移民生产生活条件,促进经济发展,增加移民收入,使移民生活水平不断提高,逐步达到当地农村平均水平。[②]《意见》同时明确规定,大中型水库移民后期扶持期限统一确

① 《国务院已初步确定三峡库区未来发展规划》,新华网财经频道,2005年1月5日,http://news.cq.xinhuanet.com/fortune/2005—01/05/content_2418948.htm,访问日期:2014年4月10日。

② 《国务院关于完善大中型水库移民后期扶持政策的意见》,国发〔2006〕17号,中国政府网,http://www.gov.cn/gongbao/content/2006/content_389912.htm,访问日期:2014年4月10日。

定为20年，每人每年补助600元。2007年3月21日，全国对口支援三峡库区移民工作会议强调，把提高库区财政收入和城乡居民收入作为重点，会议审议并通过了《2007年对口支援工作意见》，要求全国对口支援工作将为库区引入总资金不少于60亿元，经济合作项目60～100个，无偿援助社会公益项目资金不少于1亿元，同时为库区援建并改造3个工业园区、20所希望小学和20所移民乡镇卫生院，援建完善40个移民村级文化活动室和10个移民乡镇福利院，进一步做好中高级移民职业培训教育和干部挂职交流，推动以移民为主体的20个社会主义新农村示范点建设，完善库区移民劳动力转移输出，解决部分移民人畜饮水和沼气建设等问题，实现库区用电村村通，推进移民安稳致富和库区经济又快又好发展。[①] 2008年10月26日，国务院三峡工程建设委员会在重庆市召开贯彻落实《全国对口支援三峡库区移民工作五年(2008—2012)规划纲要》工作会议，会议听取了重庆市关于全国对口支援三峡重庆库区的情况汇报。其中，20多个省市支援重庆库区各类无偿资金17亿元，实施对口支援项目2 123个，培训管理专业技术人员10多万人次、移民致富带头人3 000多名，交流培养干部6 500多人，接受库区劳务12万多人次，援建希望学校341所，兴建了一大批社会公益项目。[②] 在搬迁工作大体结束，移民生活逐渐稳定的前提下，国家政策转变到促进移民安稳致富的方向上来。

第二，重庆市政府、市移民局的有效工作。为了建设经济繁荣昌盛、人民安居乐业、生态环境优良的和谐稳定新库区，重庆市政府、市移民局为实现“稳得住，逐步能致富”的移民目标做出了杰出的贡献。2004年重

---

① 《全国对口支援三峡库区移民工作会议昨召开》，新华网重庆频道，2007年3月21日，http://www.cq.xinhuanet.com/news/2007－03/21/content_9565524.htm，访问日期：2014年4月10日。

② 《三峡库区：坚持科学发展，壮大库区经济》，《经济日报》2008年12月23日。

庆市移民后期扶持工作启动，市政府制发了《重庆市三峡工程库区移民后期扶持基金项目管理办法》和《重庆市三峡工程库区移民后期扶持基金管理办法》，审批了《重庆市三峡移民后期扶持规划大纲》，首批上报了478个后期扶持基金项目；在库区9个区县建成2.28万亩移民高标准柑橘示范园并通过国家验收，建成5个草食畜牧业项目基地；开展“移民培训年”活动，完成技能培训3万人，完成订单式劳务输出培训8 700人，完成致富带头人培训992人，输出移民劳务工2万人；建立了300户农村移民家庭和400户城镇移民家庭生活状况的定期监测和抽样调查制度。[①]同时重庆市政府、市移民局严格执行移民政策，做好移民的思想政治引导工作和信访工作，全面排查了移民反映和调查研究中发现的问题，重视维护移民合法权益，帮助他们解决生活生产中的实际困难。2006年6月19日，《中共重庆市委关于加快库区产业发展，着力解决移民就业，促进库区繁荣稳定的决定》(简称“《决定》”)获得通过。《决定》指出库区工作进入以移民搬迁为主向以加快经济社会发展为主转变的新阶段，实现移民“稳得住，逐步能致富”已成为重大而紧迫的任务。三峡库区仍是全市产业发展最薄弱、就业矛盾最突出、基础设施制约严重、生态环境脆弱、社会事业发展滞后、稳定压力较大的区域。在当前和今后一个时期，必须继续弘扬三峡移民精神，集中精力解决好产业发展和移民就业问题，促进移民在“搬得出”的基础上实现“稳得住，逐步能致富”。突出抓好加快产业发展，着力解决移民就业这个关键，持续推进库区移民迁建、经济社会发展、生态环境建设和社会和谐稳定四大历史性任务，使库区发展跟上全市经济社会发展步伐，成为重庆市经济社会可持续发展的重要增长点。2010年，持续18年的三峡工程大移民宣告结束，百万移民安

① 《移民工作报告》(2004年)，载王显刚主编：《重庆三峡移民志》第三卷《移民实施(上)》，中国三峡出版社，2010年，第626页。

置任务全面完成。但为了使移民过上健康、稳定的生活，后续的指导工作仍在继续进行。2012年1月8日，在重庆市第三届人民代表大会第五次会议上，重庆市移民局做了关于"三峡（重庆）库区移民"的工作报告。报告指出，2012年是三峡后续工作正式实施年，总体思路是：认真贯彻落实国务院第155次常务会、三峡建设委员会第十七次全体会议和市委三届九次全委会精神，科学编制三峡后续工作实施规划，制定出台相关配套政策；以解决移民搬迁安置遗留问题、培育打造支柱产业和扩大移民稳定就业为重点，促进移民安稳致富；以"绿化长江·重庆行动"、水污染防治和库区地质安全为核心，提高库区生态环境质量，实现三峡后续工作项目实施效益最大化。主要目标是：争取国家下达三峡后续工作投资计划100亿元，招商引资到位500亿元，培训移民群众7万人，库区地区生产总值增长13.5%，城镇居民人均可支配收入、农村居民人均纯收入分别增长13%和18%。[①]

第三，移民干部的贡献。国家政策的具体落实靠的是成百上千的基层移民干部，他们工作于一线，服务于一线，为了移民能有一个稳定的生产生活环境，殚精竭虑，任劳任怨。移民干部用实际行动诠释了"稳得住"是"能致富"的保障。曾学生是重庆市奉节县亚东汽贸公司总经理、百梯村党支部书记。他自己借给村里20万元，在新支部成立后的第23天，就把村里积累了近十年的债权债务全部理清了。他带头捐款4万多元，筹集资金27万多元，为百梯村整修村级公路21千米，铺设了长达6 000多米的引水管道，修建了现代化水准的村级办公大楼，办起了全县第一家村级敬老院。他个人还赞助乡亲路费去安徽学习肉牛养殖技术，使肉牛养殖、无公害蔬菜、良种脐橙成了百梯村的三个支柱产业，还注册

① 《三峡（重庆）库区移民工作报告》，《重庆日报》2012年1月19日。

了“夔门脐橙”商标。2005 年,百梯村被确定为重庆市“新农村建设示范村”。[①] 此外,外迁移民安置地各级党组织和干部,从全国大局出发,以高度的政治责任感、使命感,提出了“以移民为先,以移民为重”的口号,充分体现了社会主义的团结协作精神。如山东省移民干部把工作重点放在教移民“学吃、学说、学行、学生产”上。他们手把手教会移民做面食,说普通话,骑自行车,种田地,帮助移民度过了外迁以后的艰难期和孤独期。在土地分配时,移民大多分配的是稳产高产熟地,人均住房面积达到 25.8 平方米,普遍高于当地村民平均水平。在移民迁入时,他们还为移民准备了家具、厨具、粮食、蔬菜,接通了电话和有线电视。外迁移民安置地的移民干部作为本地群众和移民利益矛盾的协调者,需要做大量艰苦细致的协商、说服、教育工作。他们顾全大局,以实际行动关怀着远迁而来的三峡移民,支援国家建设。广大移民干部还用实际行动诠释了“逐步能致富”是三峡移民成功的关键。巫山县大昌镇洋河村支部书记郑昌省在移民工作中进行了三个方面的实践:重新调整土地,保证耕者有其田;兴建移民新居,保证居者有其屋;兴办集体企业,保证劳者有其岗,推动移民逐步致富。在他的带领下,洋河村保证了每个移民拥有 0.8 亩土地,人均住房 51 平方米,还开办了空心砖厂、预制件厂、粮油加工厂等企业,每年为村集体创下了 6 万元的经济收入。福建省福清市移民办主任王贤飞,尽心竭力帮助移民选择致富道路,创造致富条件。他亲自为来自奉节县的移民走村入户推销奉节脐橙,还以移民办的名义专门下发文件,要求全市各单位、乡镇积极购买奉节脐橙,增加移民收入,帮助移民致富。江苏省的移民干部提出对移民要“亲三分,让三分,帮三分”的要求,通过“五帮一”等具体措施,扶植致富典型,召开“三峡移民致富现场会”“三峡移民座谈会”等方式宣传推广由移民自己创造的致富方

① 甘宇平等主编:《当惊世界殊——重庆三峡移民纪实》,重庆出版社,2007 年,第 422—423 页。

式，收到了很好的效果。浙江省台州市移民办主任何正祥先后接纳安置三批三峡库区移民 552 户2 352人。在他的帮助引导下，这些移民户有95％以上找到了致富项目。其中，已有不少成为养猪、养蚕、养鸡、养羊大户，有的移民还当选为市人大代表、市政协委员。[①]

第四，三峡移民的贡献。在整个三峡移民工程中，三峡移民群体是整个工程的焦点，也是整个工程中最大的功臣。移民意味着广大的人民群众要背井离乡，离开祖祖辈辈繁衍生息和自己出生成长的地方，去一个并不熟悉甚至是全新的社会环境中开始新的生活。他们不得不割舍祖祖辈辈积累起来的家产及对家乡的依恋情结，树立起“舍小家，为大家”的观念。在长达 18 年的移民工程中，广大移民群众通过自己的亲身实践在思想道德及精神风貌上实现了一次质的飞跃。很多人由最初的“钉子户”变成移民生活稳定致富的带头人。覃敬明是江苏省东台市三仓镇新五村农民，原来是重庆市云阳县水磨乡水南村农民。2001 年外迁工作展开时，他是外迁工作的铁杆反对派，其事例曾被国务院三峡工程建设委员会召开的三峡移民思想工作座谈会作为个案进行介绍。当他外迁到江苏东台之后，当地群众和干部热情接纳了他，并为他发家致富出点子、想门路，这让他发生了 180 度的思想转变。在当地政府的支持下，他靠养猪养羊年收入近 10 万元，帮带移民和当地乡亲致富 10 余户，自己也从一个外迁反对派变成一个“稳得住，逐步能致富”的移民先进典型。熊德国是山东省寿光市化龙镇鲍家村农民，原来是重庆市忠县东溪镇三台村农民。2001 年他说服家人和乡邻，带头外迁。在山东，他和妻子艰苦创业，虚心请教当地群众，使自己的 7 亩地年年增收，被当地群众誉为“种庄稼的好把式”。他勤劳致富，针对当地农耕机械紧缺的现状，

① 中共重庆市委宣传部理论调研组：《带头实践好科学发展观——四论学习和弘扬三峡移民精神》，载《重庆社会科学年鉴》(2005 年卷)，重庆大学出版社，2006 年，繁荣 2 页。

贷款10余万元购买了“福田欧豹旋耕机”，每年驾车为当地村民耕地数千亩，收入近10万元，被当地群众誉为“致富能手”。[①] 黄月琴是重庆市巫山县福田镇桥头村农民，她扎根农村，以土为本，凭敢闯敢干的劲头，成为一名农村致富带头人。1992年的时候，她看到当时福田镇农民建房购买材料难，于是东拼西凑了20万元，在福田办起了第一家预制板厂。1997年，她又投资300多万元，成立了股份制页岩砖厂，解决当地农村富余劳动力200多人的就业问题。1998年，一场洪水让她从严重的水土流失中萌发了植树造林的念头。于是她承包荒山2000余亩，连续8年不间断投入，使1000多亩落叶松长得郁郁葱葱。由于大量的农村劳动力外出务工，造成大量责任田抛荒，从2004年起，她采取租、借、雇的方式，把这些土地充分利用起来，大规模发展种桑养蚕，先后栽种桑树36万株，每年养蚕达200张以上。[②]

第五，三峡移民精神的成型。按照重庆市委的指示，市移民局配合市委宣传部在经过较长时间的调研考察的基础上，总结提出了三峡移民精神，即“顾全大局的爱国精神、舍己为公的奉献精神、万众一心的协作精神、艰苦创业的拼搏精神、开拓开放的创新精神”。三峡移民精神是库区广大移民、各级干部，以及对口支援三峡移民工作的兄弟省市，以自己博大的胸怀和无私的奉献共同创造的。首先，三峡移民精神有助于全面落实科学发展观。三峡百万移民的过程，是党中央、国务院带领全国人民贯彻落实科学发展观的生动实践，“迁得出，稳得住，逐步能致富”的移民总体目标体现了科学发展观的本质要求。弘扬三峡移民精神，有助于我们自觉地坚持以科学发展观统领经济社会发展全局，树立科学的发展理念，制定科学的发展战略，形成科学的发展模式，防止和纠正“一代人

① 甘宇平等主编:《当惊世界殊——重庆三峡移民纪实》，重庆出版社，2007年，第419页。

② 甘宇平等主编:《当惊世界殊——重庆三峡移民纪实》，重庆出版社，2007年，第421页。

求发展,几代人背包袱”和“吃祖宗的饭,断子孙的路”的问题,增强可持续发展的能力,珍惜利用有限资源,提高保护生态环境的能力,推动整个社会走上生产发展、生活富裕、生态良好的文明发展道路,促进人的全面发展,促进人与自然的和谐相处。其次,三峡移民精神是构建和谐库区、全面建设小康社会的精神动力。三峡库区是我国成片贫困地区之一,其发展程度大大低于全国平均水平,而三峡成库之后对生态环境的高要求,使库区发展的难度进一步加大。百万移民使得库区社会重构,各种矛盾相互交织,保持和维护社会稳定的任务相当艰巨,要在这样的起点上实现经济社会的全面进步和人与自然的协调发展,使广大移民过上小康生活,尤其需要继续发扬三峡移民精神。只有各级干部都像三峡移民干部那样,全心全意为人民谋利益,各族人民都像三峡移民那样,把国家和民族的利益放在首位,各地区、各部门都像对口支援三峡库区那样,万众一心、团结合作,构建和谐库区、全面建设小康社会的目标才能实现。在三峡工程百万大移民的伟大实践中产生的三峡移民精神,是中国人民在新的时期为中华民族创造的新的精神财富。在全面建设小康社会、实现中华民族伟大复兴的新的实践中,我们要继续在全社会大力弘扬这一伟大精神,使之如滚滚长江之水,奔腾不息。[①]

(四)本章小结

三峡文化是历代生活在三峡地区的人们用勤劳和智慧创造出来的物质文化与精神文化的总和,是一种独特的地域性文化。三峡文化作为一种始源性文化,其源头可以追溯到距今200多万年前“巫山人”、旧石器时代、新石器时代人类文化遗迹的发现,标志着长江三峡地区是我国乃

① 参见甘宇平等主编:《当惊世界殊——重庆三峡移民纪实》,重庆出版社,2007年,第407—408页。

至世界人类文明的发祥地之一。进入文明时代以后，巴楚文化成为三峡文化的本源与底蕴，内化、积淀于每一代三峡人的心灵深处。鉴于历史上三峡地区不断的移民浪潮，三峡文化具有兼容并包的特质和混生文化的特点，具有非常显著的“移民性”特征。

就历史上三峡地区特别是重庆地区的移民来说，移民历史可谓深远悠久。从神话时代开始，就不断有移民移居三峡地区。其中，大规模移民包括三国时期“刘备带荆州兵万余入川”，元末明初、清末民初的两次“湖广填四川”，民国政府西迁重庆设立陪都，中华人民共和国时期的“三线建设”等，都带来了大量移民。可以说，三峡地区的移民浪潮涌动不止，从未间断，深刻地体现了三峡文化的“移民性”特征，造就了三峡地区特有的移民文化传统。而三峡移民文化传统有力地支持了当今的三峡工程移民。

长江三峡水利工程是一项承载了中国人百年梦想的世纪工程，它包含了太多中国人的情感和寄托，在某种意义上，它是饱经患难的中国人摆脱落后，实现强国梦想的伟大寄托。1992 年 4 月 3 日，全国人大七届五次会议上正式审议通过建设长江三峡工程，确定了“一级开发，一次建成，分期蓄水，连续移民”的建设方案。其中，三峡工程的兴建引发了当今世界上数量最多、规模最大、难点最突出的工程性非自愿移民群体——三峡移民。百万三峡大移民被称作一道当今的“世界级难题”，表现在特大规模移民难、被动移民工作难、故土亲情离别难、具体补偿问题难、城镇规划选址难、百万移民安置难、生活方式改变难等七个方面。因此，国家提出了开发性移民方针，以“搬得出，稳得住，逐步能致富”为移民搬迁安置的总目标，最终实现移民可持续发展。为保证移民搬迁安置工作的顺利完成，国家又制定了一系列配套政策，包括移民扶持政策、对口支援政策、外迁政策以及后期扶持政策等，确定了就地安置与异地安置、集中安置与分散安置、政府安置与移民自找门路安置相结合的移民安置办法。在党中央、国务院和全国人民的关心支持下，经过广大移民、移民干部和全国人民的不懈努力，三峡移民工程从1993年开始到2010年结束，共历时18年，完成移民搬迁安置超过120万，曾经的“世界级难题”终告破解。

三峡移民工程结束，进入后移民时期，我们应将关注的焦点转移到移民在安置地的文化适应性过程中。从移民的文化适应性内容上来看，涉及移民的物质文化、精神文化和制度文化的多方位适应过程。大致来讲，包括以经济生产、饮食与服饰、居住与交通为主的物质文化适应，以语言、休闲方式、家庭社会观、教育观、情感归属与身份认同为主的精神文化适应，以及以移民政策的宣传、落实和运行、乡规民约、移民社会关系与制度文化的互动、企业制度为主的制度文化适应。根据三峡移民的三种类型，我们可以看出移民在空间分布上的差异，由此也形成了移民文化的不同背景，包括三峡文化圈、重庆文化圈、异地文化圈。其中，三峡文化圈主要对应的是就地后靠移民，研究的是就地后靠移民在迁入地的物质文化、精神文化、制度文化方面的适应情况；重庆文化圈主要对应的是内安移民，研究的是内安移民在迁入地的物质文化、精神文化、制度文化方面的适应情况；异地文化圈主要对应的是外迁移民，研究的是外迁移民在迁入地的物质文化、精神文化、制度文化方面的适应情况。上述三种不同文化圈中的三峡移民，必然呈现出不同的文化适应模式。

三、三峡移民的物质文化适应性研究[①]

三峡移民的物质文化适应是三峡移民在迁入地文化适应的基础，为移民在迁入地的繁衍生息提供基本条件，其重要性不言而喻。没有物质文化的适应，其他适应无从谈起。因此，三峡移民物质文化适应性的研究是精神文化和制度文化适应性研究的前提。只有充分理解移民的物质文化适应才能更好地理解移民的整个文化适应。

对三峡移民的物质文化适应性含义的理解，我们认为至少应该从三个层面去把握。

其一，本次研究限定的主体对象是三峡移民，按照移民的安置方式，涵盖就地后靠、内安、外迁三种类型，虽同为三峡移民，但迁入地之间的地理环境差异性还是比较明显的，从临水而居到依山而靠，从崎岖的山区到沃野平原，地理环境的改变，意味着移民必须在此基础上对原有的经济生产、衣食住行以及交通做出调适，而这样的调适需要相当长的时间，并非一蹴而就。不同文化圈的移民主体对物质文化的适应也必将呈现出差异，正是这些差异为本书研究和理解不同类型的三峡移民的可行性提供了条件。基于此，我们选择就地后靠、内安、外迁三种移民类型进行物质文化的适应性分析。

其二，本章研究的切入点是物质文化，物质层面的文化是人的物质生产活动及其产品的总和，“是可感知的、具有物质实体的文化事物，构成整个文化创造的基础。物态文化以满足人类最基本的生存需要——衣、食、住、行——为目标，直接反映人与自然的关系，反映人类对自然界

① 说明：本书第三部分至第五部分的写作基于实地考察。就地后靠移民考察点巫山县洋河村，内安移民考察点江津区，以及外迁移民考察点山东曲阜的基本概况，我们放在附录1中详细介绍。

认识、把握、利用、改造的深入程度，反映社会生产力的发展水平”。[①] 以日常生活为视角，对三种类型移民物质文化具体调适过程进行观察，是理解三类文化圈移民的物质文化内涵的关键。

其三，本章研究的着力点是“文化适应”。一般来说，文化是具有适应性的，这主要是指对特定的自然环境和社会环境两方面的适应性，由于文化系统不同，不同文化圈之间或同类文化圈不同群体之间即使面对同一环境，也会表现出极大的差异性，而这一差异性不利于相异文化圈之间的交流。对此，不同文化圈的主体在相互接触过程中会主动或是被动地改变自身，以实现文化的共享，这一过程被称为文化适应。同理，后靠、内安、外迁三种类型移民分属三峡文化圈、重庆文化圈、异地文化圈，如此庞大的移民群体在不同文化圈之间流动，不可避免地要与原有的文化系统和现有的文化结构进行对接，这一对接过程所产生的文化现象属于文化适应的探讨范畴。

（一）就地后靠移民的物质文化适应性分析

按照文化特性划分，就地后靠移民属于三峡文化圈。所谓的三峡文化圈是指生活在峡江地区的居民，依山傍水，以山地和江河作为物质资源，在此基础上形成的以农耕为主的生计方式和文化模式。

就地后靠移民搬迁之后，人均资源占有量以及土地质量都有所下降，现有的土质状况已不再适合原有的种植对象。移民在平坝地区主要种植的是水稻，搬迁之后进入高山地区，随即种植对象也需向高山果木或是经济作物转换。但总体来看，后靠移民未脱离三峡地区这个大的自然环境，可以最大限度地继承原有的物质文化系统，后靠移民搬迁之后

---

① 张岱年、方克立主编：《中国文化概论》，北京师范大学出版社，2004 年，第 4 页。

仍属三峡文化圈。尽管如此,生计方式、衣食住行、居住与交通等物质文化方面还是发生了巨大的变化,移民被迫做出适应,而这一适应过程是极其艰苦的,因而移民在文化调适过程中所体现出来的优秀人文品质更加值得我们去关注和总结。

1. 经济生产适应

所谓经济生产适应,是指个体通过社会化,根据生产环境适时调整发展经济的行为模式和心理状态,以适应新的劳动环境的过程。移民搬迁后,旧有的生产劳动条件、劳动对象和劳动资料都发生了改变,从而引起劳动内容、劳动方式、劳动收入和劳动人际关系等也发生相应的改变。移民经过此次迁移已经实现了几个转变:从农民转向工人,从传统农业转向现代农业,从平坝转向山区。为了发展家庭经济,移民就要转变原有的经济生产方式,就要通过一定途径去适应新的劳动环境,这样他们才能逐渐恢复、提高生产生活水平,才能渐渐融入安置地区的社会生活之中,从而真正实现政府提出的“迁得出,稳得住,逐步能致富”的安置目标。

(1)传统生计方式

“民以食为天,农以土为先”,搬迁前,洋河村人均耕地1.22亩,农民收入结构以种植业和养殖业为主。沿江种稻种菜,日出而作,日落而息,维系着世代相传的农作方式,自给自足,对于生活所需消费以外的农产品,村民们会在赶集的时候拿到市场去交换。改革开放以后,农民有了更多的机会走出小山沟,奔向大城市,外出务工成为农民群体增加家庭收入的一个辅助手段,农忙时节在家种地,农闲的时候外出务工,其外出务工人员的流向主要集中在广东、深圳、上海、北京以及邻近的湖北,当然也有一部分村民留下来到附近的集镇从事搬运或者是泥瓦匠的工作,总体来说收入稳定。

三峡移民搬迁通知下达的那一刻起，这里的一切便悄然发生着改变。洋河村被淹没的土地，土质大多较为肥沃，耕种条件好，稍加管理即可大丰收。对于世代农耕的移民来说，失去土地意味着失业，失业直接导致经济收入减少，生活水平相继下降。加之集镇无工业支撑，产业发展空虚，就业十分困难，在较长一段时间里移民只能依靠养老保险、低保维持生计。

等移民终于盼到土地下户时，发现挂钩土地少、质量差、坡度大、耕种收益低，移民廖某调侃道："为了耕种来之不易的一亩三分地，坐了车又坐船，撒了10斤麦种，收了12斤麦子，劳力劳心，不捞财。"这一投入与产出严重不对等的情况，一则反映出搬迁以后虽然有些农民获得了土地补偿，但是补偿地与居住地相隔甚远，耕作起来很不方便；二则反映出移民搬迁以后土地贫瘠，种粮效益低，无法实现基本的经济收益，农民生产生活前景不容乐观。因此，年轻力壮的，甚至50多岁的中年妇女也只有背井离乡，疾走在劳务输出的大军之中，仅留下儿童、老人留守村镇。峡江地区恶劣的自然环境塑造了三峡儿女艰苦创业、勇于拼搏的性格，因此面临自然环境的改变，他们没有坐以待毙，而是积极去适应，即便是要放下家庭的温暖，他们也不会坐等救援。但劳动力的外流也让原本急需恢复的农村经济失去动力，乡村一片死气沉沉，移民安家致富面临重重困难。

传统生产资料的锐减和劳动对象的改变一时间让村里人手足无措，移民不得不开始艰难的经济适应过程。村里的老支书回忆道："初搬迁至此，移民情绪很不稳定，人均耕地面积只有0.33亩，土地瘠薄且容量小。如果继续固守以往单靠粮食种植和家庭饲养来增收，看来是没有出路的，但是那个时候大家都没有办法，不知道怎么适应高山的种植，只好继续选择以往的传统种植。一部分人实在受不了这样的生活，只好到沿海打工。继续留在村子里的劳动力,开始向迁入地居民学习高山种植或者自己摸索种植技术,经过几年时间我们总算是熬过来了,现在已经能够较为熟练地掌握高山种植技术。”由此看出移民面临生产劳动环境的改变,经历了从不适应到缓慢适应的过程,短时间的无所适从是难免的。但是库区移民坚忍不屈的性格决定了他们不会屈服于面前的困难,事实也很好地证明了这一点。移民通过向迁入地居民学习高山种植技术,满足了新环境对移民的技能需求,向致富增收又挺进了一步。

从搬迁之后洋河村的土地资源状况来看,虽然可耕土地少,但山地资源丰富,当地政府鼓励村民种植柑橘、李子、桃子等经济果木,弥补粮食种植锐减带来的经济损失。通过土地流转,组建农业专业合作社,建立农业开发企业,实行“公司+专业合作社+基地+农户”的经营机制,扩大农业产业规模经营,提高农民土地收益。村委会成立专业合作社,鼓励社员加入其中,订单生产,分摊柑橘种植,然后到了收成的时候,再统一回收交给公司进行包装销售,保证了农民的收益。该村已有近500亩的柑橘种植规模,村里大部分移民选择以此为生。下面是我们收集到的一条对移民进行种植指导的短信。

【案例】

各柑橘种植户:这个季节正好是果树施肥的最好时节,请各位村民少打几盘牌,抽点时间给果树施肥锄草。柑橘树提苗期施尿素即可,柑橘园里不要种植玉米、油菜、芝麻等高秆作物,其他农作物也不要种得太近;柑蛆秋季防治也正当时,把落地柑和树上不正常的果子捡到或摘掉放到沼气池处理,或者用塑料袋密封,千万不要埋在土里或乱扔。同时近期将对前期栽植的柑橘树进行补苗,请各种植户将自家缺苗的数量于10月6日以前如实报到社长处。注意:那些根本不打算管理的农户或者整户都不在家的请不要报,社长也可以不收集，以免浪费有限的资源。

《巫山县楚良柑橘种植股份合作社》

2012-10-3

镇政府还从广东引进了一批麻竹，在洋河村全面铺开种植。由于麻竹冬季怕冻、夏季怕热，与当地气候、土壤不和，再加上对农户的技术指导不够，造成麻竹大片死亡，种植效益并不理想，给农户带来了不小的经济损失。此项计划的失败说明了经济的发展必须因地制宜，切不可不合实际地照搬照抄，否则不但达不到致富目的，还会挫伤移民经济发展的积极性。三峡移民之后，土地更加成为稀缺资源，因此怎样更好地、合理地利用土地，需要做出制度方面的创新。例如大昌镇通过土地流转，组建农业专业合作社，建立农业开发企业，实行“公司＋专业合作社＋基地＋农户”的经营机制，扩大农业产业规模经营，提高农民土地收益。这样的经营机制最大程度保证了农民的收益，极大地提高了移民的生产积极性。移民在适应过程中并未单挑独干而是“抱团协作”，实现规模化经营。库区移民“抱团协作”的品质是在长期的劳动过程中形成的，一则有利于规避风险。二则在实际的生产活动中能够增加移民之间的感情，经济上的互惠互利对人际关系的和谐也有一定的作用。对初到迁入地的移民来说，这样的经济发展模式渗透出的互助协作，能够减少陌生感，有利于移民更好地融入当地环境，适应环境变化带来的不适感。

从调查数据来看，40～50岁的移民对传统生产方式的适应较好，适应的原因主要有以下几方面：一则，移民是从平坝地区迁往高山地带，自然环境发生了改变，村民的耕作方式和种植结构也要发生变化，这部分移民无一技之长，除了种植，其他都不会，生存境况迫使移民必须去积极地适应。二则，通过与企业合作，引进种植品种，待果实成熟后销售给合作企业，保证了农产品销量，维护了村民的经济效益，移民敢于放心大胆去干。此外农民世代从事农业耕种，虽然种植种类有所改变，但是迁入地与迁出地同属于三峡文化圈，依然是以高山和峡江作为主要的物质资源从事耕种，原有的农业技能能够帮助后靠移民很好地去适应。再如对于移民的柑橘种植，多数生活在山地的移民之前都有过类似种植柑橘的经验，只是未形成规模，现在有地方政府的科学引导，移民适应起来也比较快。

对此转变不适应的移民多为青壮年，造成这类情况的原因主要是搬迁之前，迁出地是单一依靠粮食种植为主的农村经济结构，搬迁后未恢复生产能力就迅速推行经济林木种植、规模化家禽养殖等复合型农业结构模式，加之外来品种的引进，农民需要一个熟悉作物属性的过程。此外，这部分人从事农耕经验不足，有替代性的生计选择，比如外出务工等。

(2)其他谋生手段

外出务工：

移民搬迁后人多地少，土地与人口之间不能够实现有效的配置，工业更是处于空白，城镇、农村基础设施薄弱，移民问题突出，给当地发展带来不小的障碍和局限。要想实现经济的发展和繁荣，单靠农村经济是不行的，转移农村富余劳动力，成为解决农村过剩人口的主要出口。

在移民人卢某某的带领下，我们一行去了集镇里的两个服装厂，分别是龙池街的瑞阳服装厂大昌分厂和巫山县红叶制衣有限公司，这两个微型企业人员规模都在20～50人，业务范围主要是为广东的服装厂做基础加工。老板拿到订货样板以后，分发给工人，由工人计件生产。工人动作快，又遇上效益好，到手的工资在2000元左右，但是到了淡季订单少的时候，只能勉强维持生活。基于补贴家用和照顾老人孩子的考虑，不少女性移民仍然在此继续工作。

我们采访了洋河村岑姓移民(女,62岁),谈到支持她每天起早贪黑工作的动力时,她一脸质朴地答道:“没地可种,趁着干得动,不给后人添麻烦,现在看病这么贵,多动动还不得生病。”调查发现,该村外出务工的人员多是从事与此相关的劳动力密集型产业,男性移民主要从事与建筑相关的行业,例如油漆工、木工、水电工等,或是进行长途线路的交通运输。女性以打零工为主,在外帮丈夫做饭,操持家务,有条件的一般还会带上孩子,即使是一家三口都在外地,定居可能性也不大,村民养成了在外挣钱,回本地消费的习惯。这也是移民“恋家”情结的体现,可想而知移民在搬迁时需要多大的隐忍才能做到“舍小家,顾大家”。

个体经营:

大昌镇移民搬迁后集镇内没有大型工矿企业,为解决这种困境,政府鼓励私人创业。洋河村所在地大昌镇是当地小有名气的千年古镇,游客来三峡旅游,其中一项便是游览古镇风光,这给小镇的经济发展带来了机遇。每当三峡枫叶红似火的时候,也是当地生意最好的时候,镇上开办的酒店,甚至大部分农家乐都是客满。这个时候,全镇居民家老老小小都会去帮忙,收拾床铺,帮助客人入住,包括给部分住客送餐,凡事皆亲力亲为,一点儿老板架子都没有。当我们问到为何不多招聘几个工人时,移民刘某(女,47岁)说:“生意红火就那一时,平日里生意冷清得很,入住率不会过半,客源季节性波动大。如果人请多了淡季不划算,还是家里人好,不开工资。”类似的家庭化经营在当地很常见。

洋河村移民张某(男,42岁)搬迁之前跟大哥在重庆帮人做装修,主要负责内墙漆,觉得油漆味对身体伤害比较大,于2009年返乡,在镇上租了两套三室一厅的房子,租金每月700元,租期为五年。张某对房屋采取长短租相结合的经营方式,短租主要针对旅游旺季时酒店满员,部分游客会选择家庭旅馆,长租的对象多半是为了方便孩子在镇上读书,一个月租金在400元左右，一套房租三家，月收入1 200元，净赚500元。短期房旺季为每日每间120元。该移民为了让孩子有个良好的受教育环境，打算以后在巫山县城购房。

李姓村民(男，45岁)移民前主要以种植蔬菜和粮食为主，但搬迁后全家的土地只有0.27亩，种的菜家里人吃都够呛更别说拿去卖，于是男主人开始在镇上跑摩的。此前家里就买了台摩托车用于运送蔬菜到集镇去卖，空闲时也接送老婆孩子，免去了重新学习驾驶技术的烦恼，适应起来还是比较快的。现在每天在村与镇之间运载乘客，一天下来除去油钱结余在50～60元。遇到整顿集镇的时候，这种黑车就只有在家歇业。比起以前种菜的日子自感轻松不少，不用成天泡在地里，一身的泥土味。但是同样种过地，现在在集镇开面馆的王姓移民(女，40岁)不以为然，她谈到搬迁之前，家住农村，有水田可以种植水稻，家里吃的大米从来就没有在集市上购买过，自留地里也栽种有小菜，只要当季，根本就吃不完，还会把多的背到集市上去卖，换些钱。养一头大肥猪足够一家人吃一年。而移民以后在食物的来源上发生了很大改变，现在什么东西都要去集市购买，毫不夸张地说现在每个月的日常开销至少是以前的10倍有余，家里修房欠着亲戚的钱，还有一个16岁的儿子在大昌中学念高中，孩子的父亲只好去广东打工赚钱。该村民对进镇开店极不适应，抱怨道："早上四五点就要起来买面、买菜等客人，有事没事都要在店里守着，很不自在。"乡下种地是祖祖辈辈最普通的谋生办法，她早已习惯了"拖泥带水"的生活，对于个体户的身份转变并不适应。这一现象在中老年人群的生产适应中尤为突出。交通闭塞，对外交流缺乏，移民市场观念薄弱，是广大农民增收所面临的瓶颈。

旅游开发：

洋河村党支部书记准备依托大昌湖的旅游资源，向县政府提交申请，要求开发大昌湖为乡村旅游景点，配套洋溪河漂流。当我们询问，如果这个项目的申请未能得到答复，准备怎么继续时，村支书认为，“没有政府的支持一切都是枉然”。遗憾的是，这个项目一直未能得到上级批复，村里试图利用搬迁后的旅游资源来实现适应的尝试并不成功。客观上，这种开发受到交通条件和游客资源的制约，村里面临比较强的竞争，因为巫山县早已具有丰富的旅游资源，因此大昌镇对游客的吸引力相对较低，使得大昌湖的开发难度加大。主观上，一方面是地方政府对于移民进行旅游资源开发的意愿和呼声重视程度不够，或者说对大昌湖旅游开发能够给洋河村移民带来的效益认识不够，因此对洋河村旅游开发支持力度不足；另一方面，村民的旅游开发营销观念不强，把希望寄托在政府身上，没有考虑将大昌湖的旅游开发推向市场，借助区域旅游企业或民间资本来共同开发，主动宣传不够，网络宣传未能利用起来。市场观念缺乏，对政府过度依赖是广大农村农民致富的一道坎。当然，移民整体素质的提高，并非一朝一夕可以完成，就像文化适应一样，需要循序渐进。但值得高兴的是，我们在这部分乡村精英身上看到了“开拓创新”的精神，这一点是值得重视和弘扬的。

从整体来看，转移农村劳动力的形式无外乎两大类：自主创业或是外出打工。自主创业对移民的素质要求相对要高些。从调查的情况来看，创业人群倾向于发展类似家庭旅馆、小面馆、转租房以及短途运输这样的投资小和回报稳定的行业，且多为家庭化经营。这种模式不同于一般的甩手店家，自己既是老板也是工人，忙起来的时候叫上全家，这样的家庭化经营能够最大程度地节约开支，增加结余。这一系列的应对策略有助于村民向外流出，弥补土地紧缺带来的经济损失。外出打工多以县政府为引导，以村镇为基地，开展移民专职培训。此措施在提升劳动力输出品质上有一定的作用，有助于移民更好地适应劳动力市场需求，更迅速地找到工作岗位，实现移民致富的目的。

移民自身转变过程中，或多或少会有不适应的情况发生，但是这种不适应并非简单地由移民搬迁造成。随着中国城镇化的建设发展，农村自给自足的发展模式无法应对市场，农村劳动力的转移是一个必然的结果。移民搬迁后土地数量和质量的下降，加速了农民外流和转变经济结构的脚步。同时部分移民在搬迁之前从事的是传统农业耕作，搬迁之后有从事个体经营的，有进工厂的，移民搬迁作为外在因素直接加速了移民重构文化的步伐。

从适应程度来看，多达78%的中青年群体适应其他生计方式，适应的主要原因有三点：一是青年一代以前无从事传统农业生产的经历，更容易接受新事物，渴望走出去了解外面的世界，相对来说接受了更多的教育，能够更快地掌握技术；二是外出务工比起传统的生计方式而言创收更加容易，近十年东部沿海地区对劳动力需求量大，为移民外出打工提供了市场；三是大昌镇旅游业发达，当地的个体经济较为活跃，移民中一部分有商业头脑的就选择创业，而且移民创业在政策上多有优惠。但我们对中老年群体调查后发现多达89%的移民对其他生计方式表示不适应，造成这种困境的原因主要为年龄和身体等方面。总体来说，中老年人由于年老体衰且无专门技术，因此无法适应劳动力市场需求；农民“重土难迁”的影响使得移民不愿意搬离土生土长的村落；移民把大部分的资金都用来建房或是恢复生产，资金不足，造成部分移民即使有经商的想法也只能望而却步，同时也有相当多的移民缺乏经商意识，不愿承担风险。

总之，移民从平坝搬迁至高山地区，土地减少，原有的平地耕作技术无法适应高山环境，被迫面临调整。搬迁之前单靠粮食和蔬菜种植的单一经济结构模式受到冲击，移民通过对山地经济林木耕作技术的掌握、养殖技术的培训以及职业技能的培训，部分移民已经从传统农民转变成为个体或是产业工人，农村的产业结构和农民的职业结构发生了明显的转变，但是农民及其移民的身份并未伴随结构的转变而转变。

2. 饮食与服饰适应

(1)饮食适应

饮食是人生存的第一需要，不可缺少，因而饮食向来都受到普遍的重视。“民以食为天”，中国人把吃饭问题作为天下头等大事是很有道理的，这种来自生存斗争的经验，广为传播，经久不衰。其中的饮食文化内涵丰富，吃什么、怎么吃，食品的加工制作，炊具、餐具及汲水和储存水的器具，喝什么、怎么喝，酒具和茶具，食疗保健、饮食禁忌、饮食嗜好，等等，都属于饮食文化的范畴。各个地区的饮食是由本地人所从事的主要生产决定的，受社会生产力发展水平的影响，其中自然环境对饮食文化的影响是一个不可忽视的关键因素。本次调查的着眼点是环境的改变对移民饮食结构和食物烹饪方式的影响。

搬迁之前，洋河村的粮食主要包括苞谷（玉米）、红苕、洋芋，俗称“三大坨”；其次为水稻、小麦；还有少量绿豆、荞麦、燕麦等粮食作物。蔬菜品种丰富，盛产冬瓜、南瓜、黄瓜、丝瓜、苦瓜、韭菜、葱、白菜、青菜、辣椒等蔬菜十余种。移民搬迁之前主要通过自给自足的方式来满足日常的生活所需。三峡水利工程的修建，千亩良田被淹没，现在该集镇的蔬菜主要是从湖北、山东运送过来，由于地区偏远，交通不便，加大了运输成本，故而菜价相较周边地区也相对较高，对于习惯了自己栽种、自给自足的农民来说非常不适应。张大妈谈到，以前随手去地里弄点儿菜一家人都够吃了，也不用盘算多少钱，现在买一点儿小菜就十多块，只有当季菜比较便宜一点儿，番茄上市的时候天天吃，感觉特别腻。猪肉和禽类还好点儿，自己可以养殖，吃起来感觉肉质比镇上买的香。一般来说村民是不会到集镇去买蛋类或是禽类消费品的。

当地食物的做法主要有炒、煮、炖、煎等几种，还有风味独到的腌制品，如腌肉、腌豆腐乳、腌豆豉、腌酸菜等。冬天过年的时候会腌制腊肉，一来风味独特，二来可以长期存储。

“盐腌烟熏”存放方式由来已久，当地过年时几乎家家户户都会做腊肉，味道主要有香辣味和咸甜味两种，香辣味较咸甜味在当地更受欢迎。在村民黎大哥的介绍基础上，我们对腊肉的制作工艺做了归纳：

所需材料：鲜猪肉、食用盐、柏树枝（柏树，一种具有很浓清香味的常绿乔木，传统上用来制作香料，无毒无害）。

工具：半封闭的炉具。

制作方法：第一步，选择健康的生猪，找屠夫宰杀，放血，用开水淋烫，刨皮去毛，再按照顺序分成条块；第二步，用食用盐分别将各块肉涂抹一层，放到一个大型器具内腌制 3～5 天，取出晾干；第三步，将晾干的肉块吊挂在准备好的炉具上，将柏树枝放在下面燃烧，保持半燃状态（不要有火焰），利用烟雾来熏烤，时间不少于 24 小时，越长越好，直到香味沁入肉内方可。

特点：第一，烟熏腊肉有原生态的清香味，爽口，不油腻；第二，具有保健功用（健胃、清肝热、清肺热等）；第三，有利于存放，不易变味，不易长虫。

移民搬迁以后，制作腊肉的工艺有所改变，但是农村依然完整地保存了这种制作工艺。在城镇地区，由于烟熏带来较大的空气污染，而且也没有场地，加之城管会来制止，所以居民一般都选择从农村或是超市购买腊肉。即使城里有人制作，那也是经过了一番改良的，把烟熏变为了风干，相较前者而言此种方式更简单。首先在洗净的盐肉上涂抹一层厚厚的甜辣酱或者是麦酱，然后挂在阳台风干，等一个月以后，就可以取下来吃了，风味别具一格。除此以外，村里家家都有泡咸菜用的坛子，泡过的咸菜开胃可口，成为饭桌上不可或缺的一道美食。民间还有烧吃薯类的习俗，当地有“红苕洋芋本姓张，煮的没有烧的香”之说。

(2)服饰适应

从人类学关于服饰功能的分析来看，服饰能够反映出调查对象生活的环境、从业类别以及生活方式，能折射出调查者所在社区的工艺水平。对调查对象服饰的关注还能洞悉到调查点与周围社区之间的互动关系。毫无疑问，对服饰的调查探讨有利于我们更加清楚、整体地把握调查对象。

调查点搬迁至今已有近20年的时间，我们一行在大昌镇党政办的帮助下翻阅了搬迁之前拍摄的一些图像材料，从原有的图片来看，搬迁之前的人们穿着较为单一，样式中规中矩，以“青黑”二色为主打色，色彩较为暗淡，纯色系较多。相比较而言，男性服饰近十年变化不大，女性在服饰上的变化程度明显高于男性。移民之前，烫发的人比较少，多是中年人，现在烫发趋势年轻化，初中学生走进理发店烫发染色也不足为奇。这在以前人们会评头论足地说此人行为不检点，现在更多的是与“潮”“时尚”这样的词联系在一起的。究其原因还是外出务工人员增加，交通环境相较以前更为便捷，人们有更多的机会走出山村，奔向城市，接收新观念，尝试新事物，不同文化因子彼此之间相互接触，给原有的文化结构带来冲击。为了更好地适应发展，传统文化会在一定程度上对新时期文化进行整合，以求最大限度地保留自己的特色。在洋河村的调查中我们发现，当地老人有戴青色头帕、抽叶子烟的习惯。老人介绍说，捆头帕是有讲究的，一般到立冬天气转凉后，老年人就开始系头巾(过去叫羊绒帕子)，又叫捆帕帕。将帕帕折叠好，在耳朵以上绕头而捆，有些还在头顶织一层，据说既可以抵御风寒，还可以遮灰，放香烟、旱烟、烟斗锅子等。除此以外，农村夏季依然有人喜欢穿着草鞋，但会编制草鞋的人很少，现在穿的草鞋多是从老者那里购买，价格相比以前也贵了不少。草鞋，又叫偏耳子草鞋，它分为布草鞋、麻草鞋、稻草鞋、棕草鞋、尼龙草鞋等。在二十年前较为普遍，搬迁以后一直是作为非物质文化遗产加以保护，偶尔在市街上还有出售。它具有经济实惠、做工简单、原材料易找等特点，而且穿在脚上轻巧舒适、防滑、耐用，特别适合爬山（俗称爬山机）和水中行走。根据老者回忆的草鞋的制作流程，整理如下：

材料：线麻、废布条、稻草或棕丝叶等。

工具：板凳两条、专用工具（用木头制成，上有五个木齿，名为：草鞋耙子）。

制作流程：先搓一些绳子（这里叫爽子），将板凳正反各一条重叠，将制作草鞋的工具草鞋耙子安放在板凳上，人坐在另一头，将爽子一头系在工具上，一头系在腰间，爽子需要五条。将准备好的稻草拧成股，一边在爽子间交叉编织，一边用工具压紧。编织时就得注意形状、大小，左右鞋尽量对称，形状好坏、合不合脚就在这时见分晓。鞋底编织好后，安装耳子，耳子用来穿上面的带子，一般前三组、后三组，每组七股或九股，前三组成直角三角形安装，后三组成等腰三角形安装。再把前后所有耳子用一根稍漂亮且结实的带子连接起来，一双鞋就算完成了。

当前草鞋的制作工艺需要作为非物质文化遗产才能进行保护，说明了两个问题：一是传统文化需要在与社会经济发展的博弈中做出适应性的调整。例如以前草鞋是人们日常穿着的一部分，但是现在随着制造业的发展，以及外出务工人员更多地走进工厂，生产谋生方式发生了转变，它的使用已经不能帮助人们适应新的工厂体制下的着装要求，反而会被作为异类来处理。虽然草鞋不能出现在人们的日常生活以及生产中，可是并没有消亡，有了时代赋予它的新意义。二是文化的评判标准会伴随经济的发展而有所改变，外部条件的冲击对文化的保留与废弃有加速或是减缓作用。

移民的衣食住行及其娱乐方式与搬迁前相比变化不算太明显，就衣着来说，移民觉得与迁入地不存在需要适应的地方，促使他们改变的是外出务工的环境使得花费在衣服上的消费有所增加；在饮食上，与移民搬迁前相比最大的差别是食物的来源，以前是自给自足，现在转变为市场购买为主；再者就是燃料的改进，搬迁之前用的是柴火，现在是沼气。

3. 居住与交通适应

（1）居住适应

大昌镇地势崎岖，房屋多沿地势变化呈不规则的自上而下的排列式分布，抑或是沿江而建。搬迁之前的房屋结构主要分为三大类：土木结构、砖混结构以及钢筋混凝土结构。其中土木结构的房屋是居住人群最多的一类，此类建筑多就地取材，建设成本较低。去山里挑选一些结实的大木头作为房屋的梁和柱子，外墙用黄泥土敷成，屋顶盖上茅草或是青瓦，厕所一般和牲畜养殖混在一起。移民秦老伯说，"一到夏天臭气熏天"。屋外有一个十平方米左右的院坝，是乡土社会里人来人往、交流信息的主要场所。逢年过节的时候，这里同时也是宴客厅，成为进一步润滑社交关系的场所。屋内摆设简单，卧室内一般只摆放一张木床，厅堂内（堂屋）摆放有吃饭的桌子、椅子以及简单的生活用品，厨房的灶一般用黄泥作为主要材料，高约 0.5 米，长 1.3～1.7 米，宽 0.8～1.0 米。灶房内一般有一个装碗筷的小柜子，还有一个长木架可放锅、盆之类的器物，当然灶房内的水缸是必不可少的。屋内的摆设和生活用品也喜好用木头和竹子作为原材料。

后靠移民的住房问题主要通过"政府统建"和"划地自建"的方式来解决。所谓"政府统建"，主要是指政府根据被淹没地的居民人数，以家庭为单位,人均给予一定面积以房还房的补偿。例如原来是4口之家,居住的房子有90平方米,现在根据政府统建以房还房的要求是100平方米,那么这个家庭就要根据当时每平方米的市价补给政府。洋河村是此种安置方式的试点社区。另外一种是划地自建,主要是政府按照规定人均补偿面积,沿街划出一定面积的土地,可以采取几家人合建的方式来完成房屋的修建,但是房屋必须是5层楼高,否则不予批准。因此很多移民为了修建房子,求得安身之所,只好借债修房,债务让原本并不富裕的移民雪上加霜。尽管如此,我们从回收的调查问卷里了解到,移民对现在居住的房子普遍还是比较满意的。

搬迁之后,人们的居住环境发生了重大改变,农村就地后靠的群体也多修建了钢筋混凝土结构的房子,屋内装修风格更加注重美观,摆设物品多从市场购买,与以前自己制作的有了很大区别。但农村厨房里的灶依然保留下来了,只是用更加美观的瓷砖替代了白色泥浆,燃料也多是就地取材的木棍和干竹子。

现在居住的房子都安装了自来水管,手一拧,水就来了,卫生条件也比以前好,有专门的垃圾处理站,告别了以前用肩挑水、臭气熏天的生活环境。根据移民安置规划,政府还开展了"三改一池"工作。"三改"主要是指"改厨、改厕、改灶","一池"主要是指沼气池,2004年开始启动沼气池改造,到2007年完成。沼气池改造采用先进行试点再全面铺开的方式,首先是由会计带头新建了一口沼气池,成功后确实有效益,就召集周围的移民来实地参观,引导大家主动兴建。移民"三改"后可以享受2 500元的补助,非移民的就只有1 000元。完工以后,大昌镇移民办组织工作组逐户进行验收,然后兑付补偿资金。沼气的主要发酵物是人和猪的粪便以及腐烂的物质。目前村里沼气池覆盖率达到90%以上,但是从效益来看并不是特别理想,良田被淹,耕地大面积减少,农户没有土地耕种,很多家中没有饲料喂猪(全村达80%的农户没有喂猪),单单依靠人本身的排泄物和生活垃圾,难以满足需要。李姓村民介绍说,如果一家农户不能喂两头猪或者一头牛,就不能保证沼气产气。所以村里农户修建的沼气池投入使用的较少,至今依然有许多村民使用干枯的树干或者竹子作为燃料。

尽管很多移民搬入新居,但是移民的房屋安置问题依然存在。大昌镇在县委指示下,从2001年开始大规模的搬迁,政府主导下的房屋修建工作紧锣密鼓地展开,但是等到结算的时候发现并没有达到预期的效果。例如因为房屋质量不合格,没有达到国家安全验收标准,大昌镇居民办理房屋产权证出现问题,给有意向融资做生意的群体带来了直接损失,部分房屋也相继出现雨天漏雨、墙体开裂的现象。这些问题都直接影响到移民安置的稳定。

(2)交通适应

大昌镇河道迂回曲折,一里三湾,地势崎岖,路道狭窄,给群众生活和出行带来了极大的不便。搬迁之前老百姓搬运货物主要采取肩挑背负的原始方式,扁担多选择韧性较好的木头打造而成,两端自然上翘,能减少往返山地时因道路狭窄而磕碰货物的情况,也起到便于行走的作用。搬迁以后,此种生产用具依然在农村得到广泛使用。对于移民搬迁后交通出行的便利度,群众各执己见,洋河村的谭会计谈到,搬迁之前从村里到镇上有一条捷径通道只要30分钟左右,如今小道被淹,平路成平湖,阻隔了通往镇上的交通要道,家门前的试点公路搞了七八年还是泥土石子,遇到下雨天出门,裤子鞋子很快就被弄脏了,骑摩托到集市需要40多分钟。截至调查结束,该村依然没有直达的公交线路,百姓出行主要依靠轮渡,但是间隔时间较长,早上7点半一班,专门负责送上学的孩子,其后8点有一班,如果错过就要等到下午1点的了。

虽然洋河村本地交通谈不上方便快捷，但其周边的交通设施有了明显的改善：一是新建了黄林、民寨、碑垭河、周家湾 4 条碎石公路共计 8 千米；二是改建黄林、胡家榜、民寨村委、偏岩子、红石梁子 5 条碎石公路共计 15.5 千米；三是硬化双胜、洋溪、白果、光明、七里 5 条机耕道共计 5.5 千米；四是启动马渡、龙塘村级公路改建；五是启动巫大路（巫溪至大昌）、大九路（大昌至九湖）改建工程。20 世纪 90 年代，县城开始出现三轮摩托出租车（巫山人称为"麻木车"），一人次两元，后盛行长安牌出租车（又称为"招手车"），一人次一元，取意为招手即可上车，没有固定的停靠点。2001 年搬迁到新城以后，招手车统一为"长安之星"，价格不变，轿车型出租车主要是羚羊牌，其次是桑塔纳和富康牌。开通了连接巫山县城与乡镇的长途客运车，间隔 1 小时滚动发车。随着大昌旅游业的发展，快艇、轮渡在方便百姓出行上也扮演着重要的角色。相信大昌镇交通的发展对进一步完善洋河村周边设施有一定的促进作用。

总的来说，与搬迁之前移民自给自足相比，购买食物的开支占总开支的比例增多，村民普遍感到不适应。移民不适应的原因主要是移民收入有限，日常开支增加，加重了移民的经济负担。在居住方面，68％的移民认为现在的居住条件比搬迁之前好，变化最大的是房屋的结构和材质。在交通方面，移民多自感不如以前方便，但有 37％的人相信会有改进。从整体来看，就地后靠对集镇移民的交通出行影响不如农村移民影响大，究其原因主要有两点值得关注：一是农村移民以前居住的多是交通便捷、利于出行的平坝地区，搬迁以后，鉴于水位上涨，不得已搬迁到地势崎岖的山地，人口居住分散，加大了交通基础设施建设的成本和难度，使得项目迟迟不动。二是集镇复建以后，政府对城镇居民的居住布局有更为详细的规划，使得公共基础设施发挥了见效快、辐射广的作用，对集镇经济的发展具有相当的带动作用，使良性循环成为可能。"要致富，先修路”早已成为共识，但是这个路怎么修，不仅仅需要交通部门的规划，同时也需要市政相关部门从集镇群众的整体利益出发，合理规划居住布局和公共资源的分配，尽可能辐射到周边更多的村民。

近十几年来居住和交通一直发生着变化，但进展速度缓慢，因此移民对此普遍适应良好，不存在适应困难的问题。同时调查结果显示，移民在居住和交通中所呈现的前后差异性与移民搬迁不存在必然的联系，这些转变是三峡地区农村普遍发生的变迁，且变化的速度较为缓慢。

（二）内安移民的物质文化适应性分析

内安移民是介于后靠和外迁移民之间的移民类型，该类型移民主要是指三峡工程建设中已迁出淹没县但未迁出重庆市的移民群体。搬迁之前内安移民多居住在峡江地区，从事传统农业耕种或临江而渔，按居住地所在地域文化类型属于三峡文化圈。但是，由于本县的资源环境承载量和就业岗位限制，无法全部进行就地后靠安置。为妥善安置这类移民，移民相关单位提出向周边有土地和房屋建设安置可能的区县迁入移民，在这样的历史背景下，调查点江津接受了来自云阳、忠县的三峡移民。

三地虽同属重庆市，但在地理环境上有较大的差异，江津以丘陵兼低山地貌为主，分平阶地、丘陵地和山地，地处三峡库区的尾端，受三峡文化圈影响较小，其文化影响更多来自重庆文化圈的辐射。而迁出地云阳、忠县地处长江三峡库区腹心，以峡谷和江河作为其繁衍生息的物质资源，并在此基础上形成独具特色的三峡文化。而本章介绍的内安移民迁入地江津，在文化上兼具重庆文化和三峡文化的双重属性；迁出地云阳则处于三峡文化圈辐射的核心区域，三峡文化特质突出。在调查中发现，虽然两个文化圈临近甚至有重合，但在具体的适应过程中还是不难发现两套文化系统的差异。因此，与后靠移民面临同样境况，物质文化的适应成为考验内安移民能否在安置地扎根的第一步。

1. 经济生产适应

云阳以及忠县的内安移民迁入江津，从文化的属性上讲是重庆文化圈与三峡文化圈的一次交流、碰撞。因此两个相似的文化系统在不断的接触过程中，产生了新的文化因子，形成你中有我、我中有你的文化格局。云阳县移民从生计方式、衣食住行到居住交通产生的一连串文化反应必将丰富重庆文化圈的实体内容，使其得到升华和完善。

(1)传统生计方式

云阳、忠县的部分移民在搬迁前定居在土质松软、肥沃，气候条件好且交通便捷的地区，农业生产以种植蔬菜为主，除了自给自足之外，更多的是流向附近的集镇，其商业化程度较高。但在三峡大坝蓄水之后，因土地全部被淹没，移民失去了农业耕种资源，被迫改变原有的生产方式，面临向第二产业和服务行业转移的问题。例如支坪镇有个别移民凭借过硬的医疗技术，在镇上开了诊所，从事医疗行业。但是对于世代耕种的农民，行业间的转换远比适应迁入地的自然环境困难得多。拥有特殊技能的移民在整个移民数量中毕竟只是少数，更多的移民还是只能老老实实地从事传统农业生产。因此，多数移民通过自身努力与政府的科学指导对传统农业生产积极进行改进，以适应新环境。搬迁后，移民调整原有的传统农业结构，抛弃以往以蔬菜种植为主的农业增收结构，开始涉及生猪、蝎子养殖以及柑橘种植等其他农业项目。

【案例】

李某某，男，年龄不详(50 岁左右)，家住油溪镇盘古村三社，文化程度不详。1999 年，在吴邦国建议在江津成立移民集体安置示范村时搬过来，原籍云阳。搬迁之前从事蔬菜和水稻种植，并且配有小规模的柑橘种植，年收入在一两万元。搬迁后，失去土地，无法沿用以前的传统谋生手段，在移民培训中心的帮助下学习生猪和蝎子养殖技术，现在家中养猪和蝎子，其养殖数目已形成规模。其中猪十几头，有母猪、能长到800斤的大白猪、与野猪杂交肉质好肉价高的小白猪等；蝎子有4组，每组3 600只，药材公司提供种子，并进行收购。以后一间屋子能够养七八组，一个人可以养十几组，一家人养20组没有问题，他正准备扩大规模，卖一季就能赚16 000多元，养猪和蝎子加起来家庭年收入能达七八万元。他认为安置地的条件要好些，自己开长安车，车子可以开到屋里，装饲料就可以在屋里进行了。2010年的《油溪镇实施移民发展致富工程情况汇报》中提到，李某某在移民办的帮助之下，向亲戚朋友借了近25.5万元，租用本镇闲置的原流水小学，投资修建了移民养殖场。

以上案例证明，移民在土地被淹，原有耕种技术无用武之地时，转变经营观念，积极主动学习新的传统农业技术，不狭隘地专注于蔬菜和水稻等对土质要求严格的植物类别上，从现有安置条件出发，新增农业项目，学习新的农业养殖技术，实现致富增收还是有奔头的。移民从最初的蔬菜种植年收入只有一两万元，到现在的依靠生猪和蝎子养殖家庭年收入有望达到七八万元，用事实说明了这一道路是可行的。除了移民的积极适应之外，我们也看到了移民局举办的后期培训中心为移民致富提供的技术支持。总之，想要在传统行业有所发展需要政府的科学引导和移民的艰苦创业。同时，该移民在致富增收的同时，向亲戚朋友借款租借闲置小学，投资修建福明移民养殖场，为更多的移民提供了致富样本。该移民在个人致富的同时不忘回报社会，主动把个人利益与群众需求相结合的意识，所体现的服务社会、艰苦创业等优秀品格也同样值得我们宣传和总结。

【案例】

叶某某，女，38岁，吴滩镇郎家村人，初中毕业，2006年由忠县搬迁到江津。家里有两个子女，一个20岁，一个12岁。她在当地是个小有名气的致富能手，从事种植、养殖、肥料加工。曾于2011年4月到西南大学参加技能培训，同年和八个库区的代表们去重庆大学参加过宣讲会，受到欢迎。对于未来的事业，叶某某打算联合一批从事养殖行业的，提高思想认识，成立一个公司或集团，提高品牌知名度，打入国内甚至国际市场。她家从忠县搬迁过来时，当地的各级政府对他们都非常热情，给了他们很多帮助，也给他们提供了很多技能培训，这些都开阔了他们的眼界，使他们有了更广阔的发展空间。叶某某的家乡郎家村有很多村民都发展了上规模的养殖业，因此，她家乡所在的吴滩镇，是重庆市移民经济发展得最好的地区之一，在重庆享有较高的知名度。

本案例移民在致富行列里有巾帼不让须眉的气势，在恢复和重建生产的过程中积极学习养殖和肥料加工技术，并且有一定的市场观念，对待自己所从事的事业也有一定的想法。最重要的是，该移民不仅自己致富，还带动郎家村的移民致富，使得该村所在的吴滩镇成为重庆市移民经济发展得最好的地区之一。这位移民是内安移民中的致富能手，其敏锐的市场洞察力，对培养当地移民的市场观念有一定的模范带头作用，有助于当地移民改变固有思维，走与市场相结合的致富道路。同时该移民所表现出的“开拓创新”“积极进取”精神必将鼓舞更多移民投身致富行业。内安移民能够致富，是对三峡移民内迁安置工作的最大肯定。

以上两个案例主要反映的是移民抛弃以往的种植业进入养殖业的致富实例。下面介绍一位内安移民在传统种植业的致富实例，进一步说明移民的物质文化适应情况。

【案例】

A(移民):我们这边支持移民产业发展,所以这边有移民的果园。

B(访谈人):我们一起去看一下,最好找一下果园的主人。

A:他是我们果园公司的经理。

B:你们是公司吗?公司化经营?怎样弄的?你给我讲一下吧。

A:当地的村民合在了一起,组成了一个农产品公司。

B:农产品公司?产权怎样算?

A:产权是属于农户的噻。

A:农户?产权是按你出地的好多来算比例?

B:呃。

A:算股份?

B:你只管自己哪个经营。

B:噢,你各人(自己)只管自己的这块地啊!公司只负责给你推销?

A:公司负责推销、施肥、管理、技术这些方面,还有设施、灌溉这些,公司全部负责。

B:噢,公司负责施肥和技术上的事情。

A:呃,管理上的事情。

B:公司怎么收费啊?公司和农户怎么来分成?

A:公司不分成。

B:那公司怎样来找钱啊?

A:公司不找钱。

B:不找钱啊?那公司相当于是政府的?

镇上干部:相当于专业合作社,有工资的。

B：噢。大家互助。

镇上干部：它主要是搞公路、销售、技术指导这些方面的。

B：你们的人员怎样安排？

镇上干部：移民啊，种植大户。

B：总要产生一些费用，怎样解决啊？

镇上干部：有一些费用由大户分了。

B：分了啊！

镇上干部：一个是有利于他们团结合作，在这个过程中就是单个集团搞销售。有利于增加抵御市场风险的能力。毕竟有这样的一个组织，它可以在组织上、资金上提供支持。

B：用我们的话来说，就是增强你的议价能力。

镇上干部：呃，对对对。

B：你单个去议价啊，就谈不起价钱来。组织起来就容易些。

镇上干部：它这个啊，现在主要是还没有见到成效，是才改良的，2011年才改良的品种。如果是大一点儿的话，我们可以搞下采果节。

镇上干部：目的是提升它的规模经营，包括技术水平。

B：大概有好多亩？

A：1000多亩。

B：那就比较成规模了。下一步就是把它整成一个品牌，没得品牌，你整不好……

A：是啊，申请，注册。

B：你看这个奉节脐橙，大家都晓得。你们要把品牌经营起来不容易。

A：实际上它这个产业模式……

B:这里的广柑好不好吃?

A:非常好吃。这个品种是果花同树的,别的地方还没得,每年四五月份的时候,别的柑子都没有了,它那个时候既在开花又在结果,一年两季。

镇上干部:它主要是打时间差,水果价格卖得起来。

B:它有技术优势哈。

A:是的。

以上是一则关于移民搬迁之后江津政府与移民群策群力为"逐步致富"积极优化产业结构,因地制宜发展农村经济的案例。从访谈材料看,该移民果园实行的是公司制经营,产权归农户所有,移民以自家的土地作为凭证,柑橘种植由移民自己负责,公司负责推销并对施肥情况、田间管理、水利设施、灌溉等技术层面的东西进行指导,但是并不收取费用,属纯公益性质,公司人员的津贴由政府出资。通过这样的组织形式把有种植意向的移民集中起来,一则通过集中避免了单个集团搞销售,增强议价能力;二则有利于增加抵御市场风险的能力。毕竟有这样的一个组织,它可以在组织上、资金上为农户提供支持。有了政府的引导,农民信心大增,因此,仅有14%的江津移民对搬迁后的生产感到不适应。

移民致富能人和先进典型大都是在农业这个行业中取得了一些成果,生活条件相对于其他移民要好一些,虽然穿着朴素,但胜于普通移民;其精神面貌良好,对待生活积极,都有较强的事业心和明确的未来规划;大都拥有不错的社会资源,熟悉政策,按政策办事,了解移民群众,一般是政府的帮手和大力宣传对象,有的先进典型的亲人曾经就是移民代表,往往自身有一种自豪感和责任感;参加过培训,在思想上趋于主流,社交范围和生存门路要比普通移民广,不会在人生的困境、灾难和转折中停步不前,能利用一些资源来解决问题,对人生价值和意义都有一定的正面认识，这些品质对移民适应迁入地的生活起到了至关重要的作用，同时为迁入地的精神生活带来了新面貌。

但是我们也应该看到，物质文化适应中的致富能人和先进典型只是移民中的小部分。除此之外，移民的其他谋生手段也应该得到关注。由于土地量有限，大坝蓄水千亩良田被淹没，虽然库区移民进行了内安和外迁，毕竟到手的土地有限，规模化种植有一定的困难。因此，转移农村剩余劳动力是移民致富的必备选项。

(2)其他谋生手段

搬迁到江津地区的移民，其生产方式虽未发生大的改变，但其多样化经营已凸显出来，他们不再满足于从事简单的农业种植，开始向个体经营、建筑装饰、苗木种植以及外出务工等其他增收行业挺进。我们访谈过的一名江津区慈云镇移民谈道："自2001年从云阳迁徙过来，一直在移居地从事渔业养殖，现在不但在街上买了门面，还买了车，同时带动非移民增收，现雇工人6人，其中2人为非移民。"另一位50多岁的陈姓移民在访谈中谈道："2001年从云阳迁来，来时经济条件较差，经政府牵线，我向有花苗种植经验的农户学习花苗种植技术，现在已经自己投资，经营花苗，仅此项年收入就在5万元以上，全家年总收入在10万元以上，比起之前的经济状况有明显的改善。"该移民认为只要肯面对搬迁移民的事实，跟着政府干，日子总会一天天过好。这类移民积极适应迁入地环境，主动学习新技术，接受新的经营理念，体现出了库区移民开拓进取、敢作敢为的时代精神。他们的优秀品格必将感染和鼓舞更多的移民积极融入社区，寻求安家致富的门道。例如另一安置点支坪镇的花圃种植基地，就吸纳了很大一部分移民在本地务工就业，对缓解移民的就业问题发挥了一定的作用。

支坪镇一位从云阳县迁移至此的王姓移民，在原籍地是一位乡村医生，移民支坪镇后在街道开了一家私人诊所，因为其医术精湛，加之药物价格便宜，因此街坊四邻多选择在此就医，生意也算做得红火。去年新购置了一辆摩托车用于出诊送药，途中不幸车祸身亡。现在其子继承了父亲的诊所，继续为乡亲们看病行医。在就业过程中能够主动把个人利益与群众需求结合起来，认真做事，诚实经营，不为一时的苦难所吓倒，坚守信念，继续服务群众，这是非常可贵的精神。

搬迁前，云阳县移民除了主要从事农业生产外，有的还在工厂做工，或是出租房屋，赚得额外收入。搬迁后，这些生计随着库区淹没而烟消云散，移民面临生产方式的彻底转变。我们对移民进行了抽样调查，其中近50%的人在职业一栏填无业，15%的人选择自由职业者，近8%的人选择社区工作者，近8%的人回答依旧从事农业生产。从显示的数据分析得出，不足10%的人具有稳定收入，超过90%的移民处于无业或游离状态。移民的就业状况堪忧，急需政府加大扶持力度。很多移民反映，早在搬迁之前就想到会有这样的状况，因此对于短期的失业他们并不感到意外。一位刘姓移民谈道："我都50岁的人了，打工也没得人要，种地又没得土地，不失业才怪，只有等国家的低保了。"当问及为何还是选择搬迁时，他认为三峡工程是"天子"工程，百姓理应支持国家政策，况且以前居住的地方到了夏季就涨水，经常有被淹没的危险，因此他认为搬迁到平坝地区和经济条件更好的江津，是个不错的选择。从移民朴实的谈话中可以洞悉国家观念在移民搬迁过程中发挥了重要作用。既然移民心中有国家，那么作为移民部门理应对移民的后期扶持做到公开透明，对需要特殊关照的群体给予照顾，避免移民迁移后温饱问题都无法解决，让移民寒心。

调查在向其他谋生方式转变过程中遇到的困难时，移民们认为，资金缺乏、就业渠道狭窄以及信息闭塞是影响最大的因素，其中资金缺乏和就业渠道狭窄所占比例高达86%；此外选择信息闭塞的人数大致有77%。通过调查可以看出影响移民物质文化适应最主要的问题来自启动资金的不足以及就业岗位的缺乏，并不是移民懒散不去参加劳动，而是没有成熟的劳动力市场。谈到生产方式不适应时，移民认为主要是因为土地被淹，失去赖以生存的物质基础，脱离原本熟悉的生产方式，而库区的淹没到恢复重建有一段时间差，就业也相对困难，特别是对只会种地又无一技之长的农民来说，更是雪上加霜。但这一人群所占人口比例较小，且在可控制范围，并没有影响到地方社会和经济的稳定。

据对搬迁到江津的部分移民家庭的问卷调查（选项可多选），搬迁前，家庭主要收入来源依次为：外出务工（86%）、种地（64%）、政府补贴（14%）、其他收入（14%）、经商（7%）、房屋出租（7%）、服务行业（0）。总体看，以务工、种地为家庭收入主要来源，来源窄、渠道单一。搬迁后，情况有所改变，家庭收入主要来源依次为：外出务工（86%）、种地（57%）、经商（21%）、其他收入（14%）、房屋出租（0）、服务行业（0）。总体看，务工、种地仍为最主要的经济来源，分别占据前两位；经商的重要性上升，排到第三位；不过，种地的比例有所降低。反映出移民搬迁后比搬迁前的收入来源有所优化，尽管数据变化不大，但即便是这不起眼的进步，也与移民干部的努力有关。

与搬迁前比，认为家庭收入“减少”的占7%，“差不多”的占64%，“增加”的占29%，总体看来移民的家庭收入是增加了，也反映出移民良好的物质文化适应情况。

综合数据比较，移民在搬迁前，经济状况差强人意，但在搬迁后，其家庭经济状况有所好转，收入来源渠道拓宽了，收入增加了，家庭建设也搞上去了。对于三峡移民，国家采取的是“先期补偿，后期扶持”政策，这就导致后期有许多工作要做。随着市场经济的发展，以土地致富者少，主要还是靠经商和外出打工。我们在调研时遇到一位出租车司机，据谈话可知，他也是内安移民，在地里栽上了果树，树苗由政府提供，而且早期政府还有补助。但他已在县城居住多年，很少去管理，树也未结什么果实，只是每年回去一次看一看而已，现在主要靠开出租车赚取收入。这一类移民在搬迁之后由职业农民向二、三产业转移。拥有这类意识的移民在适应过程中收入普遍有所增加，且适应状况较好，对土地的依赖程度不高。

与此同时，迁入地政府还出台了相关政策，搞了一些技术培训，对移民实行技术扶持。江津移民干部在谈到对移民的帮扶时说，目前采取了给移民直接补助的办法来缓和移民的经济压力，但这每年几百元的补助，仅仅是杯水车薪，并非长久之计。因此，移民培训是"授之以渔"，对移民的长远发展来说是很有必要的。

移民中也有经过政府帮助，自己努力而富起来的。江津区慈云镇的胡某，40 多岁，2001 年从云阳迁来，在移居地从事渔业养殖，现在不但在街上买了门面，还买了车。陈某某，50 多岁，2001 年从云阳迁来，来时经济条件较差，经政府部门工作人员牵线跟别人学习培育花苗，现自己投资，经营花苗，仅此项年收入就在 5 万元以上，全家年总收入在 10 万元以上。但这些都是个例，不具有普遍意义。江津移民干部说，迁来的移民，要求政府拿出钱来改善其生活条件，"等、要、靠"的现象时有发生。这一现象虽不占主流，但同样值得关注。

移民就业状况的好坏，直接影响移民的家庭收入、消费类型以及对经济适应满意程度的评估。因此我们就移民"家庭收入主要来源"做了详细的询问和图表分析。搬迁前，移民的家庭收入的主要来源是种地和打工，形式单一，其中种地所占比例为 64%，打工所占比例为 86%，可以看出在搬迁之前移民收入中外出务工收入已经成为主体收入，多数村民有外出务工经验，对搬迁后无土地耕作的生活较容易接受和适应。对移民搬迁后的家庭收入的主要来源进行访谈时，我们了解到江津地区的移民变化不大，依然沿袭之前的习惯，主要以外出务工和种地为主，这两项的比重在整个经济收入中变化不明显，其中外出务工占86%，与搬迁之前的人口比例相同。也就是说，搬迁之前外出务工人员在搬迁后大部分依然从事了此职业。其次种地收入比重为57%，较之前有所下降。主要原因是移民之后可耕种土地减少，部分移民转向其他就业方式。此外经商占21%，可以看出移民搬迁之后经商意识有所增强。

移民在迁移前，都曾集中盟誓，要团结协作。到迁入地后，一旦有什么风吹草动，他们便集体行动起来，这种协作精神，似一把双刃剑，既有利于移民在当地的生存，但又可能不利于移民与当地人融合；在管理上，也会带来一些负面影响。在支坪镇调查中，一名移民干部就说："移民抱团，平均主义思想严重，一旦对其中的一些困难户给予补助，其他移民就都会找政府部门要求。"所以他们处理移民的问题非常慎重。另一名移民干部说："移民间攀比严重，给工作增加了难度。"对此，广大移民干部不得不花很大精力来"搁平捡顺"。

整个移民过程和后续工作，是以政府为主体，它体现的是一种国家行为。在广大移民干部的艰辛努力下，百万移民得以顺利完成。但是，这也使政府成了移民唯一依赖的主体，特别是在移民后续工作中，表现得更明显。移民稍有困难就找政府，而政府的财力、能力有限，无法满足或无法完全满足移民的需求，这又导致移民对政府不满。因此，尽管广大移民干部做了大量工作，但移民仍对政府缺乏足够的信心。

调研时了解到，有一部分移民（主要是老年人）对政府有意见。当听说重庆市移民局派人下去调研时，他们很高兴，以为终于有上一级部门人员去听取他们的诉求了。当他们搞清楚了我们的身份和目的后，有人感到失望，甚至对调查不予配合。其原因大致有二：一是因为搬迁时的补偿较低；二是失去土地，他们的收入受到很大影响，从事二、三产业又较困难，只有靠低保和子女资助为生。据永安镇移民干部反应，有些内安移民后悔没有外迁。

一项来自 2011 年移民“家庭收入状况”的调查显示：移民家庭年收入在6 000元以下的占被调查移民家庭总数的 36％，年收入在6 001～10 000元的占 14％，10 000元以上的占 50％，年收入10 000元以上的家庭所占比例远远高于低收入家庭。数据表明移民的家庭收入状况处于比较合理的状态，这与江津四通八达的交通和毗邻重庆主城区有很大关系。一方面说明优越的区位优势能够帮助移民更快、更准确地获取就业信息，同时为移民提供更多就业机会，为移民向二、三产业转移创造条件；另一方面也印证了三峡文化圈的移民在重庆文化圈的经济适应状况良好，虽然动迁前后处于不同文化圈，但只要移民通过自身的努力，积极适应，同样能够在不同文化系统的交流、碰撞中寻找到平衡点。

移民的致富情况与家庭收入挂钩，而家庭收入又对“家庭的消费支出”，以及“支出项”起决定性的作用。调查显示：2011 年，移民全家总支出在5 000元以下者占 14％，6 001～10 000元者占 21％，10 000元以上者占 57％。总体看来，移民的开支与移民的收入情况相符，移民很少有提前消费的现象，基本上是根据自己的收入情况来进行支出，铺张浪费的现象很少。

我们对江津移民的家庭消费支出项目做了数据统计，其涉及的项目包含：日常用品开支、食物消费、服饰消费、水电费、交通通信费、教育费用、人情礼金、医疗费用。其中，医疗费用出现频次最高，有 71％的被调查者选择了该项；其次是食物消费支出、水电费支出、日常用品开支、人情礼金支出四项，各有 57％的人选择了对应项；交通通信费和教育费用支出排在第三位，分别有36%的被调查者选择了对应项；服饰消费较少，排在最后一位，仅有29%的被调查者选择了该项。无人选择其他项。从上述数据看，移民的医疗费用过重，应该与当时新农合医疗保障制度报销比例较低有关。人情礼金支出较高，一方面给移民带来较重的经济负担，另一方面也反映了移民更为重视对社会关系的维护。

以上是关于江津移民搬迁后家庭支出构成的调查结果，下面再来看看江津移民对家庭消费支出增减的主观感受。

支出增加方面，有50%的被调查者认为到江津后人情礼金支出增加了，有37%的被调查者认为食物消费支出增加了，分别有21%的被调查者认为水电费用和医疗费用增加了，有14%的被调查者认为教育费用增加了，分别有7%的被调查者认为日用品支出和交通费支出增加了。总体而言，认为与搬迁前相比，支出明显增多的前三位分别是人情礼金、食物消费、水电和医疗费。

支出减少方面，分别有14%的被调查者认为教育费用和医疗费用减少了，分别有7%的被调查者认为日常用品支出、食物消费支出、服饰消费、水电费支出、人情礼金、医疗费用减少了，其他项减少的皆无。结合上项，在家庭支出增减方面，移民对家庭支出增加的感受更为强烈，对家庭支出减少的感受则较为薄弱，一方面显示出移民对家庭支出问题上的主观性色彩，另一方面也多少反映了一定的事实。对此，移民自己的看法还是比较中肯的。他们普遍反映，一则物价上涨，水涨船高，开支自然攀升；二则房屋修建、购买电器等大件东西，花费的钱比较多，家庭支出自然增加了。因此，总体上看，江津移民的生活水平是有所提高的。这与江津移民局提供的数据相吻合：1999年，移民搬迁到油溪镇前，人均纯收入不足1 800元，截至2005年12月，移民人均纯收入已达3 120元，净增1 320元，增幅为73.3%。

从上面数据可以看出，移民搬迁到油溪镇后，致富路子多，经济增长快，是他们安居乐业的有力保证。在村社干部、群众的帮助下，移民生活状况得到较大改善，生活习惯有了较大改变，集中体现在饮食、婚嫁习俗、通信工具、交通工具的进步和改善上。

油溪镇把移民安置在经济相对发达的村社，而且建房地址多选在交通方便的乡村公路边，原本不通公路的盘古村也修建了专门的乡村公路到集中安置点。很多移民都买了摩托车，少数移民还购买了长安车、运输车。便捷的交通条件带动了经济的发展，移民的生活日益富裕。石羊二社（原流水一社）移民何某某迁来后分得 460 株柑橘树。他在云阳时是做生意的，对果树管理一窍不通，但他虚心学习，勤于管理，在当地干部和柑橘种植行家的帮助下，他的果园已连续六年获得柑橘大丰收，仅此一项年收入就超过 1 万元。他还瞄准市场搞运销，将自己的锦橙和其他社员的锦橙运往重庆主城等大城市销售，成了远近闻名的柑橘种植营销专业大户。2004 年，他又嫁接了一批天草、墨科特等新品种，并扩大柑橘种植规模。各级媒体对他的先进事迹进行了多次报道。石羊八社移民姚某某、李某某夫妇迁到油溪镇后，不等不靠，边学边干，摸索致富路子。1999 年，新房子刚刚竣工，他们就积极进行市场调查，发现养母猪产仔能赚钱。从 2000 年开始，他们每年喂母猪 6 头，产仔猪 80 多头，收入上万元，还发展鸡鸭等家禽养殖，成了养殖大户。盘古村三社（原古坛村九社）移民李某某，把致富的目光瞄向大城市，到泸州经营各种饲料批发销售，年收入超过 10 万元。盘古村二社（原永竹村）移民王某某利用在云阳时学得的种植技术，建起了3 000多平方米地的佛手柑苗圃基地，培育出 20 多万株佛手柑苗，可供本地社员种植 600 多亩，找到了调整产业结构的好路子。大坡村移民刘某某，带领周围移民种植大片无公害蔬菜，还饲养波尔山羊 20 多只。目前，油溪镇已有 92 户移民家庭成为各类专业大户，占移民总数的一半以上，他们用自己勤劳的双手，创造了自己美好的家园。移民生活更加富裕，他们对第二故乡也就更加热爱。[①]

2. 饮食与服饰适应

(1)饮食适应

从云阳迁往江津的移民，虽然分属三峡文化圈和重庆文化圈，但饮食习惯类似，均属于川菜系，因此在适应过程中不存在困难。

三峡人喜食麻、辣、酸的饮食风俗是众所周知的。若按菜系划分，三峡饮食自然属于以麻辣风味傲立群雄的川味菜系。当地居民素有“无辣不成席”的饮食观念，小吃也以麻辣著称。农家日常菜肴最难省麻辣两样，可说是“巧妇难为无麻辣之炊”。在农家吃饭，若你告诉女主人最好少放或别放辣椒，她会反问：“那放啥子(什么)?”扬名四海的重庆火锅是三峡饮食麻辣风味典型的代表；特色小吃如“麻辣烫”更显三峡风味本色；家常菜如宜昌人喜欢吃的酸菜鱼、泡菜肉丝、辣椒炒肥肠，味道麻辣、酸甜、香醇，让人见之口舌生津，吃之赞不绝口。

三峡地区交通阻隔、环境闭塞，使该地区与外界的经济文化交流较少，造成文化风俗变化较小，饮食风习也长期处于稳定状态，因此，三峡饮食具有强烈的民族气息和本土特色。但历史上三峡地区移民的涌入，使三峡地区的人口和社会呈现出流动性特点。因此，不能忽视三峡地区饮食文化包容性的一面。

三峡地区的饮食自然地容纳了外来的制作方法和口味风格，比如荆州、湖南、江西、江浙的饮食风味和特色都曾推动三峡饮食文化的融合和发展。如今三峡地区的作物种类和饮食结构已经逐步定型，这里的山民以种植玉米、土豆、甘薯、稻谷为主，但在粮食的加工制作、食物的烹饪技艺和口味风格上不断发展，日趋丰富。

---

① 《油溪镇人民政府工作报告》，2006 年 8 月 15 日。

三峡地区的居民擅烟熏，民间流传有“三年腊肉好待客”的说法。除此以外，水煮盐香也是独具特色的烹饪手法，荤菜大多是水煮。如新鲜肉类烹调时，先将肉切成细块，再把油倒入锅中，油热后用锅铲铲油淋于锅边，然后将肉倒入锅中，加适量的水，放点儿食盐调匀，水沸肉熟，并无其他作料，这就是所谓的“水煮盐香”。蔬菜的做法更为单调，就是加油盐炒、煮，有的地方缺油少盐，就吃“红锅菜”（无油菜），喝“淡水汤”。另一类是主副食合烹。如“懒豆花”，即把黄豆磨碎成浆，拌南瓜叶蔓或青菜叶，倒入锅中，煮沸就可食用；“社饭”即把蒿草、豆腐干、腊肉、蒜球切碎，加少量花椒粉合炒，再加一成粳米九成糯米合蒸而成，主要用于清明扫墓供馔；“合菜”，即炒大块肉，蒸甑子饭，拌坨坨肉加粉条、豆腐、鸡蛋等煮成。①

移民迁来油溪镇之前，大多数生活在土地贫瘠、农田较少的深丘地带，粮食作物以土豆、玉米、小麦为主。因此，他们在饮食上也多以面食、土豆为主食。油溪村民在党委、政府的号召下，把最肥沃的土地调整给移民，并采取“一帮一”的办法，手把手帮助移民种植水稻。生产方式的改变促进了移民生活水平的提高。随着产业结构的调整，移民的生活日益红火。现在，在移民的餐桌上，再也看不到干炒老玉米、土豆、麦羹等主食，取而代之的是香喷喷的白米饭，鸡鸭鱼肉、时令蔬果也常见于餐桌。移民搬迁让峡江地区的饮食文化与正宗的重庆味道来了一次碰撞、融合，为适应当地人的生活习惯，移民在饮食上也做了一些调整。

此次三峡工程大移民，也使得三峡地区独具特色的饮食文化得以流入临近的重庆文化圈，丰富了重庆文化圈的饮食文化内涵。重庆人偏爱麻辣和刺激性大的口味，与三峡文化的饮食特点相似，虽然移民饮食上

---

① 参见邓念梅、朱华阳：《三峡饮食文化述略》，《三峡文化研究丛刊》，武汉出版社，2003年，第154—155页。

有所改变,但还是保存了爱酸嗜盐的饮食文化特征。

(2)服饰适应

调查点收集的情况分析显示,内安移民自觉移民搬迁对服饰的影响很小,几乎感觉不到,因此不存在不适应的问题。大致可以从两方面解释这一现象:其一,本次调查的安置点属于汉族聚居区,很少有人手工制作传统服饰,在搬迁之前移民的服饰来源就主要依靠市场提供,如今移民虽然进入了新的社区,但是提供服饰的主体并未发生改变,因此移民普遍认为搬迁对服饰的影响不明显;其二,服饰的变化是一个缓慢的循序渐进的过程,而这一过程与移民的生活水平和认知水平相一致,不存在超前或滞后现象,因此移民接受起来比较容易。

3. 居住与交通适应

三峡地区作为一个独特的地理单元,其地理环境具有相当大的特殊性,进而使其房屋和交通建设呈现出个性鲜明的地域性特征。这一特征不仅是该地区精神文化的物化反映,同时也是当地各族民众在历史进程中与自然环境碰撞与适应的智慧结晶。

云阳地处三峡腹地,地形以山地为主,交通出行以水运为主,陆运为辅,房屋建筑依山傍水。三峡地区自长江岸边的码头起始,建筑物沿蜿蜒的山梁向上展开,多为木框架结构,前面为商店,经营各种商品货物,后面为住宅,呈上宅下铺的建筑形式。或因地制宜,一侧依山而建,呈爬坡之势,一侧背水而筑,呈吊脚式样,两侧建筑一高一低,形成“爬坡下坎”的格局。总之建筑多顺应地形起伏,高低错落,朝向各异,聚散江边。这种不拘一格的自由布局形态,反映了峡江地区“因天材,就势利,城郭不必中规矩,道路不必中准绳”的实事求是、开拓创新的建筑理念。

迁入地江津地区地形以平坝丘陵为主,出行主要是陆路交通,水运几乎没有。初迁至此的移民觉得坐船比坐车舒服,不会出现头晕和拥堵现象。但从出行的便捷度来看，江津远比云阳方便，因此移民对搬迁前后交通环境的改变普遍满意。迁入地江津以丘陵为主，平坝多，因此建筑一般选在平坝地区，且多为高层，用材主要是钢筋混凝土，建筑风格类似，具有现代都市建筑的特色，居住格局呈"组团状"，人员交流方便。当地政府根据移民的志愿，采取了分散安置和集中安置两种形式，利于移民之间沟通交流，融入当地。移民新建房屋多为砖石结构的两层楼房，墙外均贴有白色瓷砖，外形美观。一楼一般为一个客厅、一个厨房、一个卫生间，二楼主要为卧室。每栋楼房的屋后都有个小院子，用来堆放杂物和饲养家畜等。屋顶是平台，可以用来晾晒东西。村内基础设施比较齐全，全部实现"三通一平"(即通水、通电、通路，路平)，卫星电视、自来水统一安装入户，房前均为水泥马路，出行方便。

我们对内安移民的"居住与交通"满意度进行了调查，其结果显示，超过87.6%的移民对此感到满意，认为较搬迁前有显著提高。搬迁之前移民多数居住在峡江地区，地形以山地为主，货物基本靠肩挑背驮，如今公路直接通村，甚至入户，便捷度大大提高。从居住条件来看，搬迁之前移民房屋多为土木结构，抗震抗灾能力差，而今几乎家家户户都是钢筋混凝土结构的住房，无论是外形还是功能都较之前有了明显改善。仅有不到3%的移民对此表示不满意，主要原因是搬迁之前这部分移民居住在城郊，房屋可以出租，种菜卖菜也较为方便，搬迁之后由于居住与交通环境的改变，进入市场成本有所增加，收入反而减少，移民对此感到不适。因此，居住与交通是引起移民不适的间接因素，并非决定因素。

（三）外迁移民的物质文化适应性分析

1. 经济生产适应

(1)传统生计方式

移民在迁移过程中，大部分经历了资源与环境的巨大变化，原有生产方式、经济结构被打破，对于外迁移民来说更是如此。以三峡工程移民为例，三峡库区沿江的城镇移民原来有相当一部分从事商贸活动，他们的住宅与店铺、作坊往往合二为一，形成“上宅下店”或“前铺后宅”结构。当他们远迁他乡时，这种生产生活方式势必难以全部保留。对于三峡农村移民来说，迁移带来的生产生活方式的变化更为巨大。改革开放以来，这一带的农民形成了一种适合当地自然条件和社会经济状况的独特生产方式，即以家庭为基本生产单位，独门独户在自己承包的耕地、山地和房前屋后种植适宜的粮食作物、经济作物，并配套发展家畜和水产品养殖的“庭院经济”模式。移民外迁以后，这种独特生产方式受到很大影响甚至消失，同时使他们原先所熟悉的耕作技术系统失效。

开县移民原居住地人多地少，可耕地少，山地多，是“七山一水两分田”的格局。大量的山坡地、河滩地决定了移民无法进行大规模耕作，他们只能做零碎简单的田间管理。开县地区全年气候温热多雨，无霜期长，当地人靠天就能种地吃饭，省去了灌溉等许多复杂的田间劳作。坝区种植作物多以水稻为主，山坡地多用来种植蔬菜和果树等，这样不仅能满足他们的生活所需，还可以把剩余产品卖掉以增加收入。这种“自种自用、多余补贴”的山区庭院经济模式的自给自足性很强，居民的日常开支较少，一般主要是购买些必备的日常生活用品。来到山东曲阜之后，移民必须面对春季干燥多风、冬季干冷少雪的气候，因此灌溉成为农作的一项重要内容。曲阜地势平坦，作物的耕种与收割全部实行机械化，这就要求移民从传统人力耕种的观念中转变过来，学习使用机械化耕种技术，但机械化在解放劳动力的同时也带来了额外的支出。在种植种类上，曲阜当地主要种植玉米和小麦，一年两季，玉米和小麦轮流耕种。就蔬菜来说，由于曲阜冬季寒冷，不适宜露天蔬菜作物的生长，居民一般都会储备大量的白菜、萝卜等易保存的蔬菜用来过冬。新鲜蔬菜一般要购买，大都是产自当地的温室大棚，也有从南方运来的蔬菜。

【案例】

移民余某(男，45岁)说："原来在老家的时候，我和父亲都是以打鱼为生，家里养几头猪，种一些蔬菜，还种了柑橘和其他水果，平时生活成本很低，都是自给自足。在这边什么都要买，什么都要花钱。"

这个案例说明，移民搬迁之前一直居住在山区，加之交通不便，与外界接触较少，因此市场观念薄弱，对于突如其来的改变感到不适应。尽管移民后仍是传统生产方式，但已打破传统的自给自足的小农生活结构，开始融入市场，或者说依赖市场。

【案例】

移民周某(男，52岁)说："过去我们老两口儿在家杀猪，一年也有一两万元的收入，现在在这边就是靠种地，一年打了2 000斤粮食，大概能卖2 000元。除去浇水、施肥、机械收割和人工等的费用后，能剩下一半就算不错了。在老家哪里要交水费啊，水都是直接从山上引下来的，自己想用多少用多少，而且老家的电费也比这里便宜很多。"

此段案例说明移民搬迁之后仍然延续了传统的小农生产方式，移民是很看重土地的。就像一些移民说的，不管他们做什么，他们还是农民；无论其从事何种职业，都从未与土地分离。农民没有土地是万万不行的，土地对于有着几千年“重农”思想的农业大国的农民来说，不仅意味着收入，还是生存和身份的象征。一个农民的孩子一落地，就意味着有一份属于他的土地以及土地给予他的一个身份，因此农民看重土地是理所应当的。移民很看重土地，但并不是说一定要自己耕种土地。我们了解到，有些常年在外打工的移民家庭由于自己无法耕种土地，便把土地承包给当地村民（就调查情况来看大都是承包给本村的移民），收取一定的承包费用，有的甚至连承包费都不收取，只是让承包土地者帮其看家护院。我们观察到，移民们一般会在自家的房前屋后和自留地上种植一些蔬菜，这样就可以节省日常生活开支。

(2)其他谋生手段

千百年来，农民要想有活路，要想有饭吃，只能靠土地，一切都要从土地中获得。但现代社会的农民已不再单单依靠土地来获得生活资本，他们开始逐渐摆脱土地的束缚，谋生手段已变得多元化。移民在老家时除了传统的农耕、渔猎、果树种植和牲畜养殖以外，还有其他多种谋生手段。移民老家开县地处江河沿岸，旅游业较为发达，农民就做起旅游生意，开个小店卖些小纪念品、特产等，还有对当地很熟悉又能说会道的则当上了导游。有些则考取摩托车驾照，经营摩的；还有的从事牲畜的转卖，也就是所说的“经纪”；另有部分农民善于做建筑活，就做起了泥瓦匠；再就是加入“棒棒军”，专门给他人肩挑货物。我们可以看出，移民在开县老家时除农耕、渔猎、果树种植和牲畜养殖等传统生产方式外，其他谋生方式也是多种多样的。

移民从开县来到曲阜后，随着环境的改变，有些谋生手段变得不适用，比如以前从事“棒棒”的移民就不得不另谋出路；有些谋生手段则需要做一些调整，比如在山东并不存在“摩的”这一职业，移民就改为从事电动三轮运输；还有不少移民开始经营个体生意。

【案例】

移民陈某(男,38岁)以前在老家是厨师,来到曲阜后自己开了一家火锅店,生意较好,后因店面要拆迁,所以到曲阜师范大学开了一家川菜馆。陈某的大哥以前在老家是木匠,来到曲阜后跟随陈某学习厨艺,现在也在曲阜师范大学校内开有一家餐馆。其二哥也是一名厨师,但没有选择自己开饭馆,而是给陈某打下手。像陈某这种弟兄几人都开饭馆的个案在移民中并不少,但同时在一个地方开饭馆的情况则比较少见。

此案例说明,移民之间是可以通过“先富带后富”以及“抱团协助”的方式来实现适应的。此外,家庭化经营是移民自主创业的有效途径,一则有助于共同承担风险,避免独立资金注入带来的高风险;二则聘请员工均为家属,有助于节约成本,对于这样的小店来说既经济又实惠,减少了用工成本,从而增强市场竞争力。

【案例】

移民杨某(男,47岁)原来在西安当过七年兵,复员后到镇上的工商所工作,虽然不是在编人员,但是已经工作十七年了,待遇和有编制的人员没有什么差别了,本来想再干几年就可以退休了,谁想到移民曲阜。幸好杨某以前在部队是一名通信兵,所以对电子维修技术很精通。来到曲阜后,杨某没有出去打工,而是在自己家门口开了一家“三峡移民家电维修店”。由于杨某为人正直,家电维修技术也很好,所以当地人很愿意把家电送到杨某的店里维修。

这个案例说明拥有一技之长的移民即使面临生活环境的变迁也能很快找到适合自己的经济生活适应方式,并通过技术手段获得当地人的认可。因此,对缺乏技能的移民进行有针对的培训就显得非常必要。

【案例】

移民陈某(男,62岁)在老家是一位“牛经纪”,专门转卖牲畜,从中获取一定的中介费。陈某对自己在老家时的这份职业很引以为自豪,他说只要靠自己动动嘴皮子,就能养活全家四口人。来到曲阜以后,由于当地很少有人养牲畜,所以牲畜买卖较少;加上人生地不熟,很难再从事经纪这一行业,因为从事这一行业首先要有相当广泛的人际关系。陈某的身体不太好,左眼已经失明,加上年龄较大,当地企业不愿让其进厂务工。他的两个儿子都在外地开饭店,一个在西安,一个在甘肃,兄弟二人的生意都不是太好,每月接济两位老人的费用并不多,加上两位老人还要照顾孙子和孙女,所以陈某现在的生活很拮据。在问到现在主要靠什么生活时,陈某很无奈地表示不好意思讲。后来我们从陈某的老伴儿口中得知老两口儿的生活主要靠陈某外出捡垃圾来维持。

此案例说明移民适应过程中相关单位应该重视和帮助这部分困难群体,除了移民通过自身努力适应迁入地环境之外,对弱势群体的社会保障工作同样重要。

【案例】

移民罗某(男,42岁)在老家开有一家酿酒作坊,在老家时采用当地的稻米作为酿酒的原料,来到曲阜后罗某继续酿酒,并且把当地所产的玉米、高粱等作为新的酿酒原料。罗某家酿造的高粱酒在当地很畅销,我们去调查时,罗某家正在扩建作坊,提高高粱酒的生产量以满足当地的需求。罗某说:“在老家一般酿造的都是低度酒,来到曲阜后发现当地人爱喝高度酒,我也就适应当地人的口味,主要酿制高度酒兼少量的低度酒。”

此案例说明部分移民在搬迁之前就有从事商业活动的经验,这部分移民有较强的市场观念，即使进入新的环境也能很快找准定位，实现盈利增收。对于这样的移民个体，当地政府应该积极鼓励他们做大规模，形成示范效应，并带动周边移民共同致富。

【案例】

移民熊某(女，35岁)在老家时主要靠外出打工谋生，来到曲阜后还是带着孩子外出打工，后来到孩子上小学的年龄时就不再外出了。熊某讲，这主要是为了孩子的上学考虑，因为在外打工老是换地方，孩子的学校也随着换，孩子老是要适应新环境，对孩子的学习成长不利。熊某现在在家养猪，存栏量在80头左右，除去成本，每年为家里带来不菲的收入。熊某讲曲阜当地的养猪时间太短，全喂的是饲料，一般五六个月就可出栏，而在老家一头猪大概喂养一年才会被杀掉或卖掉，基本不喂饲料，主要是喂一些苞米和猪草。熊某开始也试过饲养兔子，但觉得喂养兔子很麻烦，要耗费较多的时间，后来去试着养猪，发现养猪要比养兔子省事得多，索性不养兔子了，改为专门养猪。

在我们对熊某进行访谈时，刚好有一位本村村民前来向她请教养猪的经验。从这位村民口中我们了解到，村民都很佩服熊某，熊某的丈夫平时在外打工，家里的养猪场主要靠她一个人忙活，还要照顾刚上五年级的女儿。而且熊某养猪有自己独特的方法，所以他们都愿意向她讨教。由此可以看出，部分妇女面对搬迁之后的新形势，告别了过去相夫教子的家庭主妇形象，逐步蜕变为技术能手，成为家庭增收的生力军，打破了过去男主外女主内的家庭分工结构。

【案例】

移民沈某(女，47岁)的谋生手段在我们看来较为独特。我们到沈某家时刚好碰见其正在做十字绣，绣的是一幅《清明上河图》，在她家堂屋的墙壁上也挂满了已经绣好的十字绣。沈某说自己不想出去做活,还要给上学的孩子做饭吃,自己以前在老家就喜欢绣东西,来这后平时在家没什么事情,就学起十字绣,学得很快,而且自己也喜欢,不好的一点就是太费眼睛,有时绣的时间长了眼睛就会痛。沈某说这幅《清明上河图》已经绣了两个多月了,还有一个月差不多就完工了。这幅图是别人订的,大概能卖 8 000 左右,成本在 2 000左右。

此案例说明家庭手工业的回归有助于移民增收。

在后面的调查中,我们也见到一些女性移民在家做十字绣,但是她们没有像沈某一样把十字绣作为一种谋生的手段,只是作为自己的一种兴趣爱好。从整体来看,女性移民大都是在家操持家务,顺带着也会打点儿零工或者在家养些牲畜,做些手工活。男性移民从事最多的行业是建筑业。由于移民老家的房子依山而建,地形很复杂,对建筑技术有着很高的要求,这就造就了移民过硬的建筑本领,所以当地的建筑工地很乐意招收男性移民。移民谋生的另一重要方式就是开餐馆,由于川菜较为适合全国各地的口味,所以开餐馆对于移民来说是一个不错的选择。迁到曲阜的 80 户移民中,我们粗略统计大约有一半的移民选择了开餐馆,这些餐馆遍布全国各地。由于餐馆作为服务业需要较多的服务人员,这也意味着开支的加大,所以移民开餐馆一般是全家出动,可以说是男女老少齐上阵,这就大大减少了工资的开支。

2. 饮食与服饰适应

重庆人饮食喜麻辣,以不拘一格使用各种材料创作新菜见长。重庆菜属于川菜系分支,川菜是中国八大菜系之一,素来享有“一菜一格、百菜百味”的声誉,它历史悠久,源远流长。据史书记载,川菜起源于古代的巴国和蜀国。川菜风味包括重庆、成都、德阳、乐山、内江、自贡等地方特色菜，主要特点在于味型多样。辣椒、胡椒、花椒、豆瓣酱等是主要调味品，不同的配比，化出了麻辣、酸辣、椒麻、麻酱、蒜泥、芥末、红油、糖醋、鱼香、怪味等各种味型，无不厚实醇浓，无不脍炙人口。在主食上，重庆人喜爱吃米饭，很少吃面食。

曲阜位于山东省的西南部，这一带的饮食有着典型的北方特点，就是以面食为主。然而曲阜的饮食文化又有着它独特的地方。曲阜人除了面食以外，还多以煎饼为主食，煎饼种类较多，面食有馍馍、烧饼、油饼、包子、面条等。居民就餐一向有喝糊粥的习惯，待客以茶为主。由此可见两地之间的饮食差异还是相当大的。我们走访的移民普遍表示还是不习惯吃馒头、煎饼等面食，仍保持了吃大米的饮食习惯。

移民程某(男，60岁)告诉我们说："馒头那么干，嚼起来干干的，没啥味道，不像大米水灵灵的。"腊肉在重庆是家家户户常吃的食物，而曲阜的移民们最怀念的就是腊肉。移民李某(男，54岁)说："这边卖的猪肉没有皮，没有皮的猪肉怎么做腊肉啊！再说这边的猪肉不好吃，不如老家的猪肉好吃。这边的猪全是饲料喂出来的，一般五个月就出栏了，这咋能长出好肉呢，在老家都是自己去割猪草喂猪，通常要喂一年才出栏，这样喂出来的猪肯定好吃啊！"

很少有移民到曲阜后能吃到正宗的腊肉，有些移民家里还有的腊肉大都是回老家的时候带来的。也有自己做腊肉的，但移民称用这边的猪肉做出来的腊肉很一般，很难做出家乡腊肉的味道。

值得一提的是，我们在夏家村陈某(男，39岁)的家里看到一棵较大的花椒树，枝叶甚是繁茂，从陈母口中得知这棵硕大的花椒树是十年前她从开县老家带来的花椒树苗长成的，她还摘下一片叶子让我们闻闻香不香。我们闻了一下并没感到和当地花椒有什么区别，但我们理解这大概就是人们共同的一种情感，认为东西都是自己家乡的好。看到当年的小树苗已经深深地扎下了根，并且硕果累累，但移民是否也已经扎根曲阜？这个问题一直是我们此次田野工作中孜孜追寻的。我们还发现在大部分移民的家里，不管是大人还是小孩都喜欢吃他们自己做的泡菜，而且是经常吃，有相当一部分移民把原来自家的泡菜坛子都带了过来。只是做泡菜所用的原料有所变化，曲阜的气候比开县冷且干燥，对有些作物的生长不利。

移民熊某告诉我们："刚来时从老家带来了一些榨菜种子，可种下去以后压根儿就没发芽，可能是这边太冷了，毕竟老家的气候要暖得多，只好换用其他菜做泡菜了，虽然菜不一样了，但味道还是一样哦。"

由于两地气候环境的差异，移民在饮食习惯上迫于食物来源的改变，做出调整，但是依然保留了峡江地区特有的饮食风俗习惯，可谓是"存固纳新"，既保留传统又因地制宜，这一主调正是移民在文化适应中所需要的。

在被调查的所有移民中，我们没有发现一个移民喜欢吃生蒜，他们都说太辣而且吃完后嘴里有种怪怪的味道，一般只是在炒菜或煮菜时加一点儿蒜，生吃大蒜是他们难以接受的。最大的困扰就是吃完蒜之后的口气问题了，有说食生蒜后嚼花生可去味，有说冷水漱口可以。其实效果都不佳，甚至刷牙都不行，所以很多人上班或者出门的时候是不吃生蒜的。但在当地人看来，大蒜可算是个宝了，吃大蒜不仅可以抗癌，还可以预防感冒。大蒜可生吃，宜生吃，生吃最好，因此我们经常能看到在山东百姓家里的餐桌上摆着大葱和大蒜。

通过调查来看，虽然过去十年了，移民仍然保持着喜欢吃米、吃猪肉、吃辣的习惯，对生吃大蒜仍不能接受。当地人隔三差五就吃一顿饺子，移民在逢年过节也会吃一下，但很少有移民自己动手包饺子，大都是直接去超市买速冻饺子回来煮着吃。这说明移民正在通过自己的方式尽量适应当地的饮食习俗积极地融入新环境。

与移民搬迁后饮食变化的巨大差异性比较起来，在服饰上需要做出的适应微乎其微。本调查小组对“移民搬迁之后是否存在服饰适应问题”进行了随机调查，其结果显示，超过90%的移民不存在适应问题，因为无论是山东当地人还是外迁到此的峡江儿女，他们的服饰提供主要依赖市场，而市场的开放性决定了各地的人可以通过市场寻求并保持自己的喜好。但仍有不到6%的移民认为不适应，这样的不适应主要来自冬季南北气温的差异。在南方，除了海拔较高的地区之外，很少有零度及其以下的气温出现，而山东冬季气温则普遍维持在零下七八度，出门必须从头武装到脚，棉裤、棉袜、羽绒服是必不可少的，因此老人感觉北方的冬季特别的干冷漫长，且穿着笨重的衣服不利于外出活动；另一部分不适应的人群是年轻的小姑娘，她们认为山东服装店里的衣服型号普遍较大，对于小个子的南方人来说买衣服有点儿难，所幸网购的蓬勃发展有助于缓解这样的不适。从调查反馈的结果可以看出服饰的商业化发展加速了外迁移民服饰文化适应的脚步，减少了环境变化对服饰文化造成的冲击。

3. 居住与交通适应

(1)居住适应

移民搬迁面临许多问题要解决，房屋则是急需解决的首要问题。移民李某说他们要先有房住才行，她的话代表了绝大多数移民的需求，因为住宅的存在对满足移民在迁入地的生存需要有着重要意义。调查中发现，移民普遍将房屋作为迁移的首要条件，有着多方面的原因。

首先，家庭生活需要房屋。无论是家庭生产、家务劳动，还是夫妻生活、生养抚育子女，都离不开住宅提供的特殊空间。对生活环境发生变化的移民而言，不变的、必不可少的是家庭生活，而只有拥有了房屋，移民才算安了“家”，才能进行各种家庭生活。其次，房屋满足安全需要。人们在满足了基本的生理需要后，就会追求一种安全感。房屋以其特有的结构构造，在一定程度上满足了人们的安全需要。移民从世代繁衍生息的开县故土迁入曲阜陌生的环境，对周围的陌生感不免产生对人身、财产的担心，只有当他们带来的家什搬进住宅后才觉得安全了。移民在搬迁过程以及到达迁入地的一段时间里，都伴有心理动荡和情绪的不稳定，必须要安定下来，然后才能主动去适应新的生活。房屋意味着“家”，只有盖了房，住进去，移民们才能在生活上、心理上得以安定。此外，移民的居住适应还受中国传统观念的影响。其一，中国传统观念历来是安土重迁，强调安稳，除非为了生计，才不得不迁移。工程性移民带有被动特征，移民生活上、心理上更迫切需要物质意义上的家——屋宅，从而消除心理上的漂泊感。其二，在中国传统观念中，人生两件大事就是盖房和娶媳妇。盖房对于多数中国人一生可能仅有一次，房屋不仅是生活安定的象征，同时还是社会地位、身份的象征，因此，房屋被格外看重。从故居地迁到陌生地方，房屋被移民看作迁移前要解决的第一件大事也就是理所当然的了。

重庆地形特殊，难以像平原地区一样统一规划，建筑物基本上是因地制宜，依山傍水，层次感强，重视实用。由于重庆的特殊地质条件，地基处理容易实现，给高层、超高层的出现创造了有利的技术条件。重庆气候温和且气温普遍较高，风少雨多，所以重庆建筑对采光通风的要求不高，一般都是地形决定朝向，因此规划中也对间距、朝向、采光等要求不太高。重庆很多高楼没有电梯，比如说 20 层的楼，其入口可能在半山腰上，有十多层在入口以下，具有不装电梯的高层特例。

由于区域内山地起伏，要依山而建，首先要解决的是山地上的防潮问题。传统建筑以木结构为主，高度多为 2～3 层，所以木制吊脚楼十分常见。吊脚楼底下一层以木架架空，居住从第二层开始，这样就有效地防止了地下潮气对人的侵蚀。在重庆境内的沿江部分，因江边地貌多台地，起伏较大，人们便沿江而建吊脚木楼，一层一层地叠加到半山腰。就房屋构造来说，经济条件差的多以土木结构的瓦房为主，经济条件稍好一些的多建起砖木结构或钢筋混凝土结构的楼房。而曲阜位于平原上，地势平坦，农村布局规则、整齐，呈现出一种胡同式的格局，民居大多以带有独立小院的砖石结构的瓦房为主。就气候来说，开县属亚热带东南季风气候，多为山区，温热寒凉，雨量充沛。曲阜则属温带季风气候，四季分明，冬暖夏凉。因为两地不同的自然环境造成了两地不同的民居建筑样式，所以两地在居住环境上存在着较大的差异。

移民之前，移民各户都派了一名代表亲自考察过曲阜的具体情况，普遍对住房比较满意，大都觉得带有院子的平房便于日常的生产生活，但是也有部分移民不太适应曲阜的住房结构。

移民周某（女，59岁）说："还是不太习惯住平房，感觉很脏，什么东西都是在一层上，没有老家的楼房干净。"在问到两地住房的差别时，她说："原来在老家都是山区，我们盖房子都是依山而建。这个山坡几栋房子，那个山坡几栋房子，很分散，交通很不方便，都要靠步行，不像这边平原很有规则，而且还要讲究什么坐北朝南。"

我们来到移民村时，发现确实如此。整个村落在政府统一规划下都是连排平房，交通便利，公交车直通村内。至于室内摆设的家具，在搬迁前政府已通知移民安置地为他们准备好了，所以大多数移民都没有带家具过来。过来之后移民们发现这边的家具大都以木质为主，而老家的竹制家具较多，移民李某还特意从老家带来了四把竹制的椅子，他说还是这种椅子坐着舒服。但我们发现移民家里普遍添置了当地人用的马扎，他们觉得马扎便宜又好坐，还不占地方，很是方便。对马扎的喜爱可以看作移民对当地文化适应的一个表现。移民适应当地环境的另一重要表现就是使用火炕。我们在很多移民家里都看到过火炕,以为是移民请当地人砌的,经调查得知很多移民在老家时就是搞建筑的,他们看过当地人的火炕后就知道怎么弄,都是自己动手做的。移民认为冬天烧草睡炕很舒服,一点儿都不觉得冷。

虽然移民对于政府所修建的住房总体上是满意的,但在有些方面也还存在不尽如人意的地方。例如,我们在调查中了解到移民周某家的安置房存在严重质量问题,墙体开裂,当地人门前的胡同有 5 米宽,可以进出农用车,而移民的胡同宽度只有 2.7 米,这给移民生产生活造成诸多不便,很多移民没买农用车,在农忙收获时只得租用他人的农用车,因为胡同太窄,买了农用车也开不进去,放在外面又不安全。此次调查发现,移民反应最为强烈,也是引发移民和当地政府关系紧张的就有房屋结构。按照当初的合约,政府要为移民修建砖混结构的住房,移民来到曲阜后发现为他们修建的是砖木房。移民为此事曾多次越级反映意见,但都没有果。

(2)交通适应

地形结构的不同不但会影响房屋构造、布局等,同样也影响到交通道路的格局。开县位于四川盆地东部,属于典型的山地和丘陵地貌。那里崇山峻岭连绵秀逸,山高坡陡江面狭窄。相较于平原四通八达的公路,移民的家乡所在村一般只有一条路穿过村子,很多地方必须靠步行才能到达。移民们说他们平时出门都是靠走,东西都是靠肩挑背驮。随着经济的发展,移民们搬迁前大多数已购买了摩托车,原来的肩挑背驮也被机动车辆所代替。在老家山路较多,一般车速都比较慢,也没有什么红绿灯等交通规则的概念。到曲阜之后,移民对交通规则有着强烈的不适应感,交通事故、违章现象频频发生,给自己和他人都带来血淋淋的惨痛教训。虽然交通事故的发生是因移民对当地交通规则的不熟悉造成的,但并不能因此而怀疑移民的驾驶技术。正如移民陈某告诉我们的那样,在他们老家开车还是很危险的,弯多路陡,驾驶员都要十分小心。特别是在半坡起步时,后退一点儿就会撞到后面的车子,所以对驾驶员驾驶水平的要求还是很高的,没有在平原这边开车这么容易。由于坡陡,移民在老家很少有人骑自行车,但来到曲阜后他们发现自行车是当地居民家家必备的交通工具,很多移民也就学习骑车,他们说这样一是为了自己出行方便,二是防止当地居民笑话他们不会骑车。正如移民李某所说:“在老家,我们都不骑自行车,路那么陡,傻子才去骑呢,来到这里,路又直又平,你不会骑自行车人家都要笑话你,所以就学会骑自行车了。”交通出行的环境变了,自然在交通工具的选择上也要相应地发生改变。

(四)本章小结

在物质文化适应方面,就地后靠移民、内安移民以及外迁移民反映出了各自不同的特点,其差异性是由三种不同类型移民所面临的自然、社会环境所决定的。

就地后靠移民搬迁范围未出三峡库区,依然是以峡谷和江河作为其生产劳动的基本资源,发生变化的只是种植类别和生存所依托的具体环境,譬如从平坝向高山转变,单一粮食种植向柑橘、麻竹等多样化种植种类转变,总体来说其大农业范围依然属于山地农业,因此对后靠移民来讲,此类物质文化适应中面临的最大问题是资源数量的减少和质量的下降以及平地耕种技术与高山种植技术的差别。这些差别属于三峡文化圈农业种植内部之间的差异,未跨出山地农耕这个系统。同时值得关注的是后靠移民的迁入给迁入地的经济发展带来了契机,政府对移民的帮扶,诸如种植养殖培训、新农作物的引进、规模化经营、对口支援项目等,对迁入地农业经济结构的调整、优化是一次重要的机遇。移民的到来为迁入地经济带来生机,注入活力,更新了三峡文化圈的物质文化系统。同时移民在物质文化适应中表现出的艰苦奋斗、开拓创新、团结协作的精神品格在库区人民之间相互感染并获得提升,最终成为移民适应物质文化的精神源泉,并自觉转化为行动力。

内安移民在物质文化方面的不适应并非来自衣食住行以及交通居住,主要的落差来自土地质量的下降以及数量的锐减。尽管土地在数量和质量上有所改变,但是大的自然环境并没有发生变化。无论是在峡江地带还是平坝丘陵,其生活的大环境属于山区,因此农业耕种也主要是以山地农耕为主,搬迁之后虽然自然资源状况发生了改变,但是原有的山地农耕耕种技术依然适用。换句话说,移民不用在耕作技术上做过多的调整,需要调整的主要是经营模式以及种植对象,这一点与就地后靠移民基本类似。对于无地耕种的情况,部分移民能够主动适应,从第一产业向二、三产业转变,在转变过程中主动把个人利益与群体利益相结合,在此期间所体现出来的奉献他人、艰苦创业的品质在移民中间无异于催化剂,将鼓励更多的移民积极适应生产,而不是"等、靠、要"。

本书所研究的外迁移民是指从三峡库区迁往山东半岛的移民群体,其繁衍生息的物质基础由山地转向平原,随着自然环境的改变,旧有的生产劳动条件、劳动对象和劳动资料都发生了变化,从而使劳动内容、劳动方式、劳动收入和劳动人际关系等也发生相应的改变。改革开放以来,三峡地区的农民形成了一种适合当地自然条件和社会经济状况的独特生产方式,即以家庭为基本生产单位,独门独户在自己承包的耕地、山地和房前屋后种植适宜的粮食作物和经济作物,并配套发展家畜和水产品养殖的"庭院经济"模式。移民外迁以后,这种独特生产方式赖以存在的物质基础发生了改变，甚至消失，使得原本熟悉的耕作技术系统失效，必须从传统的山地小规模家庭化经营向平原大规模机械化耕种方式转变。

这种变化从小的方面来看是属于不同农业系统之间的转化，从地域文化的概念来理解则是三峡文化圈与异地文化圈之间的碰撞、交流后导致的一方文化要素向另一方的融合与适应。不同文化圈的融合并非是单一一方的转变，来自开县的移民进入曲阜以后带来了三峡地区独具特色的饮食文化，在当地开办餐馆，传播库区饮食文化，使更多的迁入地居民了解了移民迁出地的饮食风俗习惯，有利于移民与非移民之间的相互了解，为移民更好地融入当地环境创造了条件。

实例证明，人是流动着的文化载体，三峡移民自身独具特色的物质文化必将伴随移民的流动而传播扩散，因而三峡移民给迁入地带来的除了资源环境的压力外，也为迁入地的文化注入了新的活力。于此，三峡文化圈、重庆文化圈以及异地文化圈看似相隔甚远的文化丛也在移民的流动下碰撞、交流，进而从内容到形式得到了新的注解。此外，移民在适应时所表现出的艰苦奋斗、积极向上的精神，赋予了不同文化圈新的移民文化内涵。

四、三峡移民的精神文化适应性研究

精神文化的适应是整个文化适应的核心所在，没有精神上的认同，任何表层的融入都显得毫无意义。话虽如此，但移民要真正地融入迁入地的生活却是一个极其缓慢和艰辛的过程。就地后靠、内安、外迁这三类移民分属不同文化圈，有着不同的文化特性和风俗习惯，因此在搬迁之后必然要对变化了的人文环境做出适应，也必将在此基础上呈现出各自文化圈与迁入地文化交流、碰撞后的新特色。这些特色便是三峡移民为迁入地居民注入的移民文化特性，这一特性又使三个文化圈拥有各自的移民文化内涵，并在此基础上使移民与非移民群体得以继续发展和完善。在此期间，移民所做出的精神文化适应的具体过程中所包含的语言、风俗习惯等内容既有变迁也有固守，对此进行梳理总结很有必要，故在此基础上对移民精神文化适应的过程进行研究。

本书关于精神文化适应的研究所遵循的分类是按照文化适应的三个层次展开的，即表层、中层、深层。表层是指行为方式适应，包括语言、休闲方式与文化生活；中层是指价值观念适应，包括家庭社会观、教育观；深层即是指情感归属与身份认同，这是文化适应范畴的最高层次。

（一）就地后靠移民的精神文化适应性分析

在生态环境发生巨变的背景下，伴随着社会的不断变迁与发展，三峡地区就地后靠移民群体在精神文化方面发生了一系列不可逆转的变迁与发展。但与此同时，他们也在语言、休闲方式与文化生活、家庭社会观念、教育观、情感归属与身份认同等领域不断进行文化调适，以适应变化了的新的社会与文化生态。

1. 语言

从语言学来说，重庆市巫山县境内方言属于广义的北方方言，也就是常说的西南官话，巫山方言与邻近的重庆市奉节县和湖北省巴东县境内的方言没有明显的差异。巫山县境内绝大部分居民语言发音特点显著，如声母 h,f 不分(有 h 无 f);z,c,s 与 zh,ch,sh 不分(有前无后)。[①]

我们调查发现，从群体内部来说，三峡地区就地后靠移民群体之间不存在语言交流上的障碍。事实上，虽然这些后靠移民在物理空间上发生了位移，从低山平坝转向高山地区定居，但他们原来享有的那套地方性知识的文化空间并未发生多大的变异。他们的身份虽然是移民，但实质上是本土文化的拥有者，因此，语言交流问题并不大。但是，从大昌古镇被纳入巫山县定点旅游区开始，外来人员蜂拥而至涌入这个袖珍古城，当地人不标准的普通话发音在与外地游客交流时遇到了困难，特别是与北方游客交流时难度不小，在泰昌古道做当地特色食品买卖的洋河村陈姓移民(女，54 岁)便是其中一位。她介绍说，南方、北方在农作物的称呼上有一定的区别。“我们习惯发音胡豆，而北方说蚕豆；南方说苞谷，北方叫玉米；我们说四季豆，他们称呼芸豆。所以，经常在叫卖的时候外地人听不懂，没办法只好学习普通话，不然我们说四块一斤，人家一听十块，跑了，这生意就没法做。”在调查期间，调查组中有一位北方人，他在对当地人进行访谈的时候，就明显感觉交流起来比较困难，尤其是去购买当地的手工编织品竹篮时，当地人叫卖 14 元，但他听来的发音是 40，类似尴尬的事情应该时常发生在外来游客身上。

语言学家认为，语言是传递信息的手段，也是与他人分享文化和个人经验的手段，它使得我们能够把关心的信息、信仰和知觉转变成他人可以理解和解释的符号，这一过程也是文化适应的一个表现，就像泰昌

① 四川省巫山县志编纂委员会编纂:《巫山县志》，四川人民出版社，1991 年，第 606 页。

古道的陈姓移民和编制竹篮的大爷都需要学习共同使用的文化因子——普通话一样,以此来达到分享信息的目的。但是,总体来说,搬迁前后语言环境并未发生大的改变,三峡移民个体也就能够很快去适应已发生变化的语言生态。

2. 休闲方式与文化生活

在对洋河村的调查中我们发现,在农村的娱乐方式中仅"牌类游戏"和"看电视、吹牛"两项就占到76.4%的比例。也就是说,农村居民除了整天坐在家中看电视,主要就是打麻将和"斗地主"了。由于农村道路崎岖不平,常常是"山重水复疑无路,柳暗花明又一村"。雨后的道路更是泥泞不堪,无处落足。道路不通,加剧了人口流动的困难,不如直接"隔篱呼取玩麻将"来得简单。另外,交通的闭塞不便,也使人们较少外出娱乐,而习惯困守于邻里间的麻将圈子中。

抽样统计数据显示,有55%的受访村民认为当前农村休闲状况"乏味枯燥",有27%的受访者认为"极为贫乏"。谈到为什么不多添加一些新的娱乐方式时,大多数受访移民认为主要是没有财力和娱乐设施。"村里连跳舞的坝子都没有,移民怎么开展娱乐活动?"与大昌镇每晚坝坝舞的歌舞升平相比,"这里晚上9点以后就基本看不到人在外活动,一家人都窝在屋里看电视"。移民娱乐方式的单一乏味并非是移民搬迁所造成的,这一现象普遍存在于中国南方的广大农村之中,因此,习惯了这一生活方式的农民并没有不适感。但在调查中我们发现一个有趣的现象:移民很容易把现在生活的不如意归咎到移民搬迁这一问题上。譬如,大多数移民认为,是搬迁造成了他们如今娱乐和休闲方式的单一和匮乏,除非政府有所作为,否则仅靠移民群体本身是无法改变的。

3. 家庭社会观

家庭社会学家认为,家庭是基于关系密切的亲人所组成的社会单位，主要有核心家庭和扩大化家庭两种形式。核心家庭主要由父母双亲和他们的子女构成，扩大化家庭则寓指由两个以上的血缘关系为纽带居住在一起的多个核心家庭的集合组成。在家庭内部，成员之间互帮互助，具有最基本的抚育和养老功能。本书谈及的家庭社会观主要是指家庭成员对待家庭结构、家庭关系以及财产分配与继承的基本观点和主要看法。

在1996年搬迁之前，我们调查的村落是一个传统农耕社区。在村落内部，家庭是最基本的生产、生活单位，家庭内部男性劳动力相对于女性而言占有绝对的优势，女性基本上无法独自承担较繁重的体力劳动，加之农村千百年来养儿防老以及香火继承的观念，导致该村"重男轻女"现象严重，并在财产的继承和养老问题上更加偏向于男性。从家庭的角色分工来看，村子内部主要是"男主外、女主内"的传统家庭分工模式。此外，家庭内部也多强调婚姻的缔结双方对伴侣的绝对忠诚。对于离婚家庭，村里人一般"不待见"，认为离婚的人"不守规矩"。当然，村民对于年轻人之间的婚前性行为也多持反对态度，认为这是"恬不知耻"的表现。对于婚外恋，村民更是零容忍态度。

赡养老人和教育子女被视为家庭的基本功能。村子里哪家出了不孝子，则一定会受到舆论谴责。在婆媳关系中，婆婆占有相对的优势地位，媳妇对老人的孝顺程度则是评价媳妇人品的最主要的参考。以前，村里没有幼儿园，学龄前的儿童都是在家接受父母教育。

在搬迁后，三峡移民群体内部外出务工人员增多。调查发现，村内最初期有200人外出务工，如今则增加到400多人，因此村民也就有机会走向大城镇，接受新的思想和新的观念。刘姓移民(男，50岁)谈起自己的独生女，一脸的幸福。他女儿就读于重庆某大学行政学院大学四年级，是村里仅有的三个大学生之一，起初觉得"嫁出去的女儿泼出去的水”，对于女儿将来能否养老送终不抱多大希望。但是自从外出广东打工以后，他发现城里人对女儿的疼爱一点儿也不比儿子差，同样的买车、买房。他所在的工厂老板是一位43岁的中年女性，事业有成，对父母十分孝顺。所以，外出务工的经历对他原有的生育观造成了冲击，现在觉得“儿子女儿都一样”，关键在于孩子“是否孝顺、有本事”。

面对子女的财产继承问题，谭姓大爷(男，73岁)就向我们谈道：“女儿是别家人，当然没有继承权利，儿子是顺其自然的继承人。”大爷有两个儿子，他说等他死后剩下的钱兄弟平分。调查发现，村内具有这种观念的老人在养老问题上多依附儿子，也更倾向于财产的男嗣继承，重男轻女的思想还十分明显。搬迁后，村子里重男轻女思想还是较为普遍。调查数据显示，村里人一般生育两个孩子，但一般来说，一对夫妇第一胎如果是个儿子的话一般就不再生第二个孩子了，如果是个女儿即使罚款也会选择再生一个孩子，否则他们会被认为是“断了香火”，“是对祖宗的大不敬”。

调查发现，洋河村婆媳关系仍旧紧张。搬迁之前，儿媳妇一切都要听婆婆的安排，比如打柴、喂猪、做饭等日常生产生活活动全由婆婆做主。但搬迁之后，媳妇则有了更多外出务工的机会，家庭经济地位因此得到提升，也就开始不太愿意承担全部家务，反而更希望婆婆能够担负起照顾家庭和孩子的责任。

移民搬迁之后，由于家庭经济的拮据，移民家庭中的妇女大多不再困守于家中，而是作为家庭的主要劳动力外出务工，积极投入劳务市场以增加家庭经济收入，改变了以往“男主外、女主内”的家庭分工格局。但调查发现，移民家庭妇女涌入劳动力市场，也给家庭老人的养老和孩子的教育带来新的问题和挑战。64岁的王姓移民就是明显代表。起初，她认为媳妇外出务工就是在挑战她的权威，和儿媳大吵了一架，认为儿媳妇“太不懂事了”，并要求儿子“教育”她。但一般来说，基于家庭收入的考虑，多以婆婆同意媳妇外出打工来结束家庭纠纷。此外，媳妇一般每个月会给婆婆一定的生活费，让其自行承担养老和抚育孙子的职责。

4. 教育观

教育社会学认为，教育观主要是指人们对于教育及其与教育相关事物的主要看法和基本观点，是世界观和人生观的一种反映。为搞清三峡地区后靠移民教育观和教育态度的变化，我们特地设计了问卷进行调查。现将抽样调查数据统计如下：

表 4-1 搬迁前洋河村对待子女受教育问题情况统计表

选择项	频数(人)	比例
男孩女孩都一样	49	81.7%
读多远算多远	6	10%
不用读书	2	3.3%
其他	3	5%

调查发现，村子中大部分人在回答问卷时，往往表示男孩、女孩都一样。但在现实中，对男孩的重视程度明显高于女孩，特别是在对待子女的教育问题上，村里供得起孩子读书的家庭会优先考虑男孩，“读多远算多远”的思想普遍存在。但调查发现，本村能够上大学的学生少之又少，大部分在读完初中后就开始外出打工。

表 4-2 搬迁后移民对待子女受教育的态度

选择项	频数(人)	比列
认真学习,考大学	23	38.3%
高中毕业	13	21.7%
初中毕业	10	16.7%
小学毕业	4	6.7%
想读就读	7	11.7%
能识字就行	3	5%
不用上学	0	0

调查数据显示,有38.3%的受访家长希望孩子能够好好读书考上大学。小孩能够考上大学,对相当一部分的家长而言,是一件非常值得庆贺的事情。但是,因为村里到目前为止仅有三名大学生,所以对于村里人来说,上大学又是一件十分渺茫的事情。事实上,洋河村所在的集镇仅有一所重点高中,同时优等生源也大都输送到了巫山县高级中学,且学校师资力量较为有限,所以能考上大学的孩子并不多。

搬迁之前,一般来说,村里外出打工只要初中文凭就可以了;搬迁之后,进好点儿的厂矿则多要求高中文凭,所以,现在家长多以此为例来教育孩子多读书。但是,调查发现,移民社区的教育状况却与村民的想法背道而驰,村里的孩子多数读到初中以后就自愿辍学,不愿意继续深造。受访者移民小王(男,14岁)就认为,"反正都考不上大学,何必浪费时间,还不如早点儿工作找钱,读书也是为了找工作,既然不得行,就直接工作好了"。

村民对孩子的上学问题较为重视。在大多数村民看来,"大学生=铁饭碗",因此较为坚持"读书万能论"的观点,认为读书以后就能有一个好的工作,进而能够帮家庭摆脱窘境。与此同时,另外一部分人却推崇“读书无用论”。这部分移民认为,读书也是为了赚钱,还不如早点儿出来工作,能够多赚点儿钱。移民张某(男,47岁)在浙江义乌打工期间,接触了当地不少做生意的老板,这些老板文化程度都不高,好多还只是小学毕业,因此他认为“成才跟学历没得关系,关键看脑壳聪明不”,对于孩子的成绩张某选择听之任之,顺其自然。

总体来说,不管移民选择的是支持孩子继续深造,还是任其发展,这些观念的改变都与社会环境的改变密切相关。这些家长多通过与外来群体的接触,对自身的教育观念进行更新和重新整合,进而改变自己的行为和教育态度。

5. 情感归属与身份认同

调查发现,原洋河村村民和安置地村民之间的文化差异并不突出,仅有的文化差异也多集中体现在生产方式和村民对市场的认可态度上。搬迁之前,原洋河村村民居住在平坝临水的地区,土质肥沃,交通相对便捷。从生计方式来看,主要从事传统的粮食和蔬菜种植,自给自足,农业也未形成规模化,受长期形成的传统农耕思想影响,他们对外界信息的更新频率低,思想陈旧,缺少商品经济意识。调查发现,即使存在市场交易农产品的经济活动,但多是家庭消费后有剩余的才会选择投入市场,对市场经济也缺乏认识。安置地的村民居住在高山地区,山高坡陡,交通极为不便,凭借独特的地理环境以种植西瓜为生,形成规模化种植,虽然也是依靠农业致富,但是相对原洋河村村民,他们对市场有更进一步的认识和理解。三峡蓄水,千亩良田被淹,对居住在此的村民来说只是一个数字,没有切身的体验,感觉并没有影响到他们的正常生活,这反而在移民恢复重建期间给安置地村民提供了更加广阔的市场,增加了村民的生产积极性。

相反，原洋河村村民属于非自愿性移民，移民的主体意识淡薄，对移民管理部门表现出了不同程度的“等、靠、要”。同时，由于当时外迁任务繁重，对后靠移民的生产恢复和文化适应缺乏系统的引导，造成移民宣传政策和落实政策之间的差异，使移民产生了消极和畏难情绪。与安置地人们的生活水平相比，出现了明显落差，移民群体与之前的中上等生活水平相比，更是下降了一大截。调查期间，就有梁姓移民反映当时面临的房屋重建和恢复生产问题。他手里仅有的安置款都用来建房了，还到处借钱，生活负担极重。所以，这种差异造成的主要原因是搬迁后移民经济效益的下降，以及对现有生活的挫败感，这些心理情绪必然会对三峡移民群体的文化适应造成一定影响。

在心理认同上，原居住地居民和三峡移民对搬迁带来的好处有过高的期望。在实际调查中，安置点原住民和超过67%的移民认为搬迁会改变现有的居住环境，会给居住地的发展带来好处。但是，洋河村移民到来后就直接享有原住民原来的生产、生活资料，虽然高山地区的土地并不适合进行大规模的粮食种植，但对西瓜种植来说是一块宝地。移民群体对居住地有限土地资源的挤占，直接影响到了当地村民的经济收益，本地居民自然会对移民的到来表示不高兴和不认同，这一反应与移民的期望值大相径庭。在此问题上产生的失落情绪和心理反差，也不利于移民对当地文化的适应和社会融入。

从心理归属上来看，三峡移民离开自己生活的故土和熟悉的父老乡亲，离开过去熟悉而平静的生活，重新在一个完全陌生的环境里生活，一切又要从头开始，这给移民带来沉重的心理压力，这种恋土情结也在一定程度上催生了移民对异地文化的排斥心理。虽然在我们看来，原来四个社的洋河村移民只是往后靠了不到200米的高度，但是这200米在移民心中是一道屏障。例如，我们在询问刘姓移民(女，52岁)的主要收入来源时,她告诉我们,洋河村村民的家庭收入主要是外出务工收入。二社村民他们居住在高山,靠种植西瓜为生。显然这个"他们"是不包括在"我们洋河村村民"之中的。虽然搬迁到此已经快20年,但移民在心理上仍然把自己看作搬迁之前的洋河村村民,并未对迁入地及其居住地产生归属感,没有真正将之当作自己安家立户的地方,同时也就没有从心理上接纳这里的原住民。

洋河村移民安置点的后靠移民中有四个社来自搬迁之前的洋河村,具有共同的生产方式、生活方式、思想观念和价值观,但是后靠以后,在这些方面却与迁入地出现了不同程度的文化差异,这些差异使得移民在适应安置点的文化生活中处于被动,感到无所适从,使其对移民之前的生产和生活表现出极大的怀恋,对未来生活感到迷茫。

在调查中我们发现,移民与安置点原有居民之间虽然同属于一个村落,但是交往并不多。一般来说,如果村里有了发展计划,移民们多半会认为是由于自己的存在才给本村带来了发展的机会,与原居住地村民无关。同样的,原居住地村民居住在高山上,平时很少下山,即使村里通知开会,他们也很少参加。我们在访谈中了解到了原居住地村民的想法。村民刘大爷认为,现在村里开会多是涉及移民安置补偿和后期扶持,与他们没有关系,所以没有必要参加。可见,移民与安置地居民之间的身份标签,无意识地存在于移民的日常生活与社会交往之中。

我们调查后发现,从总体上看,在移民群体的上述文化变迁与适应过程中,家庭和教育观念的适应情况较好。移民搬迁之后女性外出务工人员增多,成为家庭收入的新来源,一定程度上缓解了搬迁之后家庭的经济拮据状况。因此,更多的家庭妇女走出家庭外出务工,也就改变了"男主外、女主内"的传统家庭分工格局,男女平等的价值观念越发深入人心。从教育观念适应角度来说,近十几年来外出务工人员增多,村民也逐渐认识到学历和教育程度直接影响到务工收入，因此比较重视教育，教育观念发生了一定改变。但是，移民与非移民之间的身份认同与归属问题则不尽如人意。尽管搬迁距今已有16年之久，但移民属于整体搬迁和集中安置，与非移民居住地相隔有一定距离。虽然移民数量占到整个村落人口的绝大多数而成为整个村子的主体，但是他们又不愿意主动融入非移民群体，也就造成了移民与非移民之间整合程度不高，彼此之间的认同感不强的问题。

（二）内安移民的精神文化适应性分析

我们调查发现，相对于后靠移民而言，三峡内安移民的精神文化也发生了变迁，在语言、休闲方式与文化生活、家庭社会观、教育观、情感归属与身份认同等方面体现出三峡移民的“内安”属性。这也是三峡内安移民与后靠移民在精神文化变迁与适应方面的最大差异和区别所在。

1. 语言

就广义而言，语言是一套共同采用的沟通符号、表达方式与处理规则。符号会以视觉、声音或者触觉方式来进行传递。[①] 民族学和社会学家认为，语言是人类最重要的交流工具，是人们进行沟通交流的各种表达符号。人们借助语言保存和传递人类文明的成果。同时语言也是一个群体的主要特征之一。

严格来说，语言是指人类沟通所使用的语言——自然语言。在一个先进的社会中，人们都必须通过学习才能获得语言能力，语言的目的是交流观念、意见、思想等。因此，语言是移民进入新环境后，想要融入群体所面临的首要的、不可避免的问题。我们首先对迁入地的语言进行了调查。

---

① 桑涛：《公诉语言艺术与运用》，中国检察出版社，2012年，第9页。

我们在重庆江津对移民进行调查后发现，能听懂也会说当地话的受访者占到全部受访者的36%，能听懂并且会说一点儿的受访者占29%，两类合计占全部受访者的65%，反映出移民基本能够听懂江津话，在交流上不存在障碍。这一情况得益于江津、云阳以及忠县的居民使用的语言都是"重庆话"。重庆话又称重庆言子，属西南官话成渝片区(也称为北方方言西南次方言)，同属汉语官话分支西南官话，因此移民之间交流不存在问题。随着迁入时间的增加，移民的语言融入情况变得更好了。移民何某某谈道："搬迁上来的移民，除老一辈口音没有改变外，年轻人带有江津口音，新生的小孩子基本上都是江津口音。"可见几代之后移民在语言方面融合情况会比现在更好。这一状况也为移民进入新生活创造了基本条件。

2. 休闲方式与文化生活

根据在江津对内安移民"休闲方式与文化生活"的调查情况来看：搬迁前，在"闲了干啥"的问题中，选择"串门聊天"的占29%，选择"看电视"的占57%，选择"打麻将"的占7%，选择"喝酒聚会"的0户，选择"逛集市"的占7%。可以看出搬迁前看电视和串门聊天为主要休闲和互动方式。

在搬迁以后，回答上述问题的比例发生了很大变化。选择"串门聊天"的占36%，选择"看电视"的占43%，选择"打麻将"的占14%，选择"喝酒聚会"的占7%，选择"逛集市"占14%，还有选择"其他"的。可见，排名靠前的还是看电视和串门聊天，选择"逛集市""打麻将"活动的比例增加了。受访者选择"串门聊天"的比例增幅较大，说明大家的闲暇活动广泛了，也揭示了迁移对移民的日常活动产生了一定影响。

在对江津内安移民时间分配利用的调查中我们发现，大部分时间花在"上班"的受访者占29%，选择"在外面找活干赚钱"的受访者占50%，选择“做家务”的受访者占43%，选择“串门聊天”的受访者占14%，选择“打麻将”的受访者占7%。可见在外面找活干赚钱、做家务活儿、上班的比例较高，排前三位。

与搬迁前相比，在娱乐活动选项选择“减少了”的受访者占14%，选择“差不多”的受访者占50%，选择“增加了”的受访者占29%，有10%的未作选择。

由此可以看出搬迁对内安移民的休闲方式和精神生活的影响不大，移民的活动内容较为单调枯燥，与就地后靠移民面临的状况比较类似。这也是中国广大农村在休闲方式和文化生活层面面临的共同问题，不具有特殊性。

3. 家庭社会观

家庭是一个人学习成长的第一课堂，并持续整个人生。家庭给人以安全感，让孩子有人抚养，让老人有人照顾，给男人和女人提供食物和住所，同时具有社会属性，是进行社会交流互动的基本单位。其大致分为两大类，一是核心家庭，二是扩大化家庭。美国人类学家G.P.默多克首先提出了核心家庭这个概念，并认为其普遍存在。所谓的核心家庭是指两代人组成的家庭，核心家庭的成员是夫妻两人及其孩子；所谓的扩大化家庭主要是指由有共同血缘关系的父母和已婚子女，或已婚兄弟姐妹的多个核心家庭组成的家庭模式。

根据社会学家对婚姻家庭的基本看法，我们到江津移民安置点对内安移民在搬迁后他们的家庭社会观念是否已经发生了变化进行了调查。

在调查中我们发现，移民家庭的人口数量多在3～5人，主要由妻子、丈夫、子女构成，也就是社会学意义上的核心家庭，其数量比重在90%以上。也就是说，在移民安置地区，核心家庭的形式是家庭主要的存在方式，其余10%为扩大化家庭，多是三代或是四代同堂，很少有兄弟没有分家的。移民多次谈道："家庭是我们生活的主要寄托和依靠，遇到困难也多会向亲戚朋友求助，我们这里的人家庭观念还是比较重的。"我们对移民社会交往进行调查后发现，重庆江津移民在搬迁前，交往最多的是亲戚，占93%；搬迁后，与亲戚的交往占71%，所占比例仍然较高。由此看出移民的交往范围主要是以核心家庭为中心辐射与之相关的扩大化家庭，交往范围有一定的局限性。此外，移民经常回老家的占7%，偶尔回的有64%，只有21%的移民没回过老家。这说明移民虽然搬迁了，但是对于亲属关系的眷恋之情并没有随着搬迁而中断。

家庭是最合乎人的天性的自然社会单位，它永远是避风的港湾。下面一则材料来自移民的一段真实经历：

【案例】

油溪镇盘古村村民曹树芳家的堂屋布置得很特别。每个来到她家的人走进坝子就能看见堂屋正中间的一张大床。床上的人是她的丈夫王洪彬。20多年来，这张床就是曹树芳的生活圆心；20多年来，她生活的半径一刻也不曾偏离，这是一圈饱含着爱与艰辛的半径。一切从1989年农历六月初五开始。这一天，王洪彬在下火车时，不小心跌下了火车，这一摔，让他腰脊断裂，从此下半身瘫痪。这突如其来的灾难，改变了一家人的生活，唯一没有改变的是曹树芳对丈夫的不离不弃。丈夫每月药费500多元，上有60多岁的婆婆，下有12岁的女儿，家里仅3亩地。怎么办？她的生活变得异常忙碌。除了照顾丈夫和婆婆，还要抚养女儿，从地里的农活到家务琐事，她一个人扛起了全部重担。为了让丈夫的心情开阔些，细心的曹树芳把原来在里屋的床、竹沙发都搬到堂屋，她希望周边的邻居多到家里跟丈夫聊天。从医院接回丈夫的第一天，曹树芳背丈夫去洗澡。从堂屋到厕所，这段5米远的路程，她背着丈夫扶着墙一步步地往前挪，等到洗完澡把丈夫背回床上时，她的脸上已经分不清是泪水还是汗水。这一背就是20多年！她用手硬生生在5米长的扶墙上留下一道长长的印迹。王洪彬靠药维持身体的那段时间，家里顿顿都是咸菜下稀饭，她却没有让丈夫饿过一顿肚子。一家人的衣服，她补了又补，却没有哪一件不是洗得干干净净的。家里养了两只鸡，她却十多年没有尝过鸡蛋的味道，因为她把鸡蛋都换成了买药钱。有一次，曹树芳的母亲从娘家来看她，家里已经无米下锅，她只能去邻居家借米，怕母亲担心，她只字未提苦字。直到送走母亲后，她才躲到猪圈屋里偷偷地哭了一场。那一回，王洪彬坐在床上心里特别难过，已经很久不说话的他，拉着妻子的手说："我这辈子拖累你了。"曹树芳说："从嫁给他的那一天起，我就没想过分离，就算只有一棵菜，我们也要一家人吃。"

20多年的时间，这个世界风云变幻，在这个平凡的农家小院里，曹树芳像上了发条一样，坚韧地走着。两口子都清晰地记得：1976年他们经人介绍结婚。30多年来，他们没有山盟海誓，没有轰轰烈烈，只有相濡以沫，不离不弃。[①]

什么是家？这对三峡移民夫妻为我们很好地诠释了家就是在危急关头依然相互扶持、不离不弃，是21年来的坚守，是"一棵菜，我们也要一家人吃"的朴实。这位平凡的移民身上的光芒必将照射她所居住的村落集镇，成为村民效仿学习的榜样。

家的功能除了夫妻之间的相互扶持还兼具养老的功能。"养儿防老"的传统观念根深蒂固，我们的调查再次印证了这一点。超过79%的老年人认为养老是儿子的事情。这类老人基本都和儿子媳妇一起居住，

① 参见袁孝春等：《妻子照料病秧夫21年无怨无悔付出》，中新网，2010年7月28日，http://www.chinanews.com/sh/2010/07-28/2430183.shtml，访问日期：2015年3月4日。

其中由大儿子养老的占多数，财产由男嗣单系继承。也有17%的老人认为儿子女儿都一样，既然年轻的时候抚养了他们，他们也应该在父母年老的时候相应地赡养。至于财产继承，自然儿女一样，养儿养女都好，关键是要孝顺。在谈到养老问题时，也有4%的老人选择自己养老，不跟儿女一起过，因为自己买了养老保险。这些回答反映出在养老方式中家庭兼具的养老功能依然占据主体，与之相应的社会养老开始进入移民家庭。相信随着社会养老保险制度的健全，移民在养老问题上的观念也会相应地发生改变。

其次，我们还对移民的“婆媳关系”做了访谈，其中一个移民谈到自己的儿子娶的是当地的女子，儿媳也孝敬公婆。但村里有不孝敬老人的情况，在原来的地方也算不上什么罕见的事情，以前和现在都会有亲戚长辈对不孝敬老人的行为进行劝说和教育。搬迁之后，当地的婆媳关系大多数是比较融洽的，村里经常有关于婆媳关系的宣传，因此来到这里感觉婆媳关系和谐了不少。由此看出，搬迁之前婆媳关系出现问题一般会找家里的长辈来帮助解决，也就是说长辈在家庭和谐之间扮演了调节的角色，搬迁之后家庭成员之间发生矛盾移民一般会找村里去解决。从出现矛盾的频率来看，搬迁之前移民认为婆媳关系出现问题也不是什么罕见的事情，时有发生。搬迁之后婆媳之间发生矛盾的情况有所减少，主要得益于村里对家庭和谐关系的重视。

目前很多社会学家和民俗学家认为当前社会下家庭组织逐渐萎缩、亲情观念日益淡薄的现状，是造成人们浮躁和自私的根本原因。在没有更好的宗教能解决多数人的灵魂孤独问题时，只有家庭和亲情能给人带来安慰和希望，进而保证整个社会的安定和发展。对移民的调查中出现的“正能量”给了我们信心：一个健康和谐的家庭环境对移民更快适应环境变迁是有帮助的。政府在平日的工作之中应该帮助移民树立正确的家庭社会观念。

4. 教育观

调查数据显示，江津内安移民，有学生的家庭占57%。对调查问卷“如果条件允许的话，你希望你的孩子能够上到哪一级学校?”的问题，所有移民均选择了回答“上到大学及以上”，由此可见移民对孩子的教育问题是非常重视的。移民认为改变他们对孩子受教育观念的影响因素主要有两个:其一，江津地区的居民对孩子教育的关注度比云阳、忠县都高，迁入以后非移民的孩子都去上学，自然会影响到移民对孩子的教育观念。其二，移民搬迁之后随着外出务工机会的增多，使得他们认识到只有“多读书，多见世面”才能为走上更好的工作岗位提供机会。此外，我们认为还有一个因素是值得考量的，多数移民虽然认为云阳、忠县距离江津并不算远，但是在他们心中依然把迁出地视为自己的第一故乡，特别是老年人有很深的思乡情绪，希望后人多读书，改变生活状况，在有生之年能够落叶归根。这一想法也直接影响到移民对孩子的受教育观念。无论是基于怎样的考量，我们不难发现移民对孩子的受教育问题关注度比之前有所好转。

5. 情感归属与身份认同

心理认同与归属感之间的关系是相互渗透、形如水乳的，因为只有在心理上认同了，才能在情感上找到归属。同样的道理，只有在所在社区找到归属感，才会促使移民对所在社区产生认同。这里的认同不是“忘本”，而是在认清现实之后能够自觉地把传统文化与迁入地文化进行整合、适应，并创造出新的文化因素。因此，移民要想真正融入当地的生活首先要把自己当成本地人来看待，而不是执着于三峡移民的这个身份。如若一味地强调三峡移民这一特殊身份，必然在实际的生活中对当地习俗和文化持抵制态度，这样的状态也必将对移民的文化适应设置障碍。

因此我们主要从移民对社区的看法、移民与非移民之间的交往互动、非移民对移民的看法以及国家政策是怎样影响移民对社区的认同和归属感等几个方面来了解内安移民的心理认同及归属感。

首先关于移民对社区的基本看法。在江津慈云镇和支坪镇的访谈中，我们采访了刘姓移民（男，59 岁），他是吴滩镇平安村三组人，小学文化。2006 年从忠县搬过来时，他是非常舍不得离开家乡的，到现在还十分想念家乡，过年过节的时候都会回家乡和老家的人团聚。搬来之后，刚开始觉得不适应，不怎么和当地人打交道，也有很多冲突。后来慢慢适应了，与社员之间的关系也比较融洽了。他感觉目前生活还是比较稳定安逸的，子女都在外面打工。另一位移民也谈道："搬迁之后，在刚开始七八年间感觉很不适应，心里很苦闷，和当地人也有过冲突，不过后来慢慢地适应了，也能融入当地的生活。"他表示，如果他的小孩和当地人结婚，他是不会反对的。他现在以务农和鸡鸭养殖为生，曾经参加过几次关于养殖的技术培训，感觉生活还行。由此可以看出，移民初期迁入当地是感到不适应的，经过一段时间的过渡，现在基本能够融入当地生活。我们对移民与非移民之间的互动做了访谈，对"当地人的红白喜事的参与程度"做了调查，其结果显示选择"经常参加"的受访者占 79%，选择"有时参加的"的受访者占 21%。在问到"当地人参加移民的红白喜事吗?"时，当地人中选择"经常参加"的受访者占 36%，选择"有时参加"的受访者占 57%。由此可以认为，移民积极参加当地人的活动，也得到了当地人的积极回应。移民在回答"现在你主要与哪类人交往"时，选择与"邻居"交往的为 100%，选择与"当地人"交往的也已占到 71%。江津的移民大多数已有归属感，认同本地，因此移民对社区活动的参与度比较高，有积极融入当地生活的愿望。

下面我们从移民主观愿望和当地人态度两方面来说明。在回答"你觉得当地居民对你们的态度”时，选择“对我们很热情，从不歧视我们”的受访者占 29%，选择“大多数都不歧视，只有一小部分歧视我们”的受访者占 57%。在“在当地，你有非移民朋友吗?”的问题中，选择“有，很多”的受访者占 64%，选择“有，较少”的受访者则仅占 21%。由此看出移民在当地与非移民的相处情况还是比较乐观的，超过一半以上的移民在当地有了朋友。询问移民“你对当地人的态度”时，选择“很好相处”的受访者占 29%，选择“比较容易相处”的受访者则高达 57%，合计两者的比例为 86%，这说明多数移民对当地人是悦纳的。我们认为，以上数据说明了移民的人际关系有了改善，相处比较融洽了，移民融入当地的愿望是积极主动的。尽管移民在当地的适应状况良好，得到了江津当地人的认可，但仍然有部分移民有“回迁”的愿望。有移民谈道:“移民之后发财致富的人并不是很多，觉得还是当地人有钱，现在和原来都是以务农为生。”但是对于当地政府组织过的针对移民或当地人的实用技术培训，教给他们种植、养殖等方面的技术，该移民觉得这是非常好的举措，也是非常有用的，自己也是培训班的受惠者。年轻人大都出去务工，在家里的都是老人和小孩，现在的生活条件的确是比原来好很多，但是移民还是感叹，如果可以回迁，还是想回去，只是苦于国家政策不允许而已。另一例子也说明了移民在国家需要的时候可以做出牺牲，但是在情况好转之后还是渴望回到家乡的情况。某老人(女，61 岁)，家住吴滩镇邢家村十一组，小学文化程度，曾经在电视上看到过关于三峡移民的报道和一位作家专门为移民写的书，能绘声绘色地讲起里面湖北移民搬迁过程中，一名老太太带着孙子，在人山人海的搬家大军中对着自己生长的故乡，磕头作揖，年轻人看了，都跟着跪拜的情节。她认为三峡移民精神就是为国家出力，移民生活的富足要靠自己的勤奋努力。她的儿子都在外面打工，觉得如果经济条件改观的话就希望再回老家买个门面，老两口儿迁回去。对此，我们不能简单地认定移民对当地没有心理归属感，只是相比较而言，在老一辈人心中，家乡始终是自己出生和生活了大半辈子的地方，要想移民完全地融入当地人的生活还需要几代人的努力。

我们就移民是否认为自己是本地人进行访谈，结果显示多数移民已将安置地当作了家乡，认为本地人对自己不错，相处愉快，而且都有扎根本地的想法。只有极少数的人说："只要政府对我们好，就扎根，如果不好就想办法回流。"移民姜某某（男，47 岁），吴滩镇平安村四组人，高中文化，2001 年从云阳搬迁到江津，在搬迁时非常难过和舍不得。对移民政策了解一些，认为国家政策的出发点还是很好的，就是贯彻落实得不到位。对于三峡移民精神也比较了解，知道那是为了国家，舍小家，顾大家。他的子女因为搬迁小学都没有毕业，现在只有靠打工生活。他以前在新疆建设兵团，老家都没回过，政府直接就把他迁到江津来了，他的孩子从来没有回老家去看过。有移民谈到搬迁途中非常困难，基本上是三户人家一辆车，很多东西都没法搬走。搬迁之后，政府当初承诺的很多优惠和补助都没落实下来。政府补贴的那一万多块钱基本上用来补贴了房子的差价。虽然安置房条件还可以，但是感觉还是没有老家的房子住着舒服。他认为国家很多政策没有落实到位，伤害了移民的感情。如果再选择一次，他是不愿意搬迁的。这类移民由于政府政策落实不到位而有了回迁的想法，也从一个侧面向我们证实了影响移民的心理归属和身份认同的因素中应包含移民政策，而不能简单地通过移民与非移民之间的活动来考察。

通过调查我们发现，支撑移民进行迁移的最重要因素是对自我价值的肯定，对三峡工程建设的认同，认为服从搬迁是国家利益的需要，在内心深处即使不愿意搬迁，但是当自身利益与国家利益发生冲突的时候还是愿意服从国家的需要，这是三峡移民精神中"舍小家，为大家"的奉献精神的集中体现。同时回流现象不是简单评估移民是否融入当地生活的唯一凭借,因为调查结果显示,即使在当地生活融入状况较好的移民,也会有回迁的想法。

(三)外迁移民的精神文化适应性分析

与上述后靠移民和内安移民不同,外迁移民的精神文化变迁幅度更大,变迁的程度也更深。当然,在体现"外迁"特性的同时,三峡外迁移民的精神文化适应与迁入地的文化体系紧密相连,受到迁入地社会文化体系的影响和渗透也最大。因此,在此特殊背景下,三峡外迁移民精神文化体系采借、融合迁入地社会与文化因子也最多,受影响面也最广。

1. 语言

语言的不同是文化差异的一个显著特点,来自重庆开县的三峡移民和曲阜本地人虽然操持同一种语言,但因重庆和山东隶属于不同的方言区,所以移民和当地人交流、沟通必然会受到一定的影响。

我们在这里着重阐述因语言差异在相互沟通中所存在的障碍,以及因此导致的误解和给移民生活带来的不便。被调查的移民来自重庆的开县,属西南官话成渝片区。重庆话属四川方言,四川方言是原四川省境内的所有汉语方言的统称。1997 年重庆直辖,不再归属于四川省,所以原来的四川方言就不再包括重庆方言了。重庆方言,可指重庆直辖以后,所属区县的方言总和。从方言种类讲,重庆方言属于北方方言大区的西南官话区。

重庆方言直白易懂,方言词汇很多,方言评书诙谐幽默。虽与北方方言区的其他分支有许多共同之处,但也有不少自己的特点,在语音、词汇、句式等方面都自成一体。重庆话又称重庆言子。狭义的重庆言子,专指重庆人的"言子儿",即歇后语或谚语,于谐趣幽默里见智慧,为重庆方言的一大特殊现象。

山东曲阜方言隶属于北方方言系统的中原官话区,跟普通话较为相近。与普通话相比较,共同的方面是主要的,不同的方面主要表现在:曲阜方言语音系统比较简单,单字音系声母21个,韵母36个,声调4个,单字音节约1 041个。方言的语音声母中没有卷舌音zh、ch、sh,故质、吃、诗分别读作兹、疵、丝,这是曲阜方言中最突出的语音特点,还有俺、恁、么等方言副词数量较多。未进行田野调查前,我们以为山东话与重庆话是不同的方言,差异是在所难免的,但两种方言毕竟同属汉语言,所以两者还是可以对话的。通过此次调查发现,我们上述预判是不可靠的。

语言是文化差异最为显著的特点之一。“人类所以会有文化,而其他动物不能有文化,其原因除脑力的差异外,其次便是语言的能力。”[①]由于曲阜方言与普通话较为接近,因此迁到曲阜的移民并不难适应当地居民的方言。

移民赵某(男,46岁)说:“曲阜话很好懂啊,和普通话差不多吧。”在问到当地居民能否听懂他们的重庆话时,赵某则表示有些无奈:“我们讲话这边人还是听不懂,到现在为止,几年了,他们还是听不懂。嫌我们讲话太快。”

移民陈某(女,25岁)也谈到这个问题,说:“我觉得这边曲阜话好像比我们四川各地的讲话还难懂些。像我在重庆待习惯了,哪个人一开口我就晓得是(重庆)哪里的。在这里就不得行。”

语言适应是文化适应中比较艰难的一个过程,“乡音难改”也是源于难以改变的家乡情结。在这样的情形之下,就涉及如何交流、沟通的问题。大多数移民都表示,必要的时候他们选择说普通话。普通话作为民族共同语,已经推广多年,这是针对不同方言区人们可能形成的语言障

① 蒋德平:《浅谈文学创作中的语言》,《江西社会科学》1992年第3期。

碍提供的长期性措施。移民表示,他们能够并且也很愿意用普通话跟当地居民交流。如果双方都使用普通话,语言上的沟通几乎没有障碍。但是,在实际的语言交流中,却有这样的问题:首先,三峡移民并非人人都能讲普通话,尤其是年长的人,能听懂但不会说。

移民杨某(女,50 多岁)告诉我们,过来十年了,还是不懂(当地话),又不会说普通话,所以她很少和本地人交谈。其次,曲阜当地居民很不乐意讲普通话,乡里乡亲都是方言交流,偶尔使用普通话会觉得害羞或别扭,有些人因口音不标准怕被笑话。

当地居民刘某(女,56 岁)就表示:"都这么大年纪了,哪会说什么普通话啊。大家都是邻居,都说惯了土话了,讲普通话别人会笑话的。"

语言的另一重要差异体现在对事物的叫法(说法、称谓的意思)上,对于某一具体事物,移民和当地居民可能称呼不一样,但实际上指代的是同一种事物。

移民魏某(女,47 岁)告诉我们:"我上街买菜的时候从来都不说买什么,看到有什么想买的就指一下,我们和他们(当地人)的叫法不一样,你说的人家都没听过,还不如不说,直接指一下就行了。"

从社会学上看,"方言不仅仅是语言在地理上呈现的分布,它在社会文化的意义上首先是一种文化代码,它表明你是谁或你是哪里人"。对群体内的人而言,"方言是一种凝聚的力量、认同的标志和感情的密码";对群体外的人而言,方言就是"一种隔膜、一种距离",有时甚至是一条不可逾越的鸿沟。国内外对移民适应性研究都表明,"语言上的沟通和交流是移民适应的前提",[①]移民的融合首先要从语言的适应开始。

移民的经济生产和日常生活的适应是层次较低的适应,而要使移民

① 程瑜:《白村生活——广东三峡移民适应性的人类学研究》,民族出版社,2006 年,第 138 页。

真的能“稳得住，逐步能致富”，从“异乡人”变为“本地人”，最根本的是移民在思想观念上的适应。思想观念适应是移民要达到的文化适应的最高层面，移民只有从思想上和心理上对自己是当地人产生认同，才能达到真正意义上的文化适应。

2. 休闲方式与文化生活

休闲方式就是人们工作以后使自己得到休息的方法。工作、劳动之余进行一些休闲活动不仅可以解除体力上的疲劳，恢复生理上的平衡，还可以获得一定精神上的安慰。生活在不同地域环境的人们有着各自不同的娱乐休闲方式。中国人的休闲方式正在由少变多，逐渐变化。以前在农村，因为经济条件不好，农民家里很少有电视机，再加上文化水平有限，认识的字不多，读书、看报纸的人更少，所以农民大都是通过广播来了解国内外最新资讯。农民经过一天的劳动，觉得很累，又没有其他合适的休息方式，只好早点儿上床睡觉。在城市，虽然有的家庭有电视机，有的家庭有收音机，识字读书的人也比农村多，但是这些休闲活动都是在家里进行的，到外面去活动的比较少。现在，中国人的休闲方式变得很丰富。无论是在城市还是在农村，人们可选择的休闲方式越来越多，内容也越来越丰富。

在重庆开县乡镇村落，到处都是设有麻将桌的茶楼。茶楼里的麻将桌每人每天最低消费 5 元，从早上 8 点半到晚上 12 点，超过晚上 12 点，每小时加收 10 元。在茶楼里面，除喝茶聊天以外，还可以打四川牌，手搓麻将不加钱，全自动麻将桌加收一点儿钱。村民们只要花上 5 元，就可以喝各种品牌的茶，花毛峰、绿毛峰、菊花茶、玫瑰茶、柠檬茶、金莲花茶，每样都是 5 元。这是乡镇一些茶楼的价格，下面农村地区的价格就更低了。移民赵某说：“这边的风气要比老家好一些，在老家打牌、打麻将都是要玩钱的，并且赌金都很多，不管大赌还是小赌，一定要玩赌钱的，不玩钱的话人家不跟你玩。这边就好多了，一般打牌纯粹是为了娱乐，即使赌钱的话，金额也特别少。”

在山东曲阜农村的生活方式中，消遣性的传统活动内容所占比重较大，主要内容为看电视听广播、走亲访友串门聊天、吃吃喝喝、打牌下棋打麻将、闲待闲逛等。虽然打牌在山东也是一种较为普遍的消遣方式，但这种方式只是在男性中而且是逢年过节的时候才会盛行，平时一般很少有人打牌。而在重庆，打牌这种休闲方式可以说是全民参与，老、中、青甚至少年都喜欢，无论男女，在打牌的时间和地点上也很随意，只要人数凑够，有时间有地点就可以迅速地组织起一桌麻将。就娱乐方式来说，重庆的娱乐内容要比山东丰富得多，山东除了逢年过节打牌以外几乎找不出其他有自身特色的娱乐方式了。

移民李某(男，38 岁)说：“你说在这有啥子耍的嘛，都不会打麻将，打个牌也没人玩钱，玩的话也就一块两块最多五块，这有啥子意思。这里的人就知道躲在家里看电视，特别是晚上吃完饭很早就关门睡觉了。真不懂睡那么早干吗，摆摆龙门阵吹吹牛多好啊！我们在老家只要不干活有空闲，我们都在一起耍，打麻将、打牌、喝茶、吹牛，感觉真的很好，在这里我都快要憋疯了！”

我们认为，两地之间休闲方式及休闲时间长短的差别是由两地居民劳动量的大小所决定的。就曲阜而言，属于平原农耕区，作物种植密集，劳动强度和劳动量都较大；而移民原居住地属于山地耕作区，只有少量田地适宜集中农耕，因而劳动强度和劳动量都较小。如果劳动量较少，居民就会有更多的时间用来娱乐；劳动强度较小的话，居民即使在一天的劳作之后也还有精力、体力去娱乐。试想在进行过一天的高强度劳作之后，谁还有心思去打麻将、打牌、吹牛？恐怕连饭都不愿吃，恨不得立刻躺到床上去休息。虽然现代化机械已经广泛地应用于平原地区的田间地头，劳动强度降低了，劳动量减少了，劳动力也随之得到较大的解放，使得当地居民可以有更多的时间来进行除生产劳动以外的活动。但是，平原农耕区的人们千百年来养成的“日出而作，日落而息”的习惯根深蒂固，一时半会儿是难以改变的。所以三峡移民从休闲方式多样的山地文化区来到生活较为单调的平原农耕区后产生了很强的不适感，也在情理之中了。

3. 家庭社会观

家庭是最合乎生物天性的自然。我们在这里所讲的家庭社会观是指家庭成员对其所属的家庭这一社会实体单位及其他家庭成员的基本看法。

这里要强调的是移民来到的是孔子的故乡曲阜，这里受儒家文化影响相对较深。孔子把最基本的人伦关系分为五种：君臣之忠、父子之敬、夫妻之爱、兄弟之悌、朋友之信，强调一个人必须要有教养、有礼仪。其中，家庭关系成为儒家思想的核心，因为如果一个人在家里做一个好儿子、好兄弟、好丈夫，他的其他社会活动自然会因循这种良好的家教。在孔子看来，每个人作为家庭成员之一都有与其身份相对应的义务与责任。虽然几千年过去了，已经到了改革开放的 21 世纪，但历史遗留下来的条条框框还是随处可见。土生土长的山东人，都深知此地讲究长幼尊卑、男女有别，礼节、规矩甚是繁多，切不可越雷池一步，把个体的所有社会行为都密织在一张规矩之网上。对此，很多移民的不适感非常强烈。

移民赵某（男，72 岁）说：“我在老家活了大半辈子也没遇到这么多礼节、规矩，比如去别人家串门吧，这边都是要送到大门外的，有的还要送更远，你要是不送吧，人家就会说你不懂礼道。”

当然，这些规矩在我们看来是一种待人接物的礼节，是值得保留和发扬的。移民熊某对两地饭桌上的规矩的看法很有见地。她说：“这边吃饭都是先让男人吃，等男人酒足饭饱以后，老人、小孩和女人才可以上桌吃饭，这在我们老家是很奇怪的，更是让人觉得不可理喻的。在我们老家，首先是要把老人和小孩子请上桌，如果座位不够的话，还是要先满足老人和小孩，女人也是和大家一起吃饭。都说山东是礼仪之邦，可这饭桌上的规矩实在是不像话。规矩是人定的，说明是人不懂理。我觉得我们大人应该尊敬老人，这样才能给孩子做个好榜样。现在你不让老人上桌吃饭，说不定将来自己的孩子连饭都不给你吃。再一个让人难以理解的是，这边的老人和儿子不住在一起，老人给儿子盖完房子以后却无法享受。更有不孝的子女把老人硬生生地赶出来。我们老家那儿老人给儿子盖完房子后，要让老人优先选房子，老人想住哪一间就住哪一间。"

4. 教育观

山东省是全国有名的教育大省，各移民安置点所在地更是省内优势教育资源集中地区，无论从师资配备还是硬件设施上都属于全国上等水平，山东尊师重教的社会风气一直比较浓厚。从社会来说，再难，不能不办教育；从父母来讲，再穷，不能耽误孩子上学；从子女来看，再苦再累，也要好好学习，学成之后回报父母，服务社会。这些观念都深深扎根于一代代山东人的心中。但"唯书论""唯师论""唯分数论"在山东地区也颇为盛行。使得家长把成绩看得比什么都重要，孩子学习成绩差就觉得孩子将来没出息，认为只有上大学才是孩子最好的出路，孩子考不上大学就会被人瞧不起，这在一定程度上阻碍了孩子的多元化发展。

三峡移民来自三峡库区，客观地讲，库区教育条件无论师资还是设施与山东相比都是比较落后的，"读书无用论"在库区特别是在重庆的偏远山区盛行。如果孩子成绩平平只能上专科，很多家长认为还不如早些出去打工挣钱。移民来到曲阜后，他们的教育观念是否发生了一些变化，又是什么原因导致了这种变化呢？或许从移民的谈话中我们能找到答案。

【案例】

移民杨某有一个正在读高中的儿子，在班上的学习成绩很不错，杨某这样说："以前在老家的时候，也没想着非要让孩子考上大学，就想着看他自己吧，想学就学，不学就打工去。可现在不行啊，我们想着回老家去啊！我们普通农民可不是想回就能回去的，就指望孩子考上大学，毕业后可以到老家去工作，等安定下来再把我们两口子接过去。"

移民熊某的女儿正在读小学六年级，她说："山东的教育水平就是比老家好，特别是英语，小娃娃从三年级就开始学习英语，而且老师们都教得特别好，英语和语文、数学一样都是小学毕业考试科目。不像我们老家只是考语文、数学两门，虽然孩子们也学习英语，其实和没学一样，因为不是考试科目，所以学校也不重视英语教学。我女儿一岁多就到山东来了，从小学三年级就学英语，虽然英语成绩在班上算不上特别好，但跟我们老家的孩子相比，不夸张地说真是出类拔萃。而且在这边学习不好的话就会被人看不起，还好我女儿学习不是太差，我经常教育她要好好学习，这样才不会被人看扁。"

移民陈某的儿子在曲阜某中学读初三，让陈某恼火的是儿子的成绩不如人意，陈某在老家时开饭店，那时想让儿子接自己的班，来到曲阜后陈某在曲阜师大开了一家饭店，可能是受到大学氛围的熏陶，陈某就不再想让儿子走自己的老路，而特别希望儿子能够考上大学。

当然也并不是所有移民对待孩子上学的态度都有如此大的改变，还是有不少移民坚持"读书无用论"，认为让孩子读完初中就足够了，就可以去打工了。总体上来说，多数移民还是希望孩子能够好好学习，争取考上大学，这部分移民也大多是希望借助孩子考上大学从而实现家人返迁的愿望。

5. 情感归属与身份认同

心理适应是移民文化适应的最高层面，移民只有从心理上对当地的人和物产生认同，才能达到真正意义上的文化适应。三峡移民规模大、人数多，移民为搬迁付出了巨大的物质、心理和社会成本。虽然国家对补偿物质损失的投入资金巨大，但从现实来看，仍然难以达到绝对的平衡，因而造成移民心理上的不满。

迁移前移民对迁入地的生活环境等各方面均抱有较高的期望，希望能够按照自己的意愿与标准来安排今后的生活，但迁移后很多人发现迁入地的实际情况并不是很符合他们的期望。面对理想和现实间的较大差距，没有足够心理准备的移民难免会产生失落和迷惘。再加上短期内无法致富、不能脱贫的困难，都会使移民产生一种被剥夺感和精神忧虑。外迁的移民往往表现出比较强烈的思乡情绪，部分移民总认为新家不如老家好，不愿意克服语言上的障碍，也不愿意主动与当地居民交流和互动。他们的心理很脆弱，也很敏感，时时怕吃亏，处处怕被当地人欺负。

当然，移民群体中也存在着自己“为了大家，舍了小家”的委屈情绪。一旦遇到不顺心的事，总愿意拿出自己的移民身份作为讲条件的筹码；有少数移民还认为他们为三峡工程做出了很大贡献，是特殊群体，理应受到国家的特殊关照。如移民李某（男，53 岁）所说：“说实话，有哪个愿意离开世世代代生活的家乡，为了支持国家三峡工程的建设，我们牺牲了自己的小家，所以我们对三峡大坝的建设是有很大功劳和贡献的。动员搬迁时村干部、镇干部都叫我们相信党、相信政府，说什么政府不会不管我们。现在我们没有收入来源，都快要饭吃了，找工作又难找，当然要靠政府帮助我们解决问题了。我们移民不指望政府，还能靠谁呢？我们都是地地道道的农民，普通老百姓又没啥本事，这儿又没有什么亲戚朋友，无依无靠的你说我们能有什么法子呢?”到了迁入地后，他们提出一些过高要求，甚至有极少数移民不遵守国家法律法规，造成不好的影响。如果移民把不适应责任都归咎于外界时，难免对自身的文化适应产生不利影响，也会阻碍其他移民融合于迁居地的环境当中。

移民廖某（女，34 岁）就对我们说：“我们刚来这边的时候，总是被人欺负，我老公在工厂里工作时就被人欺负过。这边人欺生，现在我发现这边人怕狠人，你只要不怕他，下次他就不敢欺负你了。”在我们访谈移民的过程中，发现了不少类似的情况，或者说家里的小孩在学校被欺负，或者说女性在工厂被欺负，或者说在村里进行生产劳作时被村民欺负，有的移民认为自己在耕地和宅基地问题上也受到了村里的不公平待遇。实际上这些情况多是移民单方面的感受，存在一定的主观性，有些属于两地文化差异造成的误会，因此影响到移民属地文化的融合。在我们进行访谈的过程中，很多移民都不自觉地说“我们四川”“我们重庆”怎样，却没听他们说“我们山东”怎样，移民大都说“他们这里”怎样。

当我们询问现正在上海某高校上大学的移民雷某（男，22 岁）是怎样向同学介绍自己时，他表示，他会说自己是现在居住在山东的重庆人，说清楚自己是三峡移民，是从重庆开县迁到山东来的。移民程某（男，60 岁）表示，自己仍然是重庆人，自己和老伴儿以及儿子顶多算是半个山东人，两个在老家出生的孙子算是大半个山东人，如果孩子是在山东出生的，那么这个就算是一个真正的山东人了。很显然，移民在心理上仍然把自己看作重庆人，并没有对曲阜当地产生心理归属感，没有真正把曲阜当成自己的家乡。我们在曲阜所调查的 80 户移民中，粗略统计大概有 20 户移民返迁，还有近 30 户在外打工经商，也就是说长期居住在曲阜的只剩下30来户，并且这30户当中有很多户一直打算外出或返迁，只是被各种原因耽误了，大部分都是因为家里孩子还小或正在当地读书，需要有人照顾。当初迁来的老人大部分在刚来的头一两年就返回老家，大多寄居在亲戚家；没有返迁的老人大多是因为要照看孙子孙女，并都表示只要等孙子孙女到了上学的年龄，他们就会返回老家。很多中年移民夫妇的孩子现在正处于上初、高中的年龄，他们大多想等孩子考上大学以后就返回老家，他们更希望孩子能考上重庆的大学，毕业后直接留在重庆工作，这就更有助于他们实现返迁的愿望。

总体来看，三峡移民迁移到曲阜后，情感归属和身份认同都有了本地化的转变，但由于两地文化差异较大，移民要想真正实现情感归属与身份认可的本地化，还需要一个长期的适应过程。

（四）本章小结

在搬迁过程中，三峡移民群体形成了内涵深刻的三峡移民精神。在搬迁与定居的过程中，三峡移民体现出高度的顾全大局的爱国精神、舍己为公的奉献精神、万众一心的协作精神、艰苦创业的拼搏精神和开拓开放的创新精神，自强不息，艰苦奋斗，谱写了一曲曲波澜壮阔的生命赞歌。

三峡移民过程中，基于新的社会与文化生态，三峡移民社会发生了巨大的文化变迁，形成了与新的自然和社会文化生态相适应的文化结构与文化体系，再现了三峡移民的迁徙、变迁与调适的历史过程，体现了三峡移民社会文化的新特征与新内容。

“人类学视野中，文化变迁是文化内容或文化结构等变化的统称”，[①]一般指的是由于文化自身的发展或异文化间的接触交流造成的文化内

① 陈国强主编：《简明文化人类学词典》，浙江人民出版社，1990年，第85页。

容或结构的变化。任何一个社会都在发展变化，体现其特征的文化也随之变化。均衡是相对的、暂时的，变迁才是绝对的、永恒的。文化人类学者认为，文化变迁就是指由于族群社会内部的发展或由于不同族群之间的接触而引起的一个族群文化的改变。[①] 促使文化变迁的原因，一是内部的，由社会内部的变化而引起；二是外部的，由自然环境的变化及社会文化环境的变化如迁徙、与其他民族的接触、政治制度的改变等引起。[②]

乡土社会与现代社会相比较具有静止的特点，但是事实上完全静止的社会是不存在的。乡村受自给自足和小农思想的影响变化更缓慢些，它的这种变化并非是社会结构自身所决定的，而是取决于结构坐标内的群体需求。

精神文化是三峡移民文化的重要组成部分。在移民前后，三峡移民的精神文化发生了变迁，但也在随着社会文化生态的改变而不断进行文化调试和文化适应。可以说，精神文化是三峡移民文化变迁与适应的重要体现。

就后靠与内安移民而言，从思想观念适应角度来看，随着农村妇女外出务工人员的增加，农村家庭女性地位有所提升，传统的"男主外、女主内"的家庭分工被打破，但家庭作为社会基本的生产、生活单位的功能并未有大的改变。从教育方面，搬迁之后，对男女受教育的重视程度趋于平衡，但重男轻女思想依然存在。就身份和归属而言，虽同属一个社区，同一个村落，但移民群体与原本地居民之间依然有明确的诸如"你们""我们"的界限，心理认同与归属感不强。

就外迁移民而言，移民十多年后，三峡移民的饮食口味有些变化，说话口音也有些变化，但不变的是他们"三峡移民"的身份以及他们心中那

① 杨继瑞、郝康理等:《文化经济论:基于成都市文化产业及文化事业对社会经济发展贡献的研究》,西南财经大学出版社,2007 年,第 55 页。

② 李泓:《改革开放以来中国文化变迁研究》,中国社会科学出版社,2013 年,第 20 页。

份浓浓的思乡之情。人是文化的载体,人的流动、迁移意味着文化的流动与迁移。水库农村移民,尤其是大型水库如三峡库区农村移民,从某种意义上说,就是从原居住地到安置地的一场文化迁移、融合与同化的运动。这种文化迁移能否成功,事关移民能否在安置地"稳得住";继而在"稳得住"的基础上逐步实现"能致富",并最终完全融入安置地,过上安心而平静的生活。

可见,伴随着社会文化生态的演变,不管是就地后靠移民、内安移民抑或是外迁移民,三峡移民精神文化的内容和形式发生了不可逆转的变迁,这一变迁深刻影响了这些移民群体的精神生活、思想观念乃至移民个人的人生观和世界观,带来了这些移民群体风俗习惯、娱乐活动、道德观念等体现个体品质和价值观念的精神世界的变化和调试。事实上,三峡移民群体精神文化本身的变迁与调适,原本就是三峡移民群体"服从大局、热爱国家"伟大精神的具体体现,是一种"舍小家,为大家"的大无畏精神的真实再现,更是三峡移民尊崇自然、顺应自然和改造自然能力的体现。同时也是不断开拓、创新的艰苦奋斗精神的体现,这是一种高贵的品质,一种纯洁的品质,更是一种需要发扬光大和万人崇敬的品质。

五、三峡移民的制度文化适应性研究

在文化学者看来，人类高于动物之处就在于人类创造出“一个属于他们自己，服务于他们自己，同时又约束他们自己的社会环境，创造出一系列处理人与人（个体与个体、个体与群体、群体与群体）相互关系的准则，并将它们规范化为社会经济制度、婚姻制度、家族制度、政治法律制度，家族、民族、国家、经济、政治、宗教社团，教育、科技、艺术组织等等”。①

本章的研究重点有五个方面：一是移民政策的宣传，主要讨论政府是通过何种方式宣传的，移民又是通过怎样的方式接受宣传的，宣传的效果如何，以及宣传机制是怎样从中央到地方再到移民的运行过程，其间是否涌现出了富含三峡文化精神的实例。二是移民政策的落实和运行。再好的政策得不到落实，就注定不会产生效益。政府是怎样落实政策的，移民在落实过程中扮演的角色，例如是否通过越级反映意见等方式来促使政策落实到位。三是除了规范性的制度之外，乡规民约同样在基层具有旺盛的生命力，也是一种制度文化的表现。它反映着个体对社区的参与形式，不同地域的人群对社会参与的内容、方式也截然不同，由此对迁入地的三峡移民同样具有制度性影响。四是移民社会关系与制度文化的互动方面。五是一些企业制度的适应分析。企业制度是区别于政府行政制度与民间乡规民约之外的一种重要的社会规范，也是制度文化的一部分。三峡移民动迁后，相当一部分人进入企业工作，也会受到企业制度的影响和规范，因而也存在企业制度文化适应问题。

---

① 张岱年、方克立主编：《中国文化概论》，北京师范大学出版社，2004 年，第 4 页。

(一)就地后靠移民的制度文化适应性分析

制度文化就其内容而言,包括社会的政治、经济、法律体制及其运作方式等。首先,制度是制约或影响人类行为的重要因素,不同的制度造成不同的结果,三峡移民面对新环境、新制度,以怎样的方式对待,是一个值得探究的问题;其次,在社会中制度既是一种通行的规范准则,也是一种文化,具有因时因地因事而不同的特点。百万移民尽管是在相同的制度框架下进行的,但在具体的实施层面表现出不同的制度特性,所以三峡移民对制度文化的适应以何种形式展开,结果怎样,值得我们深入思考。因此,制度文化亦是文化适应性研究的一个重要组成部分。

移民对制度的适应主要表现在对移民政策的了解程度、对移民机构的熟悉程度、对移民问题的制度解决方式的态度等方面。正如重庆巫山洋河村就地后靠移民杨某(男,47岁)所说:“移民以前,谁懂法啊,天天就耕田种地,可自己成了移民之后就不一样了。因为移民会涉及自身的很多利益,比如该给你多少安置费,到底什么样的才算是随迁人员,这些不知道怎么能行,不是闹着玩的。但对于这些国家都是有白纸黑字的文件的,找到这些文件一看就晓得了,所以谁也占不了你便宜,这就靠你自己要懂法了。”因此,不仅是生产生活的适应,制度的适应才是移民能够安家落户、寻求发展的保障所在。

1. 移民政策的宣传

三峡移民涉及一系列大小决策问题。小至具体哪些人该移民,移到何处,怎样计算补偿;大至三峡工程是否上马,怎样设计,怎样对待文化遗产和文化传统,怎样处理库区人们长期生存遗留下的垃圾,怎样处理污水问题。三峡工程涉及移民的切身利益,所以每户移民家庭里都需要有人了解、清楚相关移民政策与规定。即使不能使每户都了解、都清楚政策，起码在每个片区或村庄还是有移民知晓相关的政策。

【案例】

在洋河村，村党支部书记郑昌省是大家公认的能人，村里人亲切地把他叫作“省长”。大家都说，“省长”点子多，看得准，抓得住机会。郑昌省也有一句口头禅：“洋河涨水就来柴，你不去捡它不来。”三峡工程一声炮响，时任村支书的郑昌省表现出了他善抓机遇的一面。他带领村里一班人反复学习移民政策，并主动出击，通过实地考察，结合本村实际，深切认识到走提前搬迁之路，是洋河村加快经济建设步伐，保持持续发展的最佳选择。在群众动员会上，郑昌省向群众详细分析了洋河村先搬迁先受益的道理，既能搬得走，又能安得稳，还能先行走上致富路。他话不多却把道理说得很透，群众的搬迁积极性被调动了起来。郑昌省走访了移民部门，在得到保证兑现移民政策的明确答复后，洋河村短时间内连续六次向镇政府、县政府提出了提前搬迁的请求，并在得到批准后立即组织实施。

三峡工程成败的关键在移民，农村移民成败的关键在土地。郑昌省首先从生产安置着手，大胆提出了在全村重新调整承包地的主张。经过村社干部、老党员、老干部反复酝酿，并广泛征求群众意见，形成了一套缜密的实施方案。在实施过程中，郑昌省组织全体村干部和社长参与量地和调整，并欢迎群众现场监督，全村2 681块土地，仅用了8天时间便全部量完，而且丈量之准确和分配方式之公平公正令全体群众心服口服。经过调整，全村30多个已经农转非并有职业收入的个人土地按政策无偿退出，解决了新村建房用地和公共用地问题。淹没线上的土地和新开荒地重新分配到户，保证了三期水位的人均0.8亩的用地；对调出土地的移民按国家移民政策进行了有价补偿。郑昌省算过一笔细账：淹没线下的土地至少可再种10年，新村建设完成搬进新房的移民可以把老屋拆掉还耕，也可种近10年,而分配到户的移民开荒地经过10年精耕细作可成熟地,其间粮食产量呈梯级增长。调整后,10年内家家户户的土地反而增加了,而农税提留皆未增长,就是这10年,土地资源的充分利用也会给村里人带来巨大的财富。洋河村的家家户户都明白这笔账,他们由衷地感叹:"'省长'的脑瓜子硬是灵!"

土地调整之后,基础工程开始动工,规划区内树木要砍,房屋要拆,坟要迁。郑昌省率先表示:"先砍我家的树,先迁我家的坟。"全村党员干部纷纷行动,并做亲戚、朋友的思想工作,迅速完成了清场工作。

新村建设工作即将启动,郑昌省又提出了一个方案:成立资金管理、事物补偿、工程管理三个小组,由村干部领头,以社长、老党员、老村社干部为成员。一是吸引更多的人参与移民工作;二是强化监督,增强移民工作的透明度。郑昌省说:"不光要我们自己说得清白,更要让群众根本就不怀疑我们的清白。"事实证明了此举的正确性。几个小组成立之后,干起工作劲头十足,村里每一座新房建成,正面墙上都有一个精致的小栏目,公布淹没房屋、补偿投资、新房占地面积等10个项目的情况。同时村里针对所有项目也逐步建立了规范的表格和资料。

走进今天的洋河村,崭新的气象令人振奋。按照两点一线的规划,曹家塝移民点72户新居已呈梯形拔地而起。孙家湾30多幢新房沿平湖公路一线排开,已全部迁入居民,团包山一带沿公路星星点点分布着20余幢散迁户的新楼,"湖边修路,路边建房,房前养殖,房后种粮"的设想随着三峡工程的进展逐步变成现实。①

---

① 根据《郑昌省:用"移民经济学"破解移民难题》(http://qingyuan.people.com.cn/GB/chinnel204/206/335/200107/18/82197.html)及《提前搬迁,走富民兴村之路》(http://www.3g.gov.cn/xxxq.ycs?GUID=1198)综合而成,访问日期:2015年4月15日。

搬迁前后对后靠移民的宣传在不同时期侧重点有所不同。移民搬迁之前的工作任务主要是围绕“迁得出”，对此政府在宣传工作上采取“两手抓，两手都要硬”的方式。一方面，各级政府部门利用电台、市报刊、电视台开设专栏宣传移民政策和法律法规，对移民关心的安置赔款问题尽心耐心宣讲，遇到个别理解困难的群众，干部亲自走村串户把问题讲透、讲明。此外还在镇上宣传移民“舍小家，为大家”的牺牲精神，号召群众向那些移民同志学习，把移民精神提高到一个新的高度。移民刘大爷谈道：“当时的工作人员走街串户进行宣讲，遇到不理解的问题，移民干部也还是很热情地回答，跟现在去反映问题，态度完全两个样。”另一方面，政府利用在移民安置点拉横幅、竖立标语的方式帮助当地的群众更好地了解和接纳移民。总体来说，踏实认真的前期宣传保证了移民工作的顺利开展和移民对法规政策的初步了解。

搬迁之后移民政策的宣传紧紧围绕“稳得住，逐步能致富”的主题展开。限于库区容量，无法满足所有人有土地生产的安置目标，于是后期的培训和扶持项目成为政策宣传的重中之重。《巫山县人民政府关于印发巫山县移民培训卡制度试点工作方案的通知》(巫山府发〔2009〕81号)详细规定了培训内容，其中包括：养猪、养羊技术，汽摩驾修、农机驾修技术，家电与电子电工技术，建筑技术，种植技术，开办农家乐技能等。此外还成立专门的移民职业教育和技能培训领导小组，对整体的移民培训进行总体规划和引导。然后通过村主任印发宣传单，分村召开群众会，分社召开院坝会，并发放移民培训质量反馈卡，确保不是走过场，对移民不清楚的问题设置专线解答。这些措施从宣传角度看取得了一定效果，但是由于前期宣传的移民安置款项移民并没有一次性拿到手，对此部分移民认为是政府有意拖欠，或者是不真实的宣传，导致移民对宣传工作产生不信任感影响到了宣传工作的实效。而在后期的移民培训中，由于配套工作跟上了，宣传的效果得到提高，65%的移民认为培训对恢复生产“帮助比较大”。

搬迁之前村里通知事情主要是靠大喇叭，或者是村民之间的口口相传。移民后，村民告别了通信基本靠吼的日子，村里创立了“政务易”，一种由智能办公终端发出信息的办公方式。宣传方式的改进保证了信息的实效性，减少了口口相传而造成的信息错误。同时，手机的普及使得移民能够更加快捷地接收移民咨询。刘姓移民谈道：“最初新的宣传方式的转变让村民感到不适应，以前都是村里的大喇叭或者是家里派个人去村里开会，现在好些事情都用这玩意儿传达，我们又不会打字，买个手机有啥用，因此老错过信息，反而增加了我们的麻烦。”但是随后的日子里村主任时常用它来反馈村民农业咨询以及宣传移民政策，移民开始慢慢改变以前的看法，觉得手机挺不错，方便快捷，也开始找孩子学习怎么接收短信。下面是摘录的其中一条信息。

【案例】

通知：我村医疗保险筹资工作正式开展，初步分工为一社谭会计牵头（电话号码×××××××××××）；二社卢支书牵头（电话号码×××××××××××）；三、五社黎某某牵头（电话号码×××××××××××）；四社李某某牵头（电话号码×××××××××××）。请各位村民近段时间注意收听通知，另外三社今天11:30到黎某某家开会，带好农商行存折或者现金，一档每人每年60元，二档每人每年150元。新参保的请带好户口簿。请相互转告，特别是转告你那些不在家的亲朋。我村截止时间为2012-10-25。

洋河村黎某某

2012-10-10

2. 移民政策的落实

对移民来说，移民安置机构是再熟悉不过的地方。在过渡期时，移民与当地移民机构的互动是最频繁的。无论大事小事，移民向“上面”反映情况时，当地的移民机构首当其冲。移民干部和移民都说：“我们是不打不相识，互相太了解了。”在遇到困难时，移民们大都会按照合理的程序，与移民机构联系并提出困难，通过正当合法的程序解决问题。如移民魏某家的耕地问题，由于自家耕地距离家里太远，腿脚也不利落，向移民部门反映之后，马上得到解决。这类事例很多，反映了移民处理问题的态度，也反映出政策的宣传及落实是比较到位的。后靠移民对移民政策的宣传成效普遍较为满意，承认在移民普法和了解安置政策上起到了一定的作用，但认为不如对外迁移民细致入微。尤其是对移民安置款项的落实比起移民政策宣传工作的显著成就，不免让人失望。有位移民曾调侃道：“我们移民很多人文化低，有些人根本不识字，多亏干部的宣传，我们才懂得自己要得到的东西和国家政策，要不我们都不知道凭什么去反映意见。”同时，也存在法规宣传的偏颇以及某些法规的执行情况不尽如人意的情况。为了切实维护切身利益，移民们通常首先组织代表去与政府交涉，此举无果只能另寻他路。下面以二期移民卢某某的越级反映意见经历为例，探讨移民在搬迁前后面对政策不能落实时移民选择应对的策略，以及如何调适自己实现自我维权。

【案例】

移民卢某某自述在搬迁之前主要从事饭店码头经营，除此之外还有一个特别的爱好——收集三峡奇石，在东方饭店二楼开有奇石民俗收藏馆，其馆是巫山县大昌镇定点旅游参观景点，曾被央视记者王小丫采访报道。搬迁之后生活落差极大，由当地小有名气的“万元户”变成靠移民低保度日。在访谈中我们了解到，该移民对三峡移民政策的熟识度相当高，附近移民遇到政策上的问题都会首先来向其求解，在移民群体中有“民间移民局长”的美称。就是这样一个懂政策的人的问题，通过正常程序未能获得很好的解决，变成了一个历史遗留问题。

该移民与政府争论的焦点主要围绕三个方面：关于东方饭店房屋补偿问题，关于码头的权属、补偿和复建问题，关于奇石和民俗文化展问题。

关于东方饭店房屋补偿问题：

卢某某认为：其东方饭店房屋为框架结构，建筑面积为639.34平方米，还有挡土墙、码头（包括梯道），厕所、粪池、水池三口，被长江水利委员会错登漏统，其房屋装潢、停业损失、经营场地等未得补偿、安置。

县、镇政府认为：按照现行移民政策，没有把“框架”结构、挡土墙、房屋装潢列入补偿范围，亦无补偿标准；关于“面积”漏统，因卢某某未能提供1992年4月4日以前有效合法证件，据建委村管所调查核实，1997年建委发证确认，实地丈量600余平方米，当时界定为“框架”，但不能充分证明房屋是1992年4月4日以前所建，因此对卢某某的房屋不能按照框架结构和要求的面积补偿；关于申请划地恢复经营场所，必须自己缴纳所有费用；关于居民和有关单位的缴费、搬迁损失费和经营性单位的停业补助费及农村移民搬迁费，因《巫山县农村移民安置暂行办法》明确界定商业性服务房屋的补偿为单位，不涉及任何个人，显然信访人不属于商业搬迁费的补偿主体。

关于码头的权属、补偿和复建问题：

卢某某认为：大昌八角丘东方码头是其在1987年所建，是有57级水泥阶梯、船环、船锚、消防设备、厕所等设施的规范性码头，应该得到补偿和复建。

巫山县有关部门则认为：该码头为1999年6月批准的免费临时停靠点，是多年自然形成；卢某某未取得相关部门颁发的经营许可证和营业执照；是1997年大宁河发大水，冲坏了卢某某的房屋基础，他才在砌堡坎时顺便修了条梯道小河；且长江水利委员会调查时无私人码头和停靠点；其补偿对象为复建码头的业主，不能补偿给个人，卢某某不属于补偿范围。

关于奇石和民俗文化展问题：

卢某某认为：自己花10余年时间搜寻的三峡奇石，曾获2001年9月在武汉举行的“中国赏石暨国际赏石展览会”铜奖，并在2001年11月巫山县首届旅游商品展览会上获奖，其3000余件奇石和民俗文化展览被巫山县旅游局批准为旅游“定点展馆”，巫山县计委已批复立项在大昌新城迁建民俗文化苑，应安排划地让其建设。

县、镇政府则认为：卢某某申请建民俗文化苑，计委确已立项，但划地问题必须符合大昌的新规划，并由他自己交纳所有费用。

以上案例材料来自时任重庆参事的雷亨顺和赵泽隆反映的“关于我市巫山县大昌镇二期移民卢某某进行妥善安置与补偿的几点意见和建议”。根据反映的材料可以看出主要是移民前后对公民的财产和经营许可证采取双重标准，与搬迁之前的制度管理大相径庭，导致制度差异，移民一时无法适应。

例如依据《长江三峡工程建设移民条例》和《长江三峡工程水库淹没处理及移民安置规划大纲》，对三峡库区“淹没处理”和“移民安置”实行“开发性移民方针”，要“妥善安置移民，使移民的生活水平达到或超过原有水平”，要“坚持国家扶持，政策优惠，各方支援，自力更生的原则”，“农村移民房屋按淹没实物指标的重置价格补偿”。根据修订后的《大中型水利水电工程建设征地补偿和移民安置条例》第二十二条规定：“被征收土地上的附着建筑物按照其原规模、原标准或者恢复功能的原则补偿；对补偿费用不足以修建基本用房的贫困移民，应当给予适当补助。”关于“挡土墙”“房屋装潢”等，也属征收土地上的附属建筑物范围，但因与地方性文件相冲突，被排斥在补偿范围之外。此外，根据《长江三峡工程初步设计水库淹没实物指标调查细则》第五条第七则关于“港口码头调查”的定义：“码头指有一定设备，是停靠船舶、上下旅客和装卸货物的场所。”“无固定设施渡口为停靠点。”根据定义卢某某所建之八角丘码头，为有一定固定设施之码头，而非“停靠点”。

从列举的案例证实了移民前后的制度差异是造成移民与移民部门矛盾的一个重要原因。谈到怎样去调适自己的不适时，卢某某说道：“在搬迁之前法治意识并不太强，对于一些营运证没有去搞，当时觉得无所谓，加上相关部门未追究，因此就不了了之，谁也没有想到，后来有移民这回事，因此很后悔。”不过他坚持认为是政府部门的不作为造成了自己的搬迁补偿不能够落实，所以很不满意，随后又遇强制性拆迁，很愤慨，跟拆迁人员还发生了肢体冲突。有类似经历的移民团结在一起，让有法律常识的移民翻阅文件，但是都仅仅限于对与自身利益相关的法规进行了解，然后向移民办反映，镇里没有解决就去县移民局反映。当时大家还不太知道越级反映意见，只知道向镇里进而向县里反映，认为没有解决就多去几次，总能解决的。

移民对制度的适应经历了三个阶段：第一阶段，法律意识淡薄，例如刘姓移民介绍道：“和政府签订协议，这个过程经历了大约3个月，那时没有具体文件，镇村两级在宣传时，也就说是试点，是他们努力争取来的，那时没有听说生活安置、生产安置，只是说房屋有补偿，有水、电、路基础建设。就在这种模糊的概念中，和移民户签订了协议，并公证。”表达方式不理性，简单地通过身体的对抗来表达不满和实现维权。第二阶段，移民对政策法规有了一定了解，通过阅读与自己利益相关的政策法规条款向相关乡、镇一级反映情况，对移民机构的管辖范围了解不深。第三阶段，移民对政府机构的职能有了一定的认知，在向乡镇反映问题未果后，懂得向更高一级寻求解决途径。处于此阶段的移民对制度的适应普遍良好，懂得通过合法途径寻求问题的解决。越级反映意见便被视为能够“讨个说法”的最有成效的方法。随着移民此类行为次数的增多，也形成了一定的规律。具体情况详见下图：

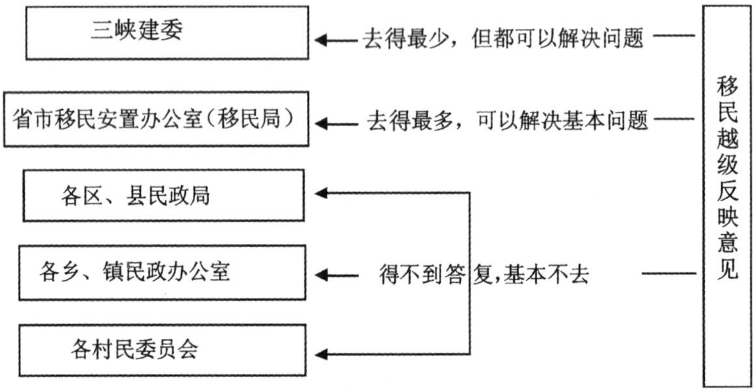

注：箭头表示移民越级反映意见的去向，左侧一栏表示移民安置机构的设置，中间表示越级反映意见次数和问题解决情况。

图 5-1　移民反映意见的去向

如图所示，可以看出，左侧一栏各部门层级分明，管理权限和行政权力从下往上具有依次扩大的特点。从解决问题程度来看，各区、县民政局以下部门，移民去的次数少或不去，因为基本得不到答复，解决不了实际问题。市移民办基本问题一般可以解决，去三峡建委反映意见只是少数。从移民越级反映意见频率来看，各区、县民政局以下部门，因不能完全解决问题，移民基本不去。移民越级反映意见主要集中于市一级移民安置部门。另外，此图还反映出移民反映问题的一般顺序，带有基层、区县、省市、部的层级性特征。

3. 乡规民约的适应

乡规民约，也叫村规、村约，是指"在某一特定乡村地域范围内，由一定组织、人群共同商议制定的某一共同地域组织或人群在一定时间内共同遵守的自我管理、自我服务、自我约束的共同规则"。[①] 简单地说，就是村民进行自我教育与自我管理的一种习俗。旧时，有的村规民约写成条文，刻诸碑石，有的口口相传，共同遵守。村规民约内容很多，各村也不相同。例如洋河村黎氏家训："做人守本，谋事因方。铭德在心，礼仪遵讲。奉公守法，知耻明纲。远离淫赌，切勿贪赃。勤俭持家，携幼敬长。团结邻里，亲友相帮。百业千行，择善为上。耕读为本，勤奋必旺。教子育孙，万古流芳。立身智要，自律自强。宗规家训，世代勿忘。"从为人处世、安生立本，到家庭、邻里关系都有明确的规定，在一定程度上对族人之间以及其他社员的相处起调节作用。

要在洋河村平和有序的常态下发现其共同遵守的秩序与规范是很困难的，如同平静的水面，只有起风的时候才能泛起波澜。洋河村也只有在一些特定的场合下才能体现出某些秩序和规范，然后在这些规范与秩序的冲突与调整过程中，村子又逐渐恢复平和有序的状态。这种场合是很多的，其中老人的养老送终，能集中地体现出这一特性。

人的自然衰老是一个不可避免的生物反应过程，任何人都无法逃脱。农村老人的养老单凭每个月 80 元的养老金，根本无法实现，因此养老的责任就落在了儿女身上。"养儿防老"是村里人普遍的观念。女儿养老角色的扮演全凭其经济状况和孝顺程度决定，没有强制性的规定。但是作为儿子，承担老人的养老是必不可少的责任。在访谈的几户人中，不乏兄贫妹富的例子。每当问及为何不让女儿也同等地承担养老任务时，村民多以"嫁出去的女儿泼出去的水"为由，如果愿意就给点儿，不

---

① 卞利：《明清徽州社会研究》，安徽大学出版社，2004 年，第 262 页。

愿意就算了,不做过多的规定,村里人对此也习以为常。如果老者家中确实没有儿子,那么女儿还是要承担养老义务的,否则这户人家很容易在村里抬不起头,女儿也会被村里人在背后戳脊梁骨。乡土社会往往不是以正式的规定来约束人们的行为,而是通过村里约定俗成的道德规范来实现其功能。

巫山县是重庆有名的贫困县,但是花费在丧礼上的钱,一点儿不比大城市含糊,甚至有过之而无不及。人死不仅意味着生命的终结,也意味着社会关系网络一个节点的消失。丧礼的举行,有修复原有功能的作用。本书列举三个案例来反映乡土社会的秩序是怎么渗透和左右人们行为的。

【案例】

黎某,51岁,小学文化,村小学老师,家境一般。去年母亲去世,作为小学教师的他虽然花费了50 000元左右举办了丧礼,但是在灵前哭得不够伤心成为村里人的笑柄。问及原因,他说,当时心情虽然悲痛,但是哭不出来,丧礼是必须举办的,这是人之常情。虽然也觉得浪费,但是没办法。

黎某,45岁,初中文化,退伍军人,现任村委会主任,兄弟姐妹5个,家境殷实,丧礼花费了7万元,他说他也知道不应该铺张浪费,但是"我是当儿子的,不能不办"。主任是一时的,但是名声却是一世的,家中的儿子今年23岁了,也到了结婚生子的年龄,如果丧礼不隆重,在村子里和未来亲家面前抬不起头。再者自己也有老的时候,希望同样可以风光下葬,算是给孩子做个榜样。

黎某,45岁,文盲,两个孩子,大儿子23岁,正在读大学,女儿在大昌中学读高中,家境贫困。今年5月,76岁的父亲去世,他举债1万元,办了丧礼,现在钱还没有还清,问起原因,他只说了一句:"虽然我穷，但是给老人风光出葬是必须的，不能让村里人戳我脊梁骨。”

在谈到丧礼举行耗资巨大时多以“没办法”“人之常情”之类的话来回答，分析这些答案，其实背后蕴含着乡村社会秩序的要素。

一是礼。作为乡土社会公认的行为规范，礼有其源远流长的历史传统。“礼”的系统非常广泛，从人际关系到个体与集体、国家的行为准则无所不包含。“礼”已经内化为村里人的行为规范，是必须遵守的。从对待老人的养老，对待先人的态度，以及问题出现时需要年长者的解决，均体现出“礼”。在日常家庭伦理中讲究尊老爱幼、长幼有序，通常在没有亲属关系的场合都冠以亲属称谓，自然给老人养老送终是情理之中的事情，风光大葬也是很应该的事情。在处理人际关系的规范中，重视宽以待人，所谓的仁义是最好的诠释。在处理个人和集体的关系中，尊重集体权利。所以可以看到各种礼的表达方式，在丧葬礼仪中，“礼”始终贯穿在其中，包括丧葬的形式、祭拜的礼仪、亲友的吊唁，以及周围邻居的帮助，这些礼是大家必须遵守的。所以他们不能不举办丧礼，因为这不仅关系到自己的形象，甚至影响到他们在社区里的生存和发展。

二是习俗。村主任回答“大家都这么做”，其中的含义是他不得不遵守习俗，习俗是社会群体共同遵守的一套行为规范。乍看起来，习俗和礼难以区分，习俗的很多内容都是礼的内容，所不同的是习俗往往和地域结合起来，所谓“三里半路改规矩”说的就是这个道理。如在自己父母的称谓以及子女婚嫁的形式上和邻居有所不同，违反这些习俗的人，会给社区带来不安，甚至遭到村里人的嘲笑。

三是惯例。法是指国家颁布并由国家强制力保证实施的法律体系，在政令统一的国家范围内，法律已经得到了很好的贯彻。除此之外，民间惯例历来是一种补充，一直存在于乡村社会。民间惯例在广大的村镇里有着自己的生命力，可以是家族的、社区的、民族的。王姓移民表示，村民大多通过向其他村民借钱来举办丧礼，可以看出，村里人能自觉地遵循互惠互助的理念。互惠的理念使得人们在生活中遭遇突如其来的事故时，能够在他人的帮助下获得解决，例如移民群体之间互相借钱，以及农忙时的互助。这种互惠关系是村民都乐于服从的约束性义务，也是乡村社会秩序得以维持的基础。事实上，移民群体的很多困难正是通过这种惯例解决的。

总体来看，无论是“礼”、习俗还是惯例，都属于非正式制度的约束机制，在乡土社会中仍有较强的约束力。人们通过惯例、习俗、教育和经验习得了规则，并在正常情况下条件反射地服从规则，所以人们已经将许多的规则转化为个人的偏好，并始终一贯地运用这些规则，例如不应该撒谎、借钱按时还钱等，人们都是条件反射地服从它。遵循这些原则使得人们能够便于交往和行事，一旦违反这些规则，虽然并不必然引发组织的惩罚，但共同体内的其他人会以非正式的方式进行监督，违规者会落下不好的名声，会被其他人排斥。移民社会也是如此。

节庆习俗：

搬迁之后，三峡移民的社会与文化环境发生了改变，原有的生活模式和文化结构面临重新组合，但是由于后靠移民所属的大文化区域并未发生改变，因此在节庆习俗的适应上并不存在大的问题。课题组重点针对春节、清明节、端午节进行了调查。现从传统和现代两个维度来描述移民节日的细微变化以及适应策略。

清明节：搬迁之前，清明时节，人们携带冥币、鞭炮、香烛、坟吊子等到墓地进行扫墓活动，把坟吊子挂在坟头，将点燃的香烛插在亲人墓前，叩头行礼祭拜，将冥币焚化，燃放鞭炮，折几枝嫩绿的新枝插在坟头。由于坟地的选址多不在高山地带，三峡大坝蓄水之后，祖坟、宗庙部分被淹没,但是有条件的人家都在淹没之前迁移坟墓和祠堂。我们调查的洋河村原来有吴、谭、黎三家祠堂,现如今只有黎家祠堂,其他两座均被淹。黎姓移民谈道:“现在的清明时节不单是上坟缅怀逝去的老人,还是给外迁异地的亲人提供一次回家探亲的机会。”

端午节:洋河村当地农历五月初五为小端午,十五为大端午,二十五为末端午。在搬迁之前,居民一般会自己购买糯米和蓼叶,包成一串串的角粽,馈赠亲友或自己食用。过端午节时,村民必吃粽子。农村未婚青年将“角粽”“盐蛋”“美酒”“白糖”等礼品送到未婚妻家,名曰“吃节”。端午节时,会把菖蒲、艾条插于门楣,悬于堂中。镇上还会举办划龙舟比赛。但是搬迁之后部分河道水位过高,没有举办比赛的自然条件,加之外出务工人员增多,留在家里的青壮年少,活动人员不够,仪式上的习俗多半省去。吃粽子也多是去镇上购买,少有人自己亲手做,多数移民认为这样既经济又省事。

春节:洋河村人过年的喜庆活动从上一年的腊月二十四“小年”开始,一直闹到正月十五过“大年”才结束。据调查点的情况来看,移民搬迁带给村民们最大的文化差异是搬迁之前外出务工人员几乎全部回流到村镇过春节,现在则有少部分村民选择在春节期间反流到“北、上、广”与亲人团聚。

总之,后靠移民带来的农村人口向外流动,使得原来隆重的传统节日变得冷清,诸如划龙舟、包粽子、插艾条等传统的节日仪式也有化繁为简的趋势。

婚姻习俗:

按照我国婚姻法的规定,结婚必须是男女双方完全自愿,不许任何一方对他方加以强迫或任何第三方加以干涉。结婚年龄男不得早于22周岁,女不得早于20周岁,提倡晚婚晚育。直系血亲和三代以内的旁系血亲禁止结婚。除了与国家婚姻法相符合外，调查点的婚俗呈现出一些自己的地域特色。调查地村民的婚俗主要体现为以下程序：

先是请媒人（或媒婆）说媒，男女双方初步同意后，男子在媒人的带领下到女子家看人；男方满意后，女子及其家人到男子家看人，看地方，看家当，如果满意，女方会接受男方的礼金或礼物；双方都会在短时间内去谢媒人，实则是去互问情况，好做下一步安排；双方都同意后，就请先生查八字，八字有四个字相符为中婚，五个以上的字相符为上婚，即可进行下一环节。

道喜，即传统的订婚。双方确定好时间，请客人（亲戚、朋友、族人、邻居）做见证，男方准备好丰富的礼金、礼品，找一些年轻人用条盘装好，连同乐队，在媒人的带领下，风风光光地给女方送去，表示此婚事已定，不可随便反悔，女方则会回送一些鞋、袜子、手表等，作为回礼。订婚期间，逢年过节男方还得去给老丈人拜年、辞节，送去礼品；重要的是要去请先生看良辰吉日结婚（俗称看期），时间定好了，要请媒人到女方去出期。这以后双方开始忙活了，男方找人工、筹备资金等，女方准备嫁妆、请艺人等；正式结婚的前两天，男方到女方去过礼，这时的礼品是双方约定的，有现金、烟、酒、糖，还有女子已过世的祖先的供礼（称之为“福子”）。

结婚叫“过事”，双方都要准备很多酒席，找很多人工、两个总管（又称“客师”）、一个路总管（又称“路之客”），有男有女，分为帮忙的和娶亲的。帮忙的负责餐饮、奉烟奉茶等；路总管负责到女方娶亲，协调双方事宜，协调队伍；两个娶亲娘负责陪伴新娘并传递新娘一些信息；娶亲的负责去抬嫁妆和协助把新娘子娶回来（抬嫁妆的后面一个看不见路，需要前面一个报路，比如前面一个报左边靠，后面则回右边不靠；前面一个报连环之字拐，后面则回随弯就弯；前面一个报天蓬罩，后面则回巴地梭；

等等。)娶亲的在回来的路上,会找很多理由为难新娘和新郎,要其递烟并点火等,总之以玩闹为主。因为有亲戚、朋友、邻居、家族、同事等来祝贺,前来祝贺的人都会带来礼金、礼品,所以还得找一个能写的,帮忙写账(俗称“挂礼”),旨在记录所有亲戚朋友送来的礼金和物品,作为一笔人情存在那里,待到日后归还。

在娶亲队伍回来前,新娘家请一个能说会道的“簪花客”,会同新娘的兄弟或者姐夫妹夫,带上新郎当天穿的衣服、鞋袜、帽子及三丈六尺红布、花等到新郎家“簪花”。到新郎屋旁时,总管会早早地准备酒水瓜果,对簪花客一行人进行劝酒,一番客套之后,双方会唇枪舌剑,输者喝酒,一直到一方败下阵来或者求和为止,一旁会有很多看热闹的人帮忙呐喊助威。

娶亲回来,将嫁妆迎进屋,路总管和总管进行交接后,就到了最神圣的时刻——“圆亲”。这时喜堂里左右各站一总管,请新郎新娘在喜堂中间分男左女右站立。总管先是一番祝贺赞美之辞,然后就叫新郎新娘一拜天地,二拜祖宗,三拜高堂(父母),再拜亲朋,夫妻对拜,然后宣布夫妻双双入洞房。这时会有事先安排的两个童子倒来洗脸水,请新娘子洗脸,并说一些吉利、祝贺的话(比如“盆里一朵花,新娘新郎来年生个胖娃娃”),讨新娘子的红包。洗毕会有专门请来的铺床(安床)师来铺床。从过礼、娶亲队伍出发、到新娘家、回到男方家、圆亲、入洞房、铺床,都得放鞭炮。铺床师会一边走一边燃放鞭炮,一边说吉利的话语(比如“走一步荣华富贵,走二步金玉满堂”等),走到床前先将新娘新郎放在床上的红包收好,然后开始铺床。他会依次将竹席、被子、蚊帐铺好,同时说一些吉利的话(比如“竹席四角尖……被子一朵花……”),完毕后开始品尝喜糖。

闹洞房。吃过晚饭,还不等新郎新娘入睡,一帮人便涌进洞房,不分长幼、男女、老少(当地有三天无大小之说),找茬弄得新郎新娘难堪,寻开心,找理由要新郎新娘递烟、拿糖,随便说笑、打趣,搞些互动节目,甚至有些借机占便宜。闹得新郎新娘筋疲力尽,投降告饶方才罢休。

第二天,回门。新郎带上新娘第一次回娘家,带上礼品,让老丈人、丈母娘看看自己的宝贝从闺女到媳妇的变化。第六天,再带上媳妇到娘家,带上礼品,并逐个到亲戚家串门,叫"认六亲"。顺便讨些红包回来,这才算媳妇彻底是自己的了。

搬迁之前,哪家有孩子要结婚,必须经过提亲、下聘、说媒、迎娶几个步骤,在迎娶之前女方要提前通知男方家去多少人搬陪嫁物品。但如今崇尚婚姻自由,只要双方同意,见过家长以后,达到法定结婚年龄即可领取结婚证成为合法夫妻。跟以前的中式婚礼相比较,年轻人多愿意采用西式,宴请宾客的地点也由村落院坝转向了城镇酒店。在村落中,酒席的准备最盛大、最费时,从前一天到第二天正式开始一直都有一群男女在忙碌,男方迎亲一般要置办 100 桌左右的酒席,一桌花费在 300 元左右,根据自己家里的情况而定。筹办酒席的费用传统上由新郎的父母承担,男方在酒席上的花销要远远高于女方,至于女方,一般办 20 来桌,主要宴请娘家的亲戚朋友。酒席上的菜一般包括鸡、鸭、鱼、扣肉、虾、卤菜、青菜、炖菜等,其中鸡、鸭、鱼、扣肉是必不可少的。准备这些菜平常家用厨房是不够的,所以多请专门从事这类生计的人负责。他们有举办宴席所需的整套工具和专门人员,分工细致,厨师、传菜、做菜、洗碗人员等都做了详细且周密的安排,在这些准备工作上并没有什么大的忌讳,只要说正面的吉祥话即可。

可见,婚姻习俗作为社会文化的一个有机组成部分,其配偶的选择、婚姻的缔结形式和过程都势必随着社会的发展不可避免地面临变迁。从通婚圈的选择、婚姻的缔结形式以及过程,都能感觉到明显的变化。

据谭姓村民介绍，三峡库区移民搬迁前通婚圈比较狭窄，一般是临近村落，少数远距离联姻仍在亲友圈里进行。搬迁以后，社区内人口的流动性增强了，使得交际范围更广，为通婚圈的扩张创造了条件。通婚圈广阔了，两性之间的选择也更加多样化。聘礼和嫁妆作为婚姻中最普遍的财富交换形式，使得婚姻被正式确定下来，并在婚礼举行之前约束男女双方的行为。婚礼的缔结方式逐步化繁为简，“西化”倾向十分明显。

丧葬习俗：

调查发现，移民一般年满60岁，他的儿女就开始有所准备：一是拱墓子。先请阴阳先生（即风水师）选择风水宝地，宝地或者是流水潺潺、青山巍巍、地势平坦之地，或者碧水映面、青山靠背。同时择好吉日，用砖或石头，请专门的艺人，垒成上半圆下方形、深2.8米，前高后低、不漏雨水的一种小型建筑。二是割寿料，俗叫枋子，又叫棺材。请木匠选上等的柏木（或杉树、泡桐树、椿树），制作成五边形的条状体。三是寿衣。这是有讲究的，如果有女儿的，则由女儿准备，其中包含一件衣服、一条裤子、一双鞋子、一双袜子，穿寿衣的时候，按照由内到外、由上到下的原则进行穿着。

人死之后，先是烧事先准备的三斤六两火纸（又叫“方炼纸”，一种用竹子、石灰等原材料粗加工而成的纸，专门用来烧给死人，烧之前，用“钱凿”打印出一些像古钱币的图案），这是为死人到“阴曹地府”准备的“买路钱”。同时放一些小鞭炮、三颗大鞭炮，这是让周围的邻居知晓这家有人走了路（去世了），快去帮忙。事主先通知事先物色好的总管来安排相关事宜，邻居到后，孝子（死者的儿女）会逐个递烟请之帮忙。总管会安排所有的人工分头行动：一帮人去找乐队（锣鼓匠），乐队一般由五至七人组成，他们专门在人死后整晚敲锣打鼓，敲一阵唱一阵直到天明，又叫打丧鼓；一帮人会在懂行的人的带领下，给死者洗澡、剃头、穿事先准备好的寿衣等;一帮人去把棺材运来,用两条板凳供在大厅中央,在棺材底部撒上一些草木灰,用圆口的东西沿底部盖两排圆印,并用五色纸铺底(盖圆印个数和五色纸张数都是有讲究的,必须按生、老、病、死、苦、生的规律,否则死者不得再生);一帮人准备一些柏树枝、一条桃树枝、打狗粑(用面粉烙成)、棉线(根据死者的年龄,多大的岁数就多少条)、鞭炮若干等。这些准备好后入棺,即将死者装入棺材,盖上盖,放上一个主花圈(死者的儿女供奉的),在棺材前面放置一张大桌子,桌子上放置灵牌,灵牌上,一般写着:仙逝恩荣(女用"深")故(显)考(妣)×公(母)讳××大人(孺人)之灵位。灵位前放上一个装满五谷的斗,用来插香(香要保证24小时不断熄,香火不断,意即后继有人),摆放好供果。棺材下面用盆放一个灯盏,用桐油点一盏灯,叫脚灯,意即照亮死者前行的路。

丧葬的规模、日期、费用等,主要由亡者的儿子们决定。如果女儿对丧礼有意见,或者对死者表示痛惜和不舍,就会在这个时候以承担演出费的形式表现出来。当然,最后的决定往往是通过协商达成,兄弟姐妹以及在世的长辈或者是有威望的邻居坐在一起,寻求解决这些纠纷的办法。

丧礼会上,通常会有一处专门用来登记亲友所送礼金的地方,白纸黑字记录在案,便于事后汇总丧礼所收礼金,同时也作为事主下次参加别人丧礼时送礼金的依据。依照乡里的规矩,礼金来往只能添加,不能减少,否则会被邻居看不起。亲友在灵柩拜祭之前,要先根据亲属远近领取孝服。

接下来安排几天的伙食。由道士先生根据死者生辰八字、死期、天时地利等,推算出几天可以上山下葬,何时可以出堂(把棺材从大厅运出去),哪些人需要回避等。下葬前的几天白天要在灵前放"逍遥曲",晚上要在灵前"打丧鼓"。邻居、亲戚、朋友、族人等会陆续来悼念,悼念的人都得放鞭炮，有些还会送去花圈，整晚陪在灵前，表示真心。孝子披麻戴孝，不得言笑，有叩拜者，由孝子陪拜。有钱人家还会请道士做斋超度死者灵魂升天，一般要做七七四十九天。晚上二更天至三更时，由死者所有的儿女以及直系亲属来给死者烧纸钱，叫烧过更纸，孝子们都得跪着烧。

出堂之前需要闭殓。这时将所有的儿女子孙、亲属叫来看最后一眼，所到之人哭泣时不得将眼泪滴落在死者身上，免得死者再生后忧愁。闭殓之后检查确认死者安放严实、稳当，盖上棺盖。盖棺盖时还得关灯，取“莫让灵魂散去，免得成游魂野鬼”之意。然后由人工把棺材抬出厅堂，吃饭后再抬上山去埋葬。

上山(抬到墓地)也有讲究。一个专门的人在前面甩买路钱，意即孤魂野鬼、地盘业主、土地菩萨不得拦路。长子抱着灵牌紧随其后，长子之后依次为抱遗像的、扛主花圈的、扛花圈的、抬丧的(抬棺材)、锣鼓匠、其他亲朋好友、放鞭炮的、背纸钱的，形成一支送葬队伍，将死者送上山。这时道士一番法事之后，告契，烧纸钱，念契文(一般人听不懂，意即这个墓地已经用冥币给买下了，有合同为据，任何孤魂野鬼不得侵占，土地公公等作证，不可反悔等)。这才将棺材放进墓洞，请泥水匠封好墓洞，砌好坟头，立好墓碑，燃放大量鞭炮，燃烧很多纸钱。

下葬后的第三天，死者的子孙会去给坟加些泥巴、烧点儿纸钱，叫上坟，意即后代会不断高升。下葬后的第七天，死者的子孙去坟前烧纸钱放鞭炮，连续七次，叫迎七，一是体现后人孝顺；二是保佑死者子孙后代繁荣昌盛、天长地久。

从丧礼形式和过程不难看出，三峡后靠移民搬迁前后丧葬习俗并没有多大的改变。换言之，丧葬的基本功能并没随着移民搬迁而发生改变，其表现主要在以下几个层面：其一，丧葬作为专为死者举办的仪式，其基本功能是生者对亡灵的告慰以及向死者亲属宣告先人的离世；其二，通过丧葬仪式，死者所在的社会关系网络得到修补，避免因死者的离开而使原有的社会关系网络脱节，在这场仪式中，生者与生者、生者与死者之间进行互动；其三，丧葬中的仪式可以直接反映出生者与死者之间的亲疏远近，以及亲属邻里与死者之间的关系。此外，在葬式上政府鼓励死者家属火葬，但是在村里执行效果甚微，村民们依然觉得人死之后必须要入土为安，否则为不孝，因此，多以土葬为主，火葬并没有形成规模。

4. 移民社会关系与制度文化的互动

社会关系是社会中人与人之间关系的总称。从关系的双方来讲，社会关系包括个人之间的关系、个人与集体之间的关系、个人与国家之间的关系；一般还包括集体与集体之间的关系、集体与国家之间的关系。本书所指的社会关系是移民在一段时间里与邻里、亲朋和干部经常保持的社会接触。这类关系的形成依托于特定场域的血缘、亲缘和业缘，随着具体历史条件的改变而改变。距离最早一批移民搬迁已近20年之久，就地后靠群体搬离了原有的居住空间，社会交往圈随即发生改变。那么这部分后靠移民是通过怎样的方式处理血缘、亲缘、地缘以及与政府之间的关系的呢？

搬迁之前移民的亲属关系网络主要是在本村或是邻村，虽然我们调研的村子并没有一户是外迁居民，但是邻村的亲戚朋友有很多迁往山东、湖北或重庆铜梁、江津。也就是说，本村的地缘关系虽未发生大的改变，但是他们的亲缘、血缘关系还是发生了不小的变化。张姓移民（女，42岁）的姐姐搬迁之前居住在兴盛村，与此村邻近，彼此时常串门聊天，生丧满日都会相互走动。但自从姐姐迁往山东以后，交流的方式仅限于打电话。因为长途话费比较贵，所以很少打电话，也就是有重大事情的时候打个电话知会一下。以前东家长西家短的，常常两家发生的大小事情都知道。现在的交流频率明显不如从前。张姓移民担心如果长期没有交流，那么彼此之间的感情也会随着时间的推移而变得疏远起来。她的担心不无道理。问卷反馈显示移民在平常生活中遇到困难和麻烦时，有一半多的移民主要是靠自己解决，其次是求助于自己的兄弟姐妹们，较少的移民是求助于自己的父母或邻居。在搬迁前后，移民面对亲缘、血缘关系的变化，自感不适。这一问题普遍地存在于后靠移民的社会关系中。以前学者多认为后靠移民在适应社会关系方面并不存在问题，但是实际的调查却并非如此。近亲的外迁使他们的核心关系网络受到破坏，在面对困难时感情找不到发泄口，经济得不到援助，加剧了移民的焦虑情绪和不幸福感。但是人区别于动物的最大特点是懂得制造和利用工具，懂得发挥主观能动性去适应变化了的环境。黎氏家谱的修订便是对移民后维系亲缘、血缘关系的一次成功尝试。

2001年，三峡搬迁紧锣密鼓，其中一项即是坟墓搬迁。巫山县大昌镇洋河村黎家祖先的坟墓刚好在165米水位，当属搬迁之列，黎家后代萌发了搬迁祖坟的想法。为了黎家后代瞻仰祖先有地方，拟计划对祖坟进行搬迁。

就地后靠的移民多实行“插花落户”的安置模式，使得原来以血缘、亲缘关系为核心的居住方式发生了改变。因此，急需一条纽带来稳固原有的社会关系网络，并在此基础上构建新的社区关系。黎家老谱书是两百多年以前编修的。两百多年来，黎家人经过发展、迁移，很多外迁到广东、安徽、湖北和重庆梁平、铜梁等地。若干年以来，有的已经失去联系，有的面临宗派混乱，有的已经乱了宗派。用续修家谱来整理家族史，联络族人关系，成了黎家人的选择。

根据黎姓族人的讲述，宗谱编撰者对材料进行了整理，从家谱的计划施工到续谱工作的完成，都能洞悉亲缘、血缘关系在社会关系网络中扮演的角色以及群体对此的看法。

【案例】

计划：2002—2003 年，经过提议，众多族人表示赞同，并积极支持，经过部分地方族人代表共同商量，确定出方案、时间、牵头人、负责人、资金来源，并开始实施，分头行动。

实施：2004—2006 年，经过前期的系列工作，各方面已经准备就绪，资金已经筹集到位，分工也更加细致。开始正式搬迁施工，遵照地方文化、家族传统，先请风水先生（又称阴阳先生，乃自家人）选址，测方位，看良辰吉日破土动工。正式迁坟的日期也是经过先生仔细选定的。2006 年初秋的一天，锣鼓喧天、鞭炮齐鸣，热闹非凡。黎家人齐聚一堂，和很多其他姓氏人一起共同见证了黎家祖坟迁至 175 米水位线以上。这一天同时明确提出要重修家谱，并做出很多相应的安排、分工。

续谱：2007—2010 年，黎氏家庭成立了续修委员会，外出进行调查。他们走村串户，逐个了解实情，收集姓名，查看碑文、忆知簿，行程数万千米，先后走访了川、陕、鄂、渝、粤、皖的几十个县的几千户人家，走访对象有黎家人，黎家亲戚、朋友、邻居等。所到之处得到绝大多数族人的理解支持，也遭到少数的冷眼、怀疑、嘲讽。所有人员都是义务参与，没有待遇。他们沿途留下住址、电话、QQ 号等信息，为 2012 年清明聚会打下了基础。2011—2012 年谱书整理、排版、印刷。资料收集起来后，由专人整理对号，每一位黎氏后裔从父亲、祖父一直追溯到共同的黎氏祖先，必须一脉贯通。同时突破传统重男轻女的传统，姑娘、媳妇都得载入新谱。力争将错误、遗漏降到最低，再排版印刷。这期间还确定 2012 年清明节举行谱书发行仪式，同时举行一次家族联谊会，以此为契机，加强家族成员间的团结，加深家庭成员间的相互了解，以及拓展同其他姓氏的联系。

黎氏族谱从修订的初期计划到展开施行都得到了族人的鼎力支持，从这一点可以反映出乡村社会对亲缘、血缘关系的依赖并不会因搬迁而有所改变。环境发生了变化，那么适应的策略也该相应地有所调整。为了方便亲属之间的交流，黎氏成立了一个十五人组成的“家族委员”，由会长和各地族人挑选的代表组成，五年改选一次。会长对族内大小事务具有决定权，议事采用民主集中制原则。负责人通过 QQ 建立家族群，地方分会长负责人员统计，各个地方有委员会委员，由委员负责当地成员与家庭委员会之间的联系。“平时就一些正常的往来。成功的喜悦一起分享，失落时说出来大家帮忙分担，谁家有困难帮忙解决。”调查后我们发现，这一民间机构的成立不仅有助于排解移民带来的不适应感，同时也在交流中增进了亲属间的亲密程度。黎姓移民(男，47 岁)谈道：“搬迁之前，除了种地，农闲的时候也跟亲戚一块儿出去打工。我表哥搬迁到了湖北已经有六年多，基本安顿好了，对当地的情况也比较熟悉。经他介绍，我跟当地一个包工头干装修，每天一百多。以前在外总觉得是一个人，挺孤单的，现在有了亲人就好多了。”可以看出，移民搬迁后，亲属的外迁破坏了原有的社会关系网络，但是它又通过新的方式得到修补。同时，亲属外流人口的增加为外出务工人员提供了更多的信息支持和情感寄托。因此，我们必须辩证地看待移民搬迁给后靠移民带来的影响。

众所周知，农民对亲属关系依赖程度较高，平日里遇到困难主要是向亲属求助，而这种关系的形成是一个长期而复杂的过程，一旦被打破，重构需要一段较长的时间。在这个较长的重建期间，移民如果遇到困难求助无门的时候，这种情感体验会更加明显。但是也有部分移民在亲属关系的重构过程中找到了替代形式和突破口，从而对亲属关系的依赖性减弱。

大昌镇洋河村的移民属于整体性搬迁、整体性安置的后靠移民，他们相对于外迁移民来说，居住地的改变不是很大，相应的地缘关系也没有打破。很多村民是从旧洋河村移到了新洋河村，各村之间的距离很近，所以对原邻里关系网络影响不大。搬迁之前村民们居住相对分散，一个村的有时也只是见过面而已，移民后村民的房屋修建相对集中，大家的交流较从前更多了。

陈姓移民(男，71 岁)谈道："儿子、媳妇常年在外打工，身边没人照顾。'单身独户'的，就是人死了也不见得有人知道。现在好多了，大家住一起，即使出个远门、买个东西也不用担心，可以叫别人帮我照顾。"搬迁后居住格局的改变影响着人们交往的频率，但是移民后土地的减少，使能外出打工的群体都外出了，留下的多是老人、小孩或是妇女，交往对象所涉及的年龄覆盖率，相对搬迁之前明显下降，村里较少能见到青壮年。在访谈中，移民普遍认为"远亲不如近邻"，时常把邻里关系放在一个重要的位置来考量，尽力使邻居之间维持和谐稳定的气氛，即使有小摩擦也采用低调的方式去处理，避免引起新的矛盾，这一点搬迁前后并无大的改变。

邻里关系最重要的功能就是互惠互助，这一点不仅体现在经济上，移民之后更多体现在了邻居之间相互排解寂寞和心理的疏导作用上。搬迁之后可耕土地减少，产量降低，一则使得移民的空闲时间增多，交流更加频繁；二则直接影响移民的家庭收入，为了不至于生活贫困，村里能外出打工的青壮年几乎都出去了，家里没了主心骨，剩下的多是老弱妇孺，需要通过邻里之间的互惠互助来渡过生活中遇到的困难。移民之间通过“走家串户”“人情客往”来维系关系。王姓移民（女，46岁）谈到平日里农活比以前少很多，所以家里就喂了一头猪，平时做完一日三餐、给猪喂完食以后就没事可干，村里的妇女一般会聚在院子里打牌，吹龙门阵，东家长西家短，吹牛和打牌的人一般也都是固定的。遇到不太熟悉的人一般都会降低分贝，避免交流的事情被人乱传，引起矛盾。“人情客往”是个体与个体之间自发形成维系社会关系的一种手段。王姓移民（男，年龄不详）介绍说，移民之前的“人情客往”不如现在这样频繁，而且相互之间送的礼金也没有现在这么高，也就五十、一百，现在一般都在两百左右。移民搬迁之前请客的对象主要是亲朋好友，或者是相处愉快的邻居，大家互相之间比较熟悉，对于平日缺少交流的人是不会被宴请来参加酒席的。酒席的举办也多选择在村子里举行，热情的邻居们会主动要求过来帮忙。移民陈大爷回忆说以前村里有人结婚，提前三天就开始办流水酒席，几乎整个村子的人都会来帮忙，社区里村民的关系比较和谐。遇上农忙家里缺个人手，只要邻居有空都会乐意帮这个忙。农闲了大家就围在院坝里聊天，打打麻将。但是移民搬迁以后，农忙时一般只会找移民帮忙，很少会去找非移民帮忙，虽然同处一个村子，但是交往是很少的。移民与非移民除了宴请时会聚在一起，平时几乎没有交流。

但是也有一些移民认为迁入地居民对他们的帮助比较大，很愿意与其交往。谭姓移民提到，才搬迁到这个村子的时候对高山地区的农耕种植很不熟悉，空闲时会主动去向非移民请教，他们还是比较乐意解答的，只是村里挺远，一般移民和非移民的交流多是在干农活或是串亲戚的时候，平时交流对象仍以搬迁之前的村里人为主。

移民认为，搬迁之后居住地相对以前更为集中，出门在外低头不见抬头见，如果家里有个生丧满月的不请别人，碰到也会不太好意思。所以现在的宴请对象从亲朋好友扩大到了左邻右舍甚至是邻村的。只要哪家办酒席，愿意去的都可以参加，实行流水席。移民搬迁以后，有时请客办酒席都会在酒店，这个时候也不管平日交流多少，请帖一到，人可以不去，但礼金是要送到的，现在吃一次酒席至少也得送两百来块。对于村里的农民来说，是一笔不小的负担，因此也有少数人对此变化感到不适应，想要退出这样的交往圈。

虽然三峡工程的建设是政府行为，但在关系移民切身利益的资金问题上工作做得不到位，以致在调查中移民多次向我们提他们怀疑移民干部存在故意拖欠移民安置款项等问题。

我们调查的洋河村从1996年开始搬迁，一直没有一条像样的水泥公路进村。黎姓移民（男，36岁）谈到，在搬迁之前，移民政策宣传村民只要搬上坡以后，村里就会修水泥公路，修建垃圾处理场，自来水管入户，但是大部分的承诺都未得到落实。移民对此相当不满意，认为这是在欺骗移民，把他们迁走以后就很少过问了。这种状况加剧了移民群体与移民干部之间的矛盾，一则不利于移民问题的解决，二则不利于移民工作的开展。例如镇上举办的移民后期培训，移民认为是干部在走过场，没有实质性的意义，无参加的必要，使得一些真正对移民有实质性意义的政策不能落实到位。移民干部们则表示他们也有苦衷。村干部认为很多政策下来他们只是负责按照上级要求进行宣传，对于落实情况，他们是完全没有能力去干涉的。作为村里的一员，他们也希望自己生存的环境能够向好的方向去改变。镇政府的移民工作人员也认为自己的权限不够，需要县镇落实，结果把责任层层上交，甚至直接推向三峡移民办。类似“打太极”的工作方式，无疑不利于问题的解决，直接影响了移民对政府的信任感。

表 5-1 遇到困难一般找谁解决，期望值多高 N＝60

选择项	比例
自力更生，最可靠	36％
找政府，相信能够解决	7.3％
找政府没用	45％
找亲戚	6.7％
找邻居	2.3％
找朋友	1.7％

由于移民政策宣传的层级较多，对移民反映的问题的处理有时存在踢皮球的现象，严重伤害了移民的感情，直接导致移民对政府不信任，多达 45％的移民坚持认为“找政府没用”，干群关系的不和谐直接影响移民工作的开展。

但是对后靠移民的了解又莫过于当地的移民干部，无论大事小事，移民遇到麻烦想到的自然是他们，觉得这是他们的责任和义务。移民干部对移民也有自己的看法。我们在与移民干部交谈过后，发现他们对移民的看法和态度存在着矛盾的心理：一方面，移民干部在说到怎么看待移民时，都肯定移民对国家做出的贡献，他们为三峡工程的建设“舍小家，为国家”的精神值得全社会学习；另一方面，他们又认为移民文化低、素质差，沟通难度大。文化低是移民们普遍存在的事实，其中有很多中老年人根本不识字。我们去镇政府移民办取材料时偶遇了一位 56 岁的中年妇女正在帮闺女办理“大中专生免费就读职校”的申请，她几乎不识字，全靠移民办的同志帮助解决，所需证件一样未带，类似的情况普遍存在于农村移民之中。甚至有移民对安置合同根本不看就直接签字，到后来又后悔。加上移民们对移民安置政策和补偿期望值过高，往往心理落差较大。在与移民干部交流和商讨问题时，不学习政策，不听移民干部的劝说，有时会表现出哭、闹等不理智的现象。有移民干部说有些移民刚搬迁来时“等、靠、要”现象比较普遍，未经计划就大肆购置电视、摩托车等暂时不太必要的东西，使得后期恢复生产的资金紧缺，直接造成家庭经济拮据，因此找政府要钱，感觉蛮不讲理，自认为做出贡献，特殊公民意识强。

总之，移民与干部之间存在的问题不应该简单地断定孰是孰非。总体来说移民要努力提高自身文化素质和专业技能，谋求致富，不能简单依靠移民安置款度日。同时，移民干部必须认真落实移民政策，心系移民，关注移民思想动态，想移民所想，为移民办实事。因此，移民与移民干部之间的关系的改善需要在平日的工作中不断摸索总结。

5. 企业制度适应

搬迁前，洋河村已有200余人常年外出打工，对现代企业制度已经有所接触。搬迁后，外出务工人员大增，达到近1 000人。取向方面，南下沿海地区近400人，北上近300人，重庆市、县城近200人，就近集镇近100人。从事行业方面，手工制作近400人，建筑施工近300人，服务业近200人，自主创业近100人。从我们调查的瑞阳服装厂大昌分厂以及巫山县红叶制衣有限公司情况看，由于企业本小利微，只做订单生意，有活时开工，工人计件取酬；无活时只发一点儿生活费，总体收入有限。在这两家企业工作的移民以女性为主，对企业制度的适应说不上主动，只是考虑到多少可以增加收入，且离家近方便照顾家庭，因此尽管忙起来挺辛苦且收入有限，但还是能够比较积极地适应企业的管理制度。相比之下，男性移民则较多从事一些更需要体力和技术的工作，当然，收入也会好些。如油漆工、木工、水电工等建筑装修行业，或是跑长途线路的交通运输行业等。根据我们的调查，之所以移民多从事此类工作，一方面是因为文化水平较低限制了他们寻找偏向智力劳动的职业，另一方面也是由于这些行业管理方面并不严格，更利于移民从乡土社会习惯向现代社会习惯的转变。例如建筑装修行业，一般跟着一个包工头，通常都有亲戚或同乡关系，彼此信得过，出了什么失误对方也不好太严格。干起活来，则一般计件取酬，只要验收合格即可，工作相对自由。交通运输行业也是如此，通常一个人或两个人合伙开车，工作更为自由。

除了上述两种就业方式外，洋河村一部分移民还从事个体经营。如我们访问的刘姓移民(女，47 岁)，在大昌镇上开了一家农家乐，经营餐饮住宿项目。借助每年秋季三峡旅游黄金季节的影响，这家农家乐生意颇为红火。不过，所有经营者均为刘姓移民家人，并无雇工，是典型的家族式经营管理方式。当调查者问起为何不请工人以及扩大经营规模等问题时，刘某认为客源的季节性波动较大，到了淡季不划算。同时说，自家人不开工资，可以省钱。就我们判断，前一个理由大体成立，但后一个理由可能才是问题的实质。也就是说，移民仍然习惯相信亲属，对于需要建立在信任陌生人基础上组合资源从而建立起来的现代企业而言，在移民的观念里是一时难以完全接受的。

总体看来，洋河村移民对企业制度文化的适应方面尚处于初级阶段，大多数人即便外出务工而脱离了传统的农业生计方式，但所从事的职业由于文化程度普遍不高等原因而主要局限在低端产业和个体经营等领域，这些行业和领域所具有的对文化程度要求不高、管理制度松散的特点，因而成为移民向现代企业制度文化适应过程中一个普遍性的过渡期选择。

(二)内安移民的制度文化适应性分析

1. 移民政策的宣传

调查发现，事实上，三峡地区各地方政府尤其是迁出地政府对三峡移民政策进行了广泛而深入的宣传，可谓是不遗余力。1984 年，各地政府就开始培养人才，储备移民干部，1985 年开始试点移民，1992 年开始正式大规模移民搬迁。

按照中央的移民管理体制要求，各地政府部门确立了“党委统一领导、政府全面负责、移民部门综合管理、相关部门各负其责”的组织领导体制。同时，重庆市委、市政府还要求每位市级领导分别联系指导一个移民区（县）的工作。在移民过程中，各地相关政府部门还创造性地提出并实施“一包两挂”“移民工作首问责任制”“移民工作公示制度”等切实有效的具体措施，极大地促进了移民工作的顺利展开。调查发现，在移民工作中，云阳县党委、政府就制定了《云阳县关于开展出县市内异地安置库区移民的实施方案》；任务层层分解，责任落实到每个移民干部；对移民进行大力宣传造势，树立移民意识；积极实行乡镇、村、社干部“1＋1”“1＋2”帮迁制度。由于工作做得扎实，所以移民外迁的积极性非常高，到 1999 年 9 月底，云阳县 963 名外迁移民搬迁工作全部顺利完成。

云阳县高阳镇是三峡库区的移民重镇，为了使移民们能够熟知各项移民政策，及时了解搬迁信息，从 1998 年开始，高阳镇政府已向全镇 3 309个移民搬迁户发放了“明白卡”，内容不仅包括各项移民政策、各类补偿标准，还详细写着办移民手续的各项程序，对不同搬迁方式的移民户，还有不同版本，这些措施使得移民能够根据自己的情况很快了解移民政策，进而有利于移民工作的顺利开展。

在搬迁过程中，大量反映三峡移民的影视作品和文学作品也是移民宣传的重要载体，成为广大群众了解三峡移民相关内容的有效途径。直辖以后，重庆电视台开播《三峡大移民》专栏节目，重庆市委宣传部、市移民局、电视台策划创作了 5 集大型政论片《三峡大移民》，开播后反响很好。2002 年，通过深入奉节库区长达 11 个月的拍摄，电影《淹没》公开上映。该片反映了为保证三峡水库第一次蓄水成功，奉节老县城搬迁消失的全过程，人们看后深受感动。还有香港凤凰电视台和重庆电视台联合拍摄的电视片《永远的三峡》，反映三峡移民的电视系列剧《为了圆梦》、电影纪录片《千秋三峡》等，这些影视作品生动形象地反映出库区移民搬迁、库区社会经济发展等各个方面，在社会上产生了巨大反响，都为移民政策的宣传发挥了一定的作用，老百姓接受起来也更为直观。

重庆市文联作家陆大猷创作外迁移民报告文学《家园》于 2000 年 9 月正式公开出版。全书描写了三峡工程由构想到兴建数十年的过程，歌颂了广大科技工作者和库区移民无私奉献的精神。2001 年 6 月，《移民先锋冉绍之》一书举行首发仪式。该书翔实地记录了“移民先锋”“党员楷模”冉绍之平凡而感人的事迹，再现当代共产党人伟大的情怀。2002 年，由何建明所著的《国家行动:三峡大移民》出版，这是一部记录三峡百万移民壮举的报告文学作品。2003 年，冯仲祥主编了《三峡移民诗歌选》，讴歌了库区移民“舍小家，顾大家”的无私情怀。2003 年 8 月，国务院三峡工程建设委员会办公室和中国作家协会在京发布了“世纪三峡”系列丛书，这套丛书集结了近年来多位作家的创作成果，对研究三峡移民、弘扬三峡移民精神具有很重要的参考价值。2003 年 12 月，《中国三峡文化史》出版。该书对三峡地区的历史与文化进行了全面而深入的阐述。

这些影视作品、文学作品和学术著作的出版与发行，对于宣传三峡移民政策、弘扬三峡移民精神都起到了积极的促进作用。

【案例】

某移民妇女，45 岁左右，吴滩镇郎家村 6 组村民，2006 年从忠县搬迁来江津。她在搬迁时感觉是迫于无奈，非常不舍。对于移民政策也是知之甚少，基本上是跟着政府的政策采取行动。曾参加过搬迁考察，觉得这个考察有点儿形式化，完全就是“跟踪性”考察，做什么都有人跟着，意义不大。在搬迁过程中，感觉非常混乱，很多东西都没有带走。来到现居地之后，原有的生产生活工具丢失了，而这里的基础设施又比较差，得靠她自己打井牵线。她现在以打工为生，生活一般。政府搬迁前承诺的好多优惠和补助都没有落实，只得到每个月50元的补贴而已。她经常不在家里，基本在外面打工，只是在电视或是在网上看过一些报道，其他的情况是通过家里面的老人了解到的。但是，她总感觉政府对于移民不是很关心。她认为政府工作的落实很大程度上都是些面子工程，在具体实践方面，并没有给予移民应有的实惠。大部分移民由于文化程度有限，对政策不是太明白。对于现在的生活，不是特别满意，住房方面，房子质量差，出现漏水、裂缝等现象。后来经过移民的反映，政府出钱，有时候移民也会出一部分的钱去雇人修房子。在一些福利上面，需要移民自己跑腿向政府反映，她的父亲就到江津、重庆市里跑过很多次，以前是移民经费的问题，现在是养老保险，要不然政府不会主动落实某些福利措施的。对于移民与当地人的关系及对移民目前的生活状态感觉一般。对于小孩们的教育刚开始觉得困难，后来也慢慢适应了。她知道三峡工程既是为国家，也是为个体利益，自己不能那么自私，要为别人着想，但是其他人也该为他们着想，在自己家乡生活了几十年，后面几十年却在另外一个地方生活，确实不舍。总体上说，她对政府政策的落实情况不太满意。她认为应该将政策交给老百姓，让大家知晓。

问卷调查数据也证明了上述结论。从问卷调查中得知，移民们对政策的了解主要还是通过政府宣传和看电视、听广播。在回答对移民政策的知晓程度时，79%的江津移民选择“一般”和“比较了解”。对于“你对三峡移民政策的有关规定知道多少”的问题，仅有7%的受访者选择“一点儿不知道”,14%的受访者选择“不太了解”,43%的受访者选择“比较了解”和“一般”。对于“你是通过何种渠道知道这些规定的”问题,7%的受访者选择“看有关的报纸文件”,50%的受访者选择“看电视、听广播”,43%的受访者选择“亲戚朋友、邻居告知”,选择“政府宣传”的受访者占总人数的50%。可见,移民从电视广播和政府处获得信息比例较高。

【案例】

> 牟某某,男,40多岁,郎家村某组。2006年,和父母、妻子、两个孩子一起从忠县搬迁到江津。他长年在广东打工,从十六七岁开始,一直从事建筑工作,也曾在三峡工程工地上做过工,对移民政策了解得不是太多。他们当时的顺利移民不是靠宣传队的演出,而是政府工作人员带着他们到移居地进行实地考察,觉得这个地方比家乡好点儿,或者是土地等看好了,大家同意搬迁就签字。
>
> 任某某,男,58岁,平安村某组村民,初中文化,2006年从忠县搬迁到江津来。当时为生产队队长,村干部,曾经参过军,在村里比较有号召力。因为三峡大坝建设需要搬迁,工作难以做通,他首先带头搬迁,带领大家响应国家号召。在谈到三峡移民精神时,对其理解为“舍小家,顾大家”的牺牲精神。对安置地的生活基本满意,觉得政府安排的住房比老家的好多了,“三通一平”(即通水、通电、通路,路平)做得很好。

尽管各级政府部门在移民政策的宣传方面做了大量的工作,但也应该看到,三峡地区以前本是连片贫困地区,人们的文化程度普遍较低,他们对政策的理解和接受需要耐心,需要时间,更需要较大程度的公开。调研中,移民以为调研者是上级派去了解移民情况的官员,故准备了较多资料,也来了较多移民。当他们知道真实情况后,有相当部分移民就离开了,甚至有个别移民还说了不利于调研工作的话。这在一定程度上也反映出移民对宣传工作的不信任。

2. 移民政策的落实

江津将重庆市确定的“搬得出，稳得住，逐步能致富”作为内安移民试点工作的目标，并确定了以农业安置为主，开发性移民，社员和移民自愿，依法调整土地，相对集中、插花安置的工作原则。重庆市委、市政府领导还专门为移民对接过程中所涉及的供水、供电、房屋购建、子女入学等问题组织专题会议，专题解决。重庆市委、市政府分管领导冒雨到各村、社、户检查监督各项工作的落实，要求江津的同志首先要做到自己放心，才能确保真正让移民安心。

江津移民试点工作的首要任务是要让迁来的移民安得稳。对此，江津制定了一系列优惠政策，为了这些优惠政策的早日出台并有针对性，重庆市三峡办主任熊章荣跑遍了20余个相关部门。为方便工作，她还把办公室也搬到距江津市区20多千米外的油溪镇。

1999年4月15日，是个值得写进三峡移民搬迁历史的日子——563名云阳的移民将陆续来到江津安家落户。江津市长郭汝齐一大早就赶到油溪镇欢迎来自云阳龙洞乡的首批29个移民户的到来，并对当地移民工作提出要求，做出部署。熊章荣冒着大雨，驱车前往离油溪镇10余千米的地方，迎接这批移民。她踩着泥水，跑向载着移民们的大客车，与车窗内的新老乡一一握手。

对于三峡移民的到来，油溪镇早做了充分准备，专门印制了《三峡移民办事指南》，内容涉及由市长到村干部的领导名单、就医就学的地点、各办事部门的负责人姓名及地址电话、主要生活生产资料供应点、主要建筑建材供应点、移民建房采购建材的优惠价格等。镇机关干部全体出动，落实任务，责任到人。

土地，是农民的命根子。油溪镇已把土质好、水源近、面积足的土地备足备齐,供移民们挑选。凡是移民不满意的,陪同到每社的 3 名驻村干部总是耐心为其调整,直到移民露出满意的笑脸。

宅基地的落实,是移民安得稳的重要条件。为了给移民选好宅基地,油溪镇街道收到云阳县传来的移民户数、人数情况后,立即召集国土、乡建、农电、水管、交管等部门负责人和村社干部一起奋战一星期,逐社规划落实。江津市水利、电力、建委、国土、交通等部门给予了大力支持,确保"三通一平"工作的完成。市建委还绘制了 9 套住宅设计方案供移民朋友选用。

仅用两天时间,龙洞乡 29 名户主就全部完成分户到组、过渡期生活安置、土地调整等事项,29 名户主全部拿到土地经营权证书,有 18 户移民购买了当地群众腾出来的旧房,11 户移民已选好建房地点,采取自建、统建、委托建等形式落实宅基地面积达 2 280 平方米。

随后,云阳县普安、故陵、龙角、养鹿的 143 名户主在 4 月 19 日前抵达油溪镇。4 月底,已落实安置移民 133 户,495 人。移民领到了土地经营权证书,签订了土地承包合同,建房户落实了建房定点,并向油溪镇递交了自建房屋、统建房屋和委托建房申请书,以及建房协议等有关法律文书,全部完成落户手续。

5 月 4 日晚 8 时许,云阳最后一批移民近 100 名在夜色中到达油溪镇,江津市三峡办、油溪镇领导早已迎候在大门口,并对这批移民的生产生活做了妥善安排。至此,云阳迁往江津油溪镇的工作初步完成。

3. 乡规民约的适应

移民江津者,乡规民约的变化并不大,但从乡规民约支配下的风俗习惯方面,可以看出一些民间制度文化的适应性变迁。奉节永安内置移民,因是农转非进入城市生活,由农村的村社管理转为城镇社区管理,转变较大。而在节日习俗方面的变化并不大,只是发生场地变换而已。

迁移江津的移民，在习俗上有一定变化。在婚嫁方面，魏某某（男，65岁，云阳高阳镇移民江津慈云镇）就告诉我们："在老家吃酒（参加婚礼），女方亲属不到男方家，婚礼分头办。这里是合办，由男方办。"在丧葬方面，谭某某（男，39岁，云阳高阳镇移民江津支坪镇）说："老家丧葬，亲戚朋友来，这边（迁入地）生产队（社）所有人都来。"魏某某也体会到"这里（迁入地）要隆重点"。向某某（男，65岁，云阳高阳镇移民江津慈云镇）也认为"这边要繁琐一些"。其他节日活动，两地都差不多，变化不大。但向姓移民认为"这边不如老家有过节的气氛"。

【案例】

某老人，男，76岁，油溪镇盘古村三社村民，文化程度不详。作为一个老年移民，这位老人在当地生活时感觉很好，和村里的大人、小孩相处得都比较融洽、和谐。他精神矍铄，身体健朗，包田种地，还做家务，日子过得还是很不错的。他的儿子分别在陶瓷厂工作和当交通协警，孙子都在上学。原来当地只是李姓和全姓两大姓之间相互娶嫁，现在移民都和当地的人通婚，他们都能较好地融入当地的生活。他的儿子娶的是当地的女子为妻，儿媳也孝敬公婆。对于不孝敬老人的情况，以前和现在都会有亲戚进行劝说和教育，但人们认为自己的事情应该由自己来负责，所以，效果不是太明显。

调查发现，移民和当地人通婚的例子很多，而通婚即是对原有乡规民约的一种改变。对于当地的教育状况，移民们均感觉和自己的原住地差别不大。但对于两地的风俗习惯，如喜事、丧事等，还是有一定的差别。

而习俗改变，也是民间制度文化的某种程度的改变。对于习俗适应，有的移民是按"老家习俗办"，有的是"过来后，结婚是按当地习俗办"。张某某（男，44岁，云阳高阳镇移民江津支坪镇）说："有办婚礼的，前几年按老家习俗，近几年按这里的习俗。"向某某（男，50岁，云阳高阳镇移民江津支坪镇)为其儿子结婚操办了婚礼,在习俗上,他两地"都有参考"。

事实上,我们调查后认为,移民们在节日习俗适应上,初期有一定难度。但在比较短的时间后,移民们也就自觉地适应了当地习俗。这种适应,是主动融合,是一种好现象。

抽样数据统计显示,对于"若你家有适婚青年,你希望他(她)找哪里的人结婚"的问题,7%的移民受访者选择"原当地人",14%的受访者选择"一起移民来的人",79%的受访者则选"无所谓"。对于通婚,已有29%的江津受访者家庭选择了与当地人定亲、结婚。

在婚嫁习俗方面,内安移民对婚姻的地域选择和人群选择不是很严格。在江津访谈的移民中,婚礼按原籍习俗办的有四家。还有一家的儿子结婚,参考了两地习俗。但随着时间的推移,移民们逐渐按当地的习俗办理,坚持自由开放的婚姻观。

【案例】

苟某某,男,42岁,高中文化。他谈道:"搬迁前,红白喜事都是自家办理,不喜欢在店家包席。当地城镇居民,大多出去包席。"搬迁后的红白喜事,开支明显高于以前,"但移民之间会自发到对方家帮忙打杂"。可见,移民有一套自己进行文化适应的方式、方法。

徐某某(男,50余岁)提到两地风俗的些许差异。两地的婚姻习俗基本上没有什么不同,丧葬则有不同之处。云阳一般停棺一天,江津则是依据家庭情况不限于一天,个别家庭会请人唱歌,基本上所有的家庭都会请道士做场。江津地区火葬与土葬兼而有之,移民土葬所占的比例相对较大,因为大部分人没有火葬的思想准备。节日则差不多,只是云阳那边没有端午节吃粽子的习惯。

在老家如果办喜事,首先,要先下聘礼,办喜事的红包,要请路总管(指娶亲的路上管路的)、内总管(指家里管办席、帮忙安排的),

这边则没有这种情况。宴席方面,老家那边是前一晚来客人时就开席,第二天中午办正席,这边则是当天办正席。接亲方面,在老家,派两位亲人去接,比如姑姑、姐姐等,这边则不一样,远近有别。丧葬方面,老家那边办丧事,人死了后,尸体停放在客厅正中,灵牌放在前面,两边是花圈,打锣鼓的也在两边,家里坐不下就坐在门口。吹唢呐的在门口,现在也时兴请乐队。而这边办丧事的棺木放在旁边屋子的地上。

4. 移民社会关系与制度文化的互动

搬迁前后移民的交往方式差不多,都是通过生产组织、红白喜事和娱乐等方式交往。当然,还有经济往来、与政府组织的关系等。搬迁后,江津移民的人际关系圈子发生了很大变化,从一个成熟的、浓烈的亲戚关系的人际圈子,进入一个崭新的、陌生的人际圈子。

根据调查统计结果显示,在人际交往方面,搬迁前,江津移民的交往人员排序是:亲戚、邻居、同事、同学、村干部和其他,前三类比例很高,分别占93%,86%,79%。搬迁后,其交往人员排序为:邻居(100%)、亲戚与当地人(各71%)、同事(50%)、村干部(36%)。从比例和排序来看,搬迁前后,人际交往方面有一定变化。江津移民在搬迁前交往排在第一位的是亲戚,而移民后是邻居,且是100%的比例。与当地人交往,占了71%,与亲戚的比例相同。与村干部的交往比例,江津移民在搬迁前只有29%,搬迁后为36%,有所上升。

这反映出两点变化:第一,移民搬迁前后交往密切的社会关系由血缘性向地缘性过渡;第二,由于村干部是制度层级中的末端,一定程度上代表着制度,因此,移民与村干部交往的增多,反映了移民社会关系与制度文化互动的增强。

【案例】

全某某，女，33 岁，油溪镇盘古村三社移民，文化程度不详。1999 年随父亲外迁到此，后一直在外打工至生病才回家。2010 年 4 月结婚，丈夫是奉节县人，一直在外打工，为了照顾妻子，回来暂在双福工业园机械厂打工，儿子近一岁。2010 年 7 月，全某某检查出患白血病，与姐姐配型成功，患病初期早做手术治愈率可达 90%，但 40 多万的治疗费使一家很为难。后经镇财政解决 5000 元，区里重病求助金资助 10 万元，社会各方面筹集 30 多万元，全某某完成了手术。经过一年多的治疗，康复良好。

全某某治疗费用的筹集，主要来源于居住地社会各界的资助和当地政府的补助，而非传统的亲属支持，反映了移民社会关系向本土转化以及与当地政府为代表的制度文化互动的增加。

但是，在实践层面，移民群体与当地人之间还是存在一些矛盾。

一方面，在部分移民看来，当地人及当地政府似乎还是“外人”，要真正参与到当地组织的活动中还是比较困难的。

【案例】

某移民妇女，53 岁，吴滩镇平安村二组村民，小学文化，2001 年从云阳搬迁过来。她在搬迁的时候心里非常难过，感觉就像乞讨者一样。对于移民政策、移民工作，感觉是被强制执行。对移民精神知道一些，也比较认同。在搬迁过程中，感觉困难很多，就像“难民”一样，几乎没有得到什么帮助。在刚来的时候不是很适应当地的生活，和当地人也有些隔阂。曾听见当地有人说移民是野蛮人，扬言等政府三年优惠期满后要收拾他们，让他们感到害怕。后来发现这些说法，只是打嘴仗，渐渐地适应了。不过感觉还是被排斥在当地人的政治生活外，很多会议都只叫当地人去开，移民没有参加过什么会议。

根据调查，部分移民对当地人的态度似乎不够信任，觉得当地人好像有点儿欺负自己的意思。因此，连村里的公共活动如换届选举等也不大愿意参与，感觉在乡村政治中被边缘化了。另一方面，当地人对移民的看法也有比较负面的，觉得政府对他们的优待太多，尤其涉及土地转让问题时，感觉自己的利益受到了损害。

现将我们对当地人的访谈情况简录如下：

【案例】

问：听说移民的房子漏水要找政府部门解决，你们怎么看？

答：移民房子漏水是开发商的事，关政府什么事啊？比如说，建这个房子是建筑商赚了钱，关国家什么事啊！

问：你们当地人和移民的土地有没有什么区别？

答：肯定是移民的土地好嘛！都会找好的选，是不是啊？

问：他们只是找好的要，是吗？

答：是嘛，肯定要好的嘛。我觉得移民的条件很优厚了。

问：你们现在卖土地是干什么啊？

答：卖土地，原来是大队喊卖，要哪里就卖哪里。现在，我的那些土地都没得人要的嘛，没挨到公路。反正他看起哪里就要哪里。

问：那你们觉得移民现在的生活好不好？

答：生活得好，每个月都拿钱。你说我们有什么收入啊？每个人都有补给，补给的人都是正常的。

问：那你们现在是不是把他们当作当地的人看啊？

答 1：都不敢惹他们。又没得哪个欺负他们。

答 2：还是没得哪个怎样，说他们都是从外面来的……都还是光顾到他们，对他们很好，对移民的父母也好。商量个什么事啊，都听他们怎样说，他们怎样说，我们都要听。

问：这边移民有没有特别能干的人，比如说挣钱挣得多的？

答：有啊，新民的那个开发商，也是移民，很现实噻。

问：你们了解到移民政策是通过什么途径？

答：了解，没有怎么了解，只是各过各的生活。

问：他们平常给不给你们发点儿牢骚？

答：他们发什么牢骚！很和气。这么优厚的条件，七老八老的都找不到事，这些都愿意搬迁，还不要说他们。

问：移民有和当地结婚的吗？

答：不太清楚，没有呃。移民有些来了的，有些又没来住。很多移民都没有来，好多都只是户口在这边，人不在这边。

问：他们是没有过来？

答：没有，还不是把国家的钱拿去了。肯定就是在当地做生意噻。那些老人都吃得到低保，像我们这些没得什么的，都得不到。移民都吃得到低保，我们这些有困难的吃不到。

问：移民他们有没有低保？

答：有噻。人家养老保险都买了。我们晓都不晓得，只是听到说他们都买了。

问：你们当初知不知道移民要过来？

答：我们不晓得，都是后面到了才知道。

问：移民现在对这边的生活适不适应啊？

答：当然适应，好得很。国家扶持他们，又尽是水田，好安逸嘛。我的这些土地就像在打荒一样。

问：移民不是说他们的田要抽水吗？

答：抽水是大面积抽水，这里属于丘陵地带，不是说移民的专用，哪一块田不抽水！

问：你们有没有和移民冲突过的啊？

答:没有啊。我们怎么跟他们吵?对他们那个好,怎么吵嘛!

问:你们听说移民打过架没?

答:打架的都有啊,反正打架都是压我们当地的噻,某某屋里打架的就有一起噻,就压(打压)当地的噻。

问:那移民经不经常找政府啊?

答:我不晓得,找不找政府,那是他们的事情。

通过上面这段访谈,可以看到当地人对移民还是有些负面情绪的,但并未付诸实际行动,总体上还是比较照顾移民群体,这与当地政府对移民的保护与对当地人的制度约束有关。

不过,需要说明的是,上述情况尽管都在一定程度上存在,但还是有不少移民较好地融入当地社会关系并积极适应了当地制度文化的事例。

【案例】

何某某,男,40岁左右,油溪镇盘古村三社村民,文化程度不详,致富典型人李某某的侄子。1999年随岳父全某某全家6人从云阳县普安乡马安六社外迁到油溪镇盘古村三社。岳父在盘古村移民中威望很高,从1999年迁来后,移民与移民之间、移民与村民之间的大小事情都是岳父在协调解决。岳父为人正派、直爽,特别热心公益事业,为此被选为移民代表、镇人大代表,还在盘街移民果园公司负责生产、水电等管理。2008年10月,岳父为确保移民公路质量操劳过度,加重病情而病逝,按他生前的愿望埋在了移民点,周围四五个村的数百名群众自发赶来吊唁,64位村民代表每人捧着一块铺路砖石,为岳父垒起了一座新坟。

岳父去世后,何某某接替岳父,继续负责盘古村300多移民的管理。他年轻肯干,协调能力强,热心为移民服务。2008年,有几家移民违反计划生育政策,一直未结清社会抚养费,他就与移民、村、镇协调，妥善处理了盘古村移民中几起违反计划生育政策的事件。在2009年解决移民户口遗留问题中，他亲自参与纠正移民子女性别错误10多人，名字错误20来人，深得移民好感，被移民选为移民代表，光荣地成为一名中共预备党员。他还是镇上的劳务经纪人之一，曾组织了40余人到上海、广州等地打工。

通过这个案例可以看出，移民要成功融入当地社会并适应当地制度文件，需要有类似地方精英人物的组织和带动，上述案例中的何某某及其岳父全某某就是这样的代表。在他们的带动下，移民群体实现了内容事例，在与当地人的互动中，实现了较好融合。同时，全某某被选举为镇人大代表，何某某成为中共预备党员，一定程度上成为制度的一部分，即较好实现了与当地制度文化的良性互动。

5. 企业制度适应

内安移民的适应情况，本调查小组主要从移民对企业制度的适应和企业自身对企业制度的适应两个角度来进行分析。首先讨论移民对企业制度的适应。从移民身份可以看出搬迁之前多数移民是居住在峡江地区的农民，以农耕和家庭养殖业作为家庭收入的主要来源，加之交通便捷度不高，因而外出打工者的数量并不多。搬迁之后移民的经济收入由第一产业为主向第二、第三产业为主转换，随之移民接触工厂及企业制度的机会有所增加，在适应过程中不同年龄阶段的移民适应情况各有不同。20～35岁的移民对企业制度普遍适应较好，大致有两点可以解释这一现象。其一，这一年龄阶段的移民普遍受过一定教育，对新事物的接受能力较强；其二，该年龄段的人出生于改革开放、社会主义市场经济蓬勃发展的时期，农业收入比重在整个家庭收入的比重较父辈有所下降，因而较早地接触了第二、第三产业，对企业的制度适应有一定的经验，因此在搬迁之后面临改变时，适应起来较容易。其次，关于企业自身对制度的适应。搬迁之前内安移民所属地区主要以家庭化农产品加工为主,对规章制度的重要性认识不足,但移民搬迁之后随着江津四大工业园区的修建,不少成熟的农产品加工企业得以入驻,家庭化经营的小企业终于有了学习观摩的机会。刘姓移民(男,38 岁)就是其中一位富有远见的作坊主,他认真研习与移民相关的优惠政策,对政府提出创办"微型企业"的申请,并获得了贷款和税收优惠。他还结合本企业的实际情况对人事管理制度进行创新,改变过去"任人唯亲"的用人制度,定期对农产品加工人员进行培训等。这一案例只是众多企业适应移民搬迁的一个缩影,移民搬迁在一定程度上促使了移民地小企业的规模化经营,同时也加快了整个区域的市场整合力度。这一状况对富有远见和创新精神的企业主来说是一次难得的自我提升和完善的机会,但对习惯家庭化经营的小作坊主无疑是不小的冲击,因此企业经营者对此褒贬不一,适应情况各有差异。

(三)外迁移民的制度文化适应性分析

1. 移民政策的宣传

如众所知,作为制度文化的具体体现,有关三峡移民的政策法规关系到三峡移民的切身利益,只有将政策宣传到位,才能使移民更好地适应制度。从实际情况看,尽管各有关部门做了大量宣传工作,但三峡移民中还是有部分人对与自己利益直接相关的政策、规定、决定不清楚,甚至完全不知道,这势必就会造成移民对迁移工作了解不够,难免就会引起一些移民的不满情绪,同时也增加了移民工作的难度。三峡工程未开工以前,三峡库区居民尤其是农民,对于政策法规较少关心。但从三峡大坝开始建设起,三峡库区的部分居民就多了"移民"这一新的身份。他们作为移民当然要切实争取自身的利益,争取自身利益要有法可依、有规可依。到目前为止,有关三峡移民的政策法规主要有全国人民代表大会于 1992 年通过的《关于兴建长江三峡工程的决议》,国务院 1993 年制定和修订的《长江三峡工程建设移民条例》,1996 年印发的《长江三峡工程库区移民计划及经费管理暂行办法》和《三峡工程库区移民行管费使用及管理暂行办法》,国务院三峡工程建设委员会移民开发局、长江水利委员会的数十个行政规章和规范性文件。同时,湖北省、四川省、重庆市人民政府也相应制定了一些配套性的地方行政规章及规范性文件。此外,接收三峡移民的地方各省也制定了相关的地方性政策。这些政策体现了国家对三峡移民工作的制度性规定。三峡移民对制度文化的适应,首要的是通过政府部门的宣传和自身的主动学习了解这些政策,寻求在制度规定内主张其应有的权益。事实上,三峡移民的过程,也是普法过程。通过搬迁前后的政策学习,不少三峡移民学会了依法办事,政策法规在他们心目中有了格外的分量。正如重庆巫山洋河村就地后靠移民杨某所说的:"不是移民以前,谁懂法啊,天天就耕田种地,可自己成了移民之后就不一样了。因为移民会涉及自身的很多利益,比如该给你多少安置费,到底什么样的才算是随迁人员,这些不知道怎么能行,不是闹着玩的。但对于这些,国家都是有白纸黑字的文件的,找到这些文件一看就晓得了,所以谁也占不了你便宜,这就靠你自己要懂法了。"

就地后靠移民尚且如此,对于外迁到其他各省的移民,懂法就显得更为重要了,他们来到一个人生地不熟的地方,能帮助他们切实维护自身权益的武器主要是相关政策法规了。我们在调查的时候就遇到了两个比较了解政策法规的移民,在曲阜当地都是出了名的,在移民当中很有声望。一位是移民明某(男,70 岁),另一位是移民罗某(男,45 岁)。明某在老家就爱帮人写东西,移民都说他的"笔杆子"很好,虽然已经 70 岁了,但身体很硬朗,为给移民争取利益他总是不停地和罗某一起奔波。

罗某说自己没多少文化，初中都还没毕业，但正如其他移民所说，罗某是一个有勇气的人，敢想敢干，又很执着。在来到曲阜以后，三峡移民认为当地政府为其修建的房屋名为砖混结构而实为砖木结构，有意见，就委托明、罗二人与政府部门交涉。在交涉过程中，以明、罗为首的三峡移民表现出与制度打交道时应有的理智和分寸。他们一方面给有关部门多次写信反映意见，另一方面则直接到政府部门交涉，甚至亲自到三峡工程建设委员会面访过。不过，因为当地有关部门为三峡移民颁发的房产证上写的就是砖混结构，因此，诉求被驳回。要想解决这个问题，必须证明房屋确为砖木结构。为此，罗某请山东的一家房地产评估机构对其住房的造价做了一份《房地产评估报告》，这份报告得出的结论是房屋造价远低于当地政府当初承诺的造价。在此基础上，通过不懈努力，新办下来的房产证也证明房屋结构为砖木结构。在我们访问罗某时，他说这几年就是等这个新的房产证，现在终于办下来了，过一段时间他就要去通过法律途径为移民讨说法。通过这个案例，我们发现外迁移民在陌生的环境中似乎更容易形成内部整合，也更倾向于理性地主张权益，其与制度文化的互动尽管艰难，但其文化意义远大于实际意义。

2. 移民政策的落实

移民政策落实包括两个方面：一是落实国家的移民条例及各有关省市的实施办法和规定等；二是落实移民安置区的地方法规。

（1）落实国家移民条例及各有关省市的实施办法和规定

为顺利推进三峡工程建设，重庆市委、市政府非常重视移民政策和法规的宣传。经过调查我们发现，三峡移民对当初搬迁前重庆各级政府所做的政策宣传力度、宣传方式都较为满意。据有些移民讲，当初搬迁的时候很多人不了解移民政策，镇级、村级领导就苦口婆心地加以解释；有些不愿搬迁的移民甚至躲着这些移民干部，这些干部就白天黑夜地守在移民家门口。就这样，很多移民都被感动了，不但愿意静下心来听移民干部讲解国家的移民政策，有的甚至在搬迁过程中起到了带头作用。县里面还经常组织“移民政策宣传文艺队”，将移民政策编成顺口溜、打油诗、快板、小品等群众喜闻乐见的民间文艺节目在库区巡回演出，这些都收到了较好的效果。

随着国务院《三峡后续工作规划》及重庆市委、市政府《关于切实做好三峡后续工作的意见》等政策文件的相继出台，三峡移民对国家给予三峡移民优惠政策的期望增强，到地方有关部门咨询相关政策的人次明显增多。为此，一些地方政府做了跟进工作。例如璧山区大兴镇政府要求有针对性地从以下几个方面做好三峡移民信访工作：一是主动进村入户宣传三峡后续工作政策。针对部分三峡移民认为三峡后续工作就是为三峡移民发补助的误解，向他们宣传三峡后续工作政策是为了促进三峡移民安稳致富和库区经济社会可持续发展，加强库区生态环境建设与保护，加强库区地质灾害防治的综合性政策。二是重点做好三峡移民群体中个别思想活跃人员的宣传工作。重点在三峡移民群体中向个别文化程度较高、带头作用比较强的三峡移民宣传好三峡后续政策，让他们充分理解各级政府有关三峡后续工作政策精神，让他们在如何正确对待三峡后续工作政策方面起好带头作用。三是要求接待三峡移民的工作人员做到应谈尽谈，不接完不下班。四是认真清理解决三峡移民反映的问题。对三峡移民反映的问题，无论大小，均认真调查核实，尽其所能帮助解决，对不能解决的，积极向上级反映寻求解决。[①]

通过以上工作，重庆各区县三峡移民正逐步趋于稳定，到县到市越级反映意见人次明显减少，宣传工作取得良好效果。

---

① 《大兴镇积极宣传三峡后续工作政策确保三峡移民稳定》，璧山县人民政府网站，2012 年 11 月 8 日，http://bs.cq.gov.cn/home/news_content.asp? Class＝1&NewsID＝3255，访问日期：2015 年 2 月 1 日。

(2)落实移民安置区的地方法规

由于地区差异,各地对某些法规的执行情况不尽一样。因此,急需统一认识,统一政策标准,加强政策宣传工作,将移民安置区的地方法规落实到位。要达到这一目标,一方面需要加强对移民的政策宣传工作,增强移民的法律意识,提高移民知法、守法的自觉性。另一方面,也要加强对安置区有关部门的政策执行标准的监督工作,使之按政策办事,一把尺子量到底,移民才能信服政策,才能更好地适应不同环境的制度文化。总体看来,各地在这方面做了很多工作,取得了良好效果,移民大多数情况下是满意的。不过,也有个别地方存在政策落实不到位,引起移民不满的情况。如上述曲阜三峡移民的住房问题,当初经迁出、迁入两地政府和移民户三方共同签订协议,约定由曲阜政府为移民修建砖混结构住房。但迁入地主管部门擅改合同,将约定的砖混结构建成砖木结构,甚至第一批移民人均还差 1.53 平方米的建筑面积。在济宁地区,有些乡镇上的移民享受砖混结构住房,有些地方却是砖木结构,政策执行不一。这样做的后果一方面给移民造成了实际生活困难,另一方面也造成移民对当地有关部门的不信任感。移民的制度文化适应困难,不全是移民造成的,有关部门也难辞其咎。当然,除了移民对各地政府落实移民政策的好坏有所反映之外,对于迁入地的政府干部也有不同期待。据很多移民反映,在迁到曲阜最初几个月里,当地各级政府部门都下来慰问,也有媒体来采访,积极关心他们的生活状况,使之感受到作为制度执行者的温暖。可是过了这股热乎劲之儿后,就再没见过他们的影子。70 多岁的三峡移民赵大爷表示很多年没人来看望过他们了,逢年过节当地政府也没有派人来问候。他说移民也不图啥,过春节的时候送他们一副对联、一本新年挂历,他们也就知足了。迁出地重庆市政府这些年也没派人来看望过三峡移民,就像“嫁出去的姑娘泼出去的水”一样。移民的这种心情容易理解，反映出远离故土的文化疏离感。不过，对于移民而言，更为重要的是尽快适应当地的制度文化，才能进一步谋求发展。

3. 乡规民约的适应

乡规民约是民间自发形成的社会规范，一定程度上具有制度性的约束力。三峡移民在迁出地和迁入地两个不同的社会场域中首先面临着两种不同的乡规民约的制约。与就地后靠移民和内安移民面临的问题不同，三峡移民在曲阜面临迥异于老家的“异文化”的乡规民约支配下的文化适应问题。比如曲阜地区的文化传统影响力非常强大，加上基层权力机构的介入和支持，乡规民约对当地社会生活的规范性具有很强的支配力。比如曲阜当地历来对待红白喜事都是一切从简，不搞铺张浪费，成为社会规范。如果当地哪户人家大办红白喜事，会为当地人所不齿，认为这户人家不会过日子。而三峡移民在农村老家的风气大不相同，婚丧嫁娶总是大操大办，在一定程度上加剧了部分家庭的贫困程度。迁徙到曲阜后，受当地社会规范的影响，曲阜各移民村建立起红白理事会，由理事会协助移民从简办理红白喜事，这不仅大大减少了移民红白喜事的开支，也有利于移民和当地居民建立起良好的社会互动关系，从而使得三峡移民自觉接纳了当地的社会规范约束。

最能体现三峡移民对迁入地社会规范适应的无疑是对当地节日习俗的适应。移民原住地重庆开县地区属于典型的巴蜀山地文化，民风质朴，生活节奏松散；安置地山东曲阜则属于东部沿海地区。两地相隔数千里，风俗习惯迥异。特别是曲阜作为孔子的故乡、儒家文化的发源地，其当地的风俗习惯更显得独特，且具有很强的约束力。“风俗在中国是仅次于语言的重要文化现象，也是文化区域分异的标志之一。”[①]相同生境中的群体，会形成相似的生活模式。在此基础上，人们不断调试自己

① 范玉春编著：《移民与中国文化》，广西师范大学出版社，2005年，第191页。

的行为，进而形成社会规范。一个人群，生活在同样一个时空里，他的生存和发展的种种条件就形成一种“只能如此”的状态，即习俗成为社会规范的重要载体。用民俗学的话语说，民俗是生存空间和时间对特定人群要求的结果。①

随着三峡移民的搬迁，其原有的文化模式均不同程度地被打破。移民搬迁意味着原有家园的永久失去。从一定意义上说，失去自己家园就意味着失去自己原有的文化土壤、文化空间。随着“家”的搬迁，移民不得不舍弃许多具有文化象征意义的标志物，如祖坟、宗祠、宗田等。搬迁也导致从历史传承下来的风俗习惯、宗教信仰等社会规范也面临着“扬弃”，因此如何适应安置区的风俗习惯即社会规范，就成为移民在新环境下面临的一重要问题。在这里我们主要从三个方面对此进行分析，即节日习俗、婚姻习俗和丧葬习俗。

(1)节日习俗

在访谈中，我们重点关注端午节、中秋节和春节这三大中国传统节日的风俗习惯。经过分析我们发现，两地节日习俗区别最大的是春节和端午节。

春节：移民廖某(男，48 岁)对我们说：“我们不像他们一样。就拿吃来说吧，他们三十晚上、初一早上都是要吃水饺，我们三十晚上吃团圆饭，初一早上吃汤圆，初二早上吃面条，他们到了十五才吃汤圆，而我们就不吃了。”移民周某(男，71 岁)说：“他们过年的时候礼节规矩特别的多，尤其注重拜年。这边人从二十九就不出门了，初一早上要挨家挨户地去磕头，也不嫌累，都啥年代了还搞这个。大年初二用猪头、大鱼送财神，大年初三的时候才出门或者是回娘家。他们讲如果提前出门会破财，我们老家则不讲这些。”春节的时候，移民们更多感到的不是过节的

① 杨爱平、韦济木、湛玉书：《重庆民俗风情》，重庆出版社，2001 年，《序》。

愉快而是思家的乡愁。移民余某(男,45岁)说:“我家的很多亲戚都在老家,就我一家过来了,自己的父母兄弟姐妹都在老家,每当这个时候,看到其他人团团圆圆的,我就特别地想家。”

古往今来,远离家乡的游子无论路途多远,都要回家过年,向长辈尽孝道,向平辈示亲情,向晚辈表爱心。春节已成为中华民族认同的标志和联结民族情感的纽带。每逢佳节倍思亲,春节就其历史和社会文化意义而言,它饱含着浓浓的乡土情结和亲情情结。春节还蕴含着丰富的人文和情感内涵,使人能够鲜明地认识到自己的族群归属和家园归属,所以我们很能理解移民因远离亲人和故土而发自内心的那份思乡之情。

端午节:北方过端午节不像南方那么隆重,可以说只是一个在食俗上还保留某些传统的普通节日,比如煮煮鸡蛋,包包粽子等。而在南方,端午节仍然是一个很重要的节日。移民黄某(女,39岁)说:“端午在我们那里是很重要的节日,并且要过两次端午呢,俗称‘小端午’(农历五月初五)和‘大端午’(农历五月十五)。虽然大端午过得不是很隆重了,但对小端午还是很重视的。每到五月初五,只要是沿江河地区都会有划龙舟比赛,还会有很多人卖土特产,热闹得很。这边很冷清,太单调,吃个粽子就算完事儿了。”

中秋节:关于中秋节的过节形式两地之间没有太大的差异,人们最主要的活动是赏月和吃月饼,家人团聚一下。不过就赏月两地还是有差别的,这主要是受两地气候影响。重庆农历八月份正值多雨季节,特别是在中秋这一天更是很少能见到月亮,而山东此时正是秋高气爽,天气特别晴朗,很适合赏月。

中国的传统节日形式多样,内容丰富,不同地区都有各自独特的节日习俗表现形式和文化内涵,并无优劣、科学与迷信之分,它们都是我们中华文明的重要组成部分。

(2)婚姻习俗

经过我们调查发现，在婚姻习俗上，曲阜与开县两地之间有着较大的差别。移民最不能接受的就是曲阜当地是在晚上娶亲。我们对此进行了详细调查：

我们知道古时计时一个时辰是现在的两个小时，子时是一天的开始，即现在前一天的晚上 11 时至凌晨 1 时的时间段。按照阴阳理论：一天里子时是阴气达到顶点开始回落阳气开始上升的时段；午时是现在中午 11 时至 13 时，阳气到达最高点开始回落，阴气开始上升。了解了这一点，我们就会理解史料中为什么会有子时举行天人合一的活动，而执行死刑往往要等到午时三刻。

曲阜人晚上结亲的习俗考究下来有以下几方面：第一，子时是一天的开始，这是阴阳交汇的时间，阴气最重，可以和祖上先人们一起分享家族兴旺的喜悦，感受添丁进口的兴旺，也表示后人不忘前人们的努力和辛苦，所以举行拜天地的仪式。这里的天地并不是天空和大地，而是天地间的祖上有灵，这就是为什么结婚和过年一样，都要在客厅中央摆上家族牌位，还有显示家族血脉的宗堂，以及一些供品。第二，子时的子是地支第一位，子时迎亲意味着抢头彩。古人讲究天人合一，要有占尽天地人和的豪气与大气。第三，子时迎亲是人们期望新的生活，子孙满堂，多福多寿。

曲阜人的婚礼都是晚上迎亲，白天只是款待亲朋好友。曲阜晚上迎亲的习俗是老一辈传下来的。据说是古时候曲阜地界上有一官宦恶少，白天看到哪家有结婚迎亲就去抢亲，结果老百姓就把迎亲的时间定在晚上，以免受到恶少惊扰，再后来没有了恶少抢亲，但这习俗却一代代流传了下来。现在有些当地人不喜欢这习俗，一是晚上放烟花会影响到周围邻居的休息，二是晚上迎亲摆再大的排场都没人看。

据我们了解，移民最不能接受的就是当地晚上迎亲这一习俗。移民大多没有随俗，除非是自己女儿嫁给当地人。其他移民都是按照老家白天娶亲的习俗来给孩子操办婚事，包括移民的儿子娶当地的姑娘，有的移民甚至干脆回老家给孩子操办婚事。

移民胡某（男，50 岁）就是回老家给儿子办的婚事，他说："在这里结婚太麻烦，还要晚上结，规矩那个多；再说我家在这里也没啥亲戚，还是回老家办事热闹些。"移民廖某这样说："当地的姑娘都不愿和婆婆住在一起，她们嫌话多了容易吵架，还是分开住得舒心，所以我刚要下一座宅基地准备给儿子盖房子。虽然自己家的房子也够住，但是人家就是要新盖的，不然没人愿意嫁啊。"

(3)丧葬习俗

丧葬仪式的具体细节在各个地方都是不一样的，这对移民来说并不存在适应上的障碍，让其难以适应的是两地对死者后事操办迥然不同的态度和是否火葬。移民老家办丧事向来都是大操大办，吹事更是必不可少的，哪怕再穷也要请吹事，而且基本上都是土葬，丧葬习俗如看风水、选日子安葬等，都比较讲究。在农村，如果有人去世，按照习俗办理，少则一两万，多的要花四五万，这得根据每家的经济情况来决定。没有那么多钱，就是借也要把丧事办好，否则别人就会说闲话，认为对长辈不孝敬。在重庆农村，厚葬是传统的风俗，甚至被认为是"孝道"的组成部分。

移民熊某（男，75 岁）说："我不知道丧葬一条龙服务是不是我们重庆独有的，但我相信即使其他地方存在，肯定没我们老家这般'地道'。谁家有人过世了总会停上三天热闹一番，家庭条件好点儿的就到专业的安乐堂去操办，也有家庭条件不错但不想跑那么远麻烦亲友的，就在村社办了，这么一来丧葬一条龙真的帮上了大忙。还有出葬需要气派点，就要多来几辆车。说实话没几个人真心愿意开车送葬的，逃不掉的亲友们也要给汽车挂红去除晦气。那些亲友少的更为难，车少了不气派，车多了却没人坐，本来该人去送葬的变成了车送葬了。"移民陈某（男，38 岁）

说:“这边人真是太不孝了,父母辛苦了一辈子,死后也不让他们享享福,就光知道结婚的时候放鞭炮,我们老家结婚和丧葬都会放鞭炮,丧葬搞得比结婚都还隆重呢。我们老家和这儿的出殡时间不一样,我们老家是在早上出殡的,这边是在下午三四点的时候出殡。”

当地一位村民则对移民大操大办丧事不以为然:“说白了,死人是自己家的事情,何劳大家那么辛苦呢?我们对老人厚养薄葬不是更捞得心安吗?丧事即使办得再堂皇对死者也无益了,无非是晒晒自己的孝心,弥补一下昧过的良心罢了。现如今,家里都是独生子女,像我的儿子工作不稳定,上有老下有小的,他一个人承担了四个老人的事,让儿子媳妇再担上‘厚葬’这么重的负担根本不行。现在什么都在涨价,二十多年后不知道这丧葬费要涨到多少钱。有钱的不在乎,大操大办无所谓,而对于我们这些老百姓来说,一切从简其实最好。”

对于是否应该大操大办丧事这一问题,还不足以构成移民和当地人真正的分歧,因为大操大办需要一定的财力,移民在经历过搬迁后,经济实力都被大大地削弱了,即使有移民想为老人大操大办也都是心有余而力不足。两地真正的分歧在于是否对死者采取火葬安置。重庆农村普遍都是土葬,而在山东,土葬是被政府严格禁止的。在移民看来火葬就是一种薄葬,对于这种薄葬的做法,今年70多岁的移民赵大爷并不认同:“就这样直接火化安葬的,在我们老家是很少见的。老人辛辛苦苦了一辈子,孩子们这样薄葬,这就是对长辈的不孝,这是让人不能理解的。”据我们调查了解到的情况是,移民如果选择在山东安葬老人,只能遵守当地法规,对老人实行火葬。有些不愿这样安葬老人的,会把老人送回老家安葬。并不是说等老人去世后再送回老家,而是在老人去世之前就把老人先送回老家,老人在老家去世后就采取土葬。

风俗习惯差异给移民带来巨大的影响,大体来说移民会因此形成两种主体反应:一是文化中心主义,即以故土的标准去评价迁入地的区域文化，认为故土的伦理观念、行为规范、婚姻形式等都优于当地，常常怀疑、敌视当地的区域文化。面对异域文化，这些移民大都会产生一种“月是故乡明”的文化心理，凡是故乡的文化便想亲近，愿意将其传承下去。在这方面，老年移民的反应更为明显。他们思乡情绪浓重，对安置区的风俗习惯采取退避的态度。二是文化适应，在这种情况下移民大都认同、接纳安置区固有的区域文化，尽管这一过程可能会给移民带来巨大的痛苦。①

4. 移民社会关系与制度文化的互动

随着移民的迁徙，原有的社会关系基本解体，取而代之的是迁入地的新的社会关系的重建。这场社会关系的重建，基本围绕血缘和地缘关系展开。在此过程中，移民总归要与地方政府尤其是基层政权的村干部打交道，移民与其关系的处理，则集中体现了移民与制度文化的互动。

三峡移民原有社会网络通常围绕血缘关系展开。搬迁至外地后，原有的社会网络解体，给移民带来了诸多不适。在社会网络关系中，信息交流功能是非常重要的。移民李某（男，38 岁）就告诉我们：“以前在老家，有什么事情做都是亲戚朋友告诉我的。现在亲戚朋友都不在身边，都是靠自己去打听，信息的可信度和速度肯定不如从前了。”移民与老家的联系也没有刚来的那几年频繁了，大都只是在逢年过节的时候给老家的亲戚朋友打个电话。移民周某（男，49 岁）说：“现在都是通过打电话，刚来的时候会比较频繁，问问这边的情况，现在少了。因为有个姐姐在重庆，所以我父亲回过老家。因为路费很贵，所以有很多人十年没有回过老家。我们移民之间要是打电话说有事的话，我们都是能去的都去。”费孝通曾经说过，中国的传统社会中，血缘和地缘的合一是社区的原始

① 马德峰：《三峡外迁农村移民社区适应现状研究——来自江苏省大丰市移民安置点的调查》，《市场与人口分析》2005 年第 2 期。

状态，[①]在此基础上的家人、亲戚和邻里，在平时的生产、生活中存在着很强的相互依赖性。移民搬迁之后，旧有的血缘和地缘关系遭到破坏，社会关系网的基础被拆散，表现出来的就是在陌生的地方很难做生意，很难找工作，做什么事情都不容易，一切都要从零开始。移民雷某(男，40岁)说："人际关系方面，在这边很难融入，不是知根知底的，人家自然都会戒备。在老家的时候，我曾经在水泥厂搞过管理，交际方面还不错，所以现在都是我到处找活干，然后带领移民一起干活，也有当地人跟着我干活的。"

鉴于原有的以血缘关系为基础建立起来的社会网络解体，三峡移民不得不转向建立地缘关系的社会网络。但是，由于与曲阜文化的差异，导致移民在重建以地缘为基础的社会网络方面的努力颇费周章。曲阜旧属鲁国，为儒家文化的发源地，观念相对传统，生活比较简朴，特别讲究人际关系和尊卑等级。总体而言，曲阜人重等级秩序、讲礼数、看重名节，很在乎别人的评价，有时甚至使人觉得拘谨，用憨厚老实来形容一点儿都不为过。似乎是受到了孔夫子"食不厌精，脍不厌细"，"惟酒无量，不及乱"的影响，曲阜人非常重视饮酒，且规矩众多，尤其是劝酒套路繁多，让三峡移民深感不适。移民周某(女，37岁)说："这边人喝酒厉害，而且酒桌上的礼节特别多，原来他(周某丈夫)去村里喝酒，都是醉着回来的。现在遇到红白喜事啥的，一般只是去把礼钱给人家送去，对于酒席则用各种理由推脱掉。"

对于三峡移民而言，喝酒总归是可以躲避的，但生计问题则必须直接面对与当地人的磨合。移民李某(男，45岁)讲了他在当地从事杀猪行业的故事：他刚来时，选择在村里做杀猪卖肉的营生。第一次在本村买猪，遇到本村一个当地人也是杀猪匠不让他买，提出和他竞价买猪。李

① 费孝通：《乡土中国》，北京出版社，2005年，第102页。

某坚持竞价买下了猪，导致俩人差点儿动手打架。后来两人同时在集市上卖肉，村里人还是有意照顾李某的生意，但又顾及本村杀猪匠的面子，于是大人不出面，只叫孩子到李某摊上来买。这在山东人看来无疑是照顾两人面子的好办法，但在李某看来，觉得实在没意思，干了一年也就不干了。对于与当地人交往，李某有以下两点看法：第一，当地人工费“贱”。李某的意思是指当地人干活不太计较工资，哪怕给很少的钱他们也愿意干，他说我们重庆人才不会这么傻，都是先谈好工资，达到自己理想的标准才会干。第二，熟人关系重。意思是当地人在集市上买东西时喜欢买熟人的，哪怕你卖的东西再好，和你不熟的话，他们也不会买你的。另外李某还对自己雇工提出看法：安全第一。李某当初在添盖房子时，请了另外一位移民当雇工给他帮忙。他让雇工掌握干活进度，累了就歇息，千万不要干面子活，哪怕雇工天天慢悠悠地干活，只要保证施工安全，他就会支付工钱。从李某的事例可以看出，曲阜人非常重视熟人构成的社会网络关系，李某口中的所谓当地人工费“贱”和重视熟人关系，或许可以借鉴俄国学者恰亚诺夫提出的农民经济学中的一个重要观点作为引申：在一个熟人社会中，社会关系安全远比经济利益重要。相比之下，三峡移民虽然地处相对闭塞的三峡地区，但在重庆文化圈的影响之内，尽管也重视血缘和地缘关系，但也非常重视经济利益，这与曲阜地区有很大不同。

类似上述李某的例子还有很多，显示三峡移民在曲阜的地缘融合并不顺利。要想逐步融入当地社会，联姻往往是个好途径。费孝通在江村和禄村调查时注意到：“怎样才能成为村子里的人？”他提出两个条件：第一是要生根在土里，在村子里有土地。第二是要从婚姻中进入当地的亲属圈子。[①]

① 费孝通：《乡土中国》，北京出版社，2005 年，第 105 页。

移民何某(男,50岁)有一儿一女,儿子今年23岁,去年已经结婚,儿子和儿媳是高中同学,儿媳也是当地人,而且一起在济南上的专科,毕业后两人都留在济南工作。女儿在迁来时正在读中专,户口在老家学校里,所以属于随迁人员,前年已经嫁到曲阜的另外一个镇子去了。在问到和当地人的关系时,他说:"刚来时当地人欺生,现在稍好一些了,但也还是存在欺生现象。比如同样是种玉米,当地人的玉米就很少有人摘,但我家种的玉米就经常被人摘,我家种在路边的蔬菜有时也会被人摘。不过因为儿媳是当地人,女儿也嫁给了当地人,所以我们家与当地人的关系还是不错,与亲家们的关系都很好,一般我家遇到麻烦事都会找两家的亲家来帮忙。希望到我孙子这一代就成为一个真正的山东人,到时就不会被当作外地人了。"这是比较成功的案例。不过,同样是联姻,也有不大成功的案例。移民陈某(男,66岁)的两个儿媳都是当地的姑娘,大儿媳是隔壁村子的,二儿媳是本村的。陈某说,自己和两家亲家的关系很不好,基本很少来往,更谈不上互相帮助了。特别是和本村亲家的关系十分恶劣,本村的亲家怪陈某对自己女儿不好,晚上经常往陈家扔石头,以此来恐吓陈某夫妇。夫妻俩很不适应这边的生活,整天过着提心吊胆的日子,只是苦于要看孙子,不能离开。他们打算等孙子稍微大一些,就会回老家去。

不过,总体而言,绝大多数移民对与当地居民间的关系还算满意。移民通过与当地居民进行友好的互动交往,将生产上的分工协作、生活中的互帮互助、情感上的交流全部融为一体,不但会增进彼此间的了解和友谊,而且还可以消除不良偏见和社会距离,有助于移民尽快熟悉和适应当地的社会文化环境,度过适应期的难关。虽然移民与当地居民的关系总体上是良好的,但也还有移民虽然在当地已生活十年之久,仍与当地居民存在很大的隔阂,大有一种"鸡犬之声相闻,老死不相往来"的味道。比如移民陈某和周围邻居的关系就不太让人满意，陈某表示自己实在有太多的委屈，平时根本不愿说也不敢说。陈某首先对村里的治安很不满，他告诉我们自己老伴的三轮车就放在家门口，结果被偷掉了。陈某邻居家把刚打下来的粮食放在家中的仓库里，在一个晚上也被偷掉了。再有就是村里没有安装摄像头，即使东西丢失后也难查获贼赃。陈某感觉如果自己要和当地居民达到一种和谐的关系，还面临着很多困难。首先就是当地居民对移民身份的芥蒂，从来之初，"三峡移民"这一帽子就一直压在陈某的头上，迟迟未被摘掉，在当地人看来陈某仍是外来人。即使已经过去十多年了，这种局面并没有丝毫的改变。我们不难理解，如果移民在安置地与当地居民相处融洽，那么这样的社会关系就会产生拉力或吸引力，使移民不易产生返迁的念头。相反，如果移民与当地居民的关系恶劣，如日常冲突上升、利益冲突剧烈，这样就会产生一种推力，作为弱势方的移民就很容易因此产生离开安置地的返迁愿望。

其实，上述移民建立地缘关系的努力之所以不大顺利，一方面源于两地的文化差异，另一方面也与当地政府主要是基层干部的引导作用未发挥到位有关。据我们了解，当地村支书等基层干部权力很大，当地人也颇有微词，不过不敢当面顶撞。当地一位村民告诉我们："俺们这儿的村书记就是老大，就是大拇指，你是掰不动的，是不敢惹的，只有哪个傻子才会和村书记过不去，这样是要被笑话的。"相比之下，三峡移民等级观念要弱一些，比较习惯老家基层干部那种比较有人情味的处事方式。当他们在不断遇到挫折后，容易产生对当地基层干部的负面评价。移民程某说："刚过来时的三年帮扶期，（村干部）并没有起到什么实际作用，只是挂羊头卖狗肉罢。三年帮扶期过后那就更不用说了，问都没人问，我们现在就是没人管。"另一位陈姓移民认为当地的部分干部不行，他给你办事要看心情怎样，心情好就给你办事，心情不好就不办。陈某想在村里承包一块地用来搞农家乐，都申请好几年了，个别村干部就是不给他批。乡里干部有些也存在类似的情况，移民去找他们时，他们不是积极去了解情况、解决问题，总是以种种理由推卸、拖延。但是大部分移民认为国家的政策是好的，只是在下面推行落实得不太好，没有具体落实到移民的头上。就各级干部来说，越是到下面，干部作风就越差。实际上，移民对村干部的负面评价中，有些属于干部人品问题，有些则属于地方性的特征。认为你不尊重他，就是不给你办事，也就是上面曾经提到的山东人重视等级秩序的传统影响。

鉴于移民对曲阜地区基层干部的处事作风评价不高，对其文化背景也缺乏了解，因此难免发生误会。移民杨某曾在部队当过七年的通信兵，做事情从来都是直来直去，他曾经积极联络移民争取到国家拨付给移民的专项资金。由于杨某以前在部队学过通信，所以来曲阜后就开了一家家电维修店维持生计。可就在争取到移民专项资金之后，杨某遇到了麻烦。一天晚上已经十点多了，杨某一家都早已睡熟。突然听到有很多人敲门叫杨某起来修电视，杨某让他们先把电视放下等明天修好后过来取，可这些人迟迟不愿走，并说出一些挑衅的话，警告杨某好好修电视，修不好就把他家给砸了，让他以后少出风头。杨某认为，这是因为他上次为争取移民资金出了风头，有人请来社会混混威胁他。

总体而言，曲阜地区的三峡移民随着原有的社会关系的解体，在重建以地缘为纽带的新型社会关系的过程中颇多不顺，尤其是在与基层干部打交道时颇多障碍，集中体现了移民在新的社会环境中重构社会关系网络和制度末端适应方面遇到的问题。这些问题既有乡土社会的惯性作用导致的，也有两地文化差异较大引发的，但归根结底与作为制度末端的基层干部的作为密切相关。这也反映出在社会关系重构和制度文化适应方面，既需要移民做出调整，也需要迁入地的社会环境尤其是基层权力部门做出积极调整，这样才能使移民完成社会关系重构，顺利适应当地的制度文化，最终融入当地社会。

5. 企业制度适应

世界银行人类学家迈克尔·塞尼博士指出中国非自愿移民安置的主要途径应该是："在土地极其短缺的地区，如中国和孟加拉国，移民的生产安置措施主要应该是就业安置，而不是依赖土地，应该创造机会让移民能在当地的工业或服务业中安置下来。"[①]

移民在老家时只有极少数在当地工厂企业上班或去东部沿海发达地区进厂务工，大都是在家从事种植、养殖以及个体小买卖，在时间安排方面有很大的自主性。在来到曲阜之后，他们以前赖以维持生计的资源大都已不复存在，所以更多的移民选择进入当地工厂企业。工厂企业有着自己严格的上下班作息制度，任何人都不得擅自离岗，我们从很多进厂务工的移民那儿了解到，他们在刚进厂时有很强的不适感。

移民周某（女，35 岁）这样说："以前在老家的时候，我是自己开个小店，卖一些饰品之类的小东西，来到这之后鉴于各方面的因素很难再开一个店，所以我就只好进工厂。刚进厂那会儿，自己很不习惯坐班，不到点你是不能下班的，即使你没活了，你也得在那坐着，觉得很无聊。现在我干完自己的活之后，就在那和别人摆龙门阵，等到下班那个点，反正现在是习惯按点上下班了。"

也有些移民在老家自由懒散惯了，对厂企这种按时上下班的制度实在是不能接受，这类移民大都选择打零工，比如给别人干建筑活，因为建筑活你做完就可以走人。也有移民自己开店，就调查来看大多都是选择开饭店。比如移民陈某在老家时就是自己开饭店，来到曲阜之后不愿进

① ［美］迈克尔·M. 塞尼：《移民与发展：世界银行移民政策与经验研究》，水库移民经济研究中心编译，河海大学出版社，1996 年，第 126 页。

厂务工看人脸色，所以东拼西凑了一些本钱在曲阜开了一家火锅店，店里的服务人员大都是一起迁来的自家亲戚，虽然有些辛苦，但他觉得很安逸，自己愿意做这行。当然也有部分移民很喜欢厂企按时上下班的制度，这类移民大多都是在老家时就去外地打工的年轻群体。移民小王（女，27岁）在老家初中毕业之后就去了广东打工。全家移民到曲阜之后，她干脆不再去广东打工，就选择到当地的一家服装厂里上班。她说自己很喜欢这种按时上下班的制度，感觉生活很有规律，该吃饭的时候吃饭，该睡觉的时候睡觉。

我国制定的"开发性"移民安置的政策明确指出："通过经济发展，实现移民经济的良性循环和妥善安置，达到恢复与超过移民不搬迁时的生产生活水平，使移民安居乐业，长治久安。"[①]

"授人以鱼，不如授人以渔。"利用工作机会来安置移民，比一次性分发补偿费安置移民的方式要有效得多。除了靠土地安置和进厂务工安置外，国家的"开发性"移民政策也鼓励移民积极发展第三产业来带动更多的移民就业。

（四）本章小结

三峡工程移民属于非自愿性移民，移民搬迁面临重重困难，正是有了制度的保障才让移民工作可以有序展开，完成搬迁任务。从移民政策的宣传落实，到乡村民约的规定，甚至是移民之间的人际交往，其间无不涉及制度。而三峡移民搬迁过程中所涉及的三种类型移民，各具特色，使得制度的设计和运行更加复杂。譬如迁出地宣传政策与迁入地具体落实政策之间的差异，严格的厂规制度与移民搬迁之前具有弹性的生产时间之间的差异，两地人际关系的处理方式差异等，使得移民为了适应

① 陈绍军、施国庆、顾茂华：《开发性移民的基本内涵与方式探讨》，《水利经济》2000年第5期。

迁入地的生活必须做出调整，甚至放弃原有的行为模式。既然存在如此多的困难，那么又是怎样的信念支持移民做出这样的选择呢？我们调查后认为，本着“舍小家、为大家，舍小我、为大我”的奉献精神，三峡移民较为认可国家三峡工程的重大意义和经济与社会价值，这其实是三峡移民对自我牺牲的价值肯定，这样的精神让移民即使面对不可预知的困难也能艰苦创业，积极适应。由此可以认为，三峡移民的国家观念和自我价值的认同是移民制度文化适应的动力所在。

本书通过对物质文化、精神文化以及制度文化的研究发现，就地后靠、内安、外迁移民在具体的文化适应过程中存在一定的相似性和差异性。

三峡移民的相似性主要体现在两个方面：

第一，三类移民虽分属于三峡文化圈、重庆文化圈、异地文化圈三个不同的文化圈，但他们的身份都是三峡移民，他们都在极短的时间内面临自然环境和人文环境的变迁，同时需要在无经验可借鉴的情况下实现迁入地物质、精神以及制度方面的适应，这一变化不可谓不巨大，这一适应任务不可谓不艰巨。

第二，三峡移民属于非志愿工程移民，移民是被迫离开自己的故土，舍弃自己的家园，因而具有强制性、计划性和整体性。其特征主要表现在：“首先，非志愿移民是非自愿的，如当水库将淹没土地、房屋时，一定范围的受影响人群是非搬不可的。其次，移民安置时间是受限定的，工程的进度是按计划控制的，受影响人口迁移必须与工程相协调。再次，志愿移民通常是家庭中的劳动力，从经济条件相对较差的地方向经济条件相对较好的地方迁移，而非志愿移民往往是从区位条件较好的地方迁出来，且必须是整户甚至整个居住区人口都迁移。”[①]因此，非志愿移民的搬迁难度之大是其他性质的移民所无法相比的。

① 陈阿江、施国庆、吴宗法：《非志愿移民的社会整合研究》，《江苏社会科学》2000年第6期。

三峡移民的差异性主要体现在两个方面：

第一，迁移使得非志愿移民的生产生活空间位置被迫发生变化，而位置的转移又使得非志愿移民原有的生产生活方式、文化习俗以及社会关系结构都发生了巨大的改变甚至消失。非志愿移民的开发项目一般都会引起严重的经济、社会和环境问题：生产体系被破坏，生产性的财产和收入来源丧失；人们被重新安置到另一个可能使他们的生产技能不能充分发挥，而且资源竞争更加激烈的环境中；乡村原有的组织结构和社会关系网被削弱；家族群体被分散；文化特征、传统势力及潜在的互相帮助作用都被减弱了。[①] 尽管面临如此多的不利因素，在移民干部与群众的共同努力下依然顺利完成了"搬得出"的任务，一则体现了社会主义制度集中力量办大事的优越性；二则体现了移民干部舍己奉公、艰苦奋斗、忘我工作的高贵品质；三则是最为重要的一点，移民在整个搬迁和文化适应过程中所体现的顾全大局的爱国精神、舍己为公的奉献精神、万众一心的协作精神、艰苦创业的拼搏精神共同铸造了三峡移民精神，并使之成为一代又一代人学习的榜样。

第二，三峡移民文化的差异性主要是由移民面临的自然环境和人文环境所决定的，其差异性主要表现在：就地后靠移民由于未迁出三峡库区，多数是在距离原居住地不远的地方定居，因此这类移民适应的重点是资源环境的质量和数量上的变化，语言、观念、风俗习惯以及制度方面的文化变化并不明显，因而物质文化的适应强于精神文化，面临的适应任务相对较轻。而内安移民迁出本县未出本市，在文化上属于重庆文化圈，由于重庆文化圈与三峡文化圈的相似属性，因此两者在文化适应过程中存在着"同质"文化圈的特性，适应情况基本与后靠移民类似。但内

---

① ［美］迈克尔·M. 塞尼：《移民与发展：世界银行移民政策与经验研究》，水库移民经济研究中心编译，河海大学出版社，1996年，第18页。

安移民相对于就地后靠移民的物质和精神文化适应来说要更困难一些，毕竟脱离了原有的人际关系网络和乡村组织结构，这些关系的重建都需要一段时间。而本书研究的外迁移民从山区农耕迁往平原农耕无论是在物质资料的获得还是生产方式上都发生了大的转变，面临着生产系统的调试，加上高山地区的文化风俗与平原地区存在着巨大的差异，因此外迁移民无论是在物质文化还是精神文化适应上所面临的挑战是最大的。三类移民呈现出文化适应的阶梯状特征，居于最高位的理当是外迁移民，其次是内安移民，再次是后靠移民。

综合本书对物质文化、精神文化、制度文化的研究发现，物质文化适应是三峡移民文化适应的基础，精神文化适应是核心，制度文化适应是保障。三峡工程移民之间的文化适应既有相似性也有差异性，两者之间相互联系、相互渗透，共同铸就了今天独特的三峡移民文化。同时，移民的迁入也为三峡文化圈、重庆文化圈以及异地文化圈注入了新的活力，使其文化内涵极具移民特性。

无论是哪类移民，他们在文化适应过程中表现出的三峡移民精神都是同样值得我们注意和提炼的。正是由于移民的"正能量"才能帮助移民克服生产生活中遇到的困难和险阻，在新的土地上繁衍生息，创造出具有移民文化特征的新精神、新文化。

与此同时，我们在享受三峡工程水利建设的成果时不应该忘记三峡移民为此付出的巨大牺牲，无论是政府、社会各界，还是其他组织都应该全力以赴帮助移民"逐步致富"。而这一致富不单单是让移民在经济上富有，同时也要让移民在精神上富有，早日融入当地社区，与迁入地人民实现真正的融合和繁荣。只有这样，三峡移民工程"搬得出，稳得住，逐步能致富"的目标才算完成。

六、三峡移民文化理论总结研究

（一）三峡移民文化适应性前提与三峡移民文化构建

三峡移民属于工程性非自愿移民，相对于自愿性移民来说，他们在实质上是缺乏搬迁动力的，移民被迫离开故土迁移到一个陌生的地方，面临的将是对新的社会生活环境进行长期而艰难的文化适应过程。我们必须清楚地认识到，这种非自愿性移民的文化适应前提，是移民必须"搬得出"，必须忍受背井离乡的痛苦，离开熟悉的生活生产环境以及长期养成的文化模式，因此，三峡移民所面临的困难显而易见。但三峡百万移民最终如期实现了搬迁安置，是什么驱使他们克服种种困难，最终踏上移民之路的？这就需要分析三峡移民文化适应性的前提，即移民搬迁的动力机制，这是构建三峡移民文化的一个重要组成部分。

雷亨顺认为，三峡移民作为非自愿移民类型，驱动其搬迁的动力主要有政策动力、经济动力、环境动力、情感动力、精神动力和事业动力。[①] 第一，政策动力。三峡移民的方针政策既体现了国家法律政策的大原则、大方向，同时也尽可能地体现了广大移民的切身利益。因此对三峡移民政策的推广宣传和贯彻执行是推动三峡移民搬迁安置的重要动力。正如陶传进所说："在我们所研究的三峡移民中，动员移民搬迁遇到了非常大的难度。从客观因素上讲，搬迁难的主要原因是就地后靠土地条件有限、容量不足，外迁又难以克服故土难离之情。客观因素表现成了移民搬迁动力不足，他们对于搬迁持消极被动态度。但进一步研究后发现，在移民搬迁安置的整个社会过程中，更为重要的是移民与政府的互

---

① 雷亨顺主编：《中国三峡移民》，重庆大学出版社，2002年，第437－440页。

动过程，正是这一过程产生了影响搬迁过程的各种非成本因素。"[1]事实证明，如果政府或有关移民管理机构能够发挥好政策动力作用，调动移民参与国家建设的积极性，做好移民宣传动员工作，建立起一套公平、合理的利益分配机制，让移民更全面地了解搬迁的重大意义，可以避免仅从个人角度考虑问题，进而增加移民的自主迁移性。第二，经济动力。经济动力是各种人口迁移动力中的主要动力。国家对安置地的经济投入和对移民的淹没损失赔偿及后期的生活生产等的经济补偿是移民搬迁的重要经济动力。如政府部门在总结我国历史上水库移民外迁的经验教训的基础上，为鼓励更多的三峡移民外迁他乡，除为移民选择经济较迁出地发达的安置地外，还以适当提高外迁移民经济补偿标准的方式引导移民外迁。第三，环境动力。迁出地与迁入地的环境状况差异是推动移民外迁的重要动力，一般来说，迁出地环境越恶劣，迁入地环境越优越，移民的动力也越大。三峡库区的移民安置环境容量不足，生态破坏较为严重，而选择的迁出安置地大多有较好的环境条件，因此也能推动移民的外迁。第四，情感动力。在三峡移民工程中，涌现出一大批优秀的移民干部，他们以移民利益为先，为移民服务，做了大量耐心细致的工作，移民干部用实际行动带来的感染力和号召力，为移民群众树立了光辉的典范。许多对搬迁极为抵触的移民，最后都是被移民干部的真诚所感动而同意搬迁。第五，精神动力。三峡库区广泛宣传移民对三峡工程和对国家民族的重要意义，宣传"舍小家，为大家"的爱国奉献精神，树立起移民顾全大局的思想，增加了移民的使命感。同时全社会对三峡移民的大力宣传，塑造了移民的良好形象，增加了移民的荣誉感，也促进了移民搬迁。由此也涌现出了一批思想觉悟高的三峡移民，他们在国家大义面前，毁家纾难，积极主动进行搬迁，并带动了同村、同乡的其他移民顺

① 陶传进：《工程移民搬迁动力分析框架》，《社会学研究》2000年第6期。

利搬迁。第六，事业动力。发展是移民永远的主题，因为外迁既是对移民旧生活的破坏，同时也是移民对新生活的重建过程。而我国实施的“开发性移民”方针，体现了移民发展的内涵。不仅可以保障移民的生活，还为移民创建各种事业发展机遇，这也会推动许多青年移民或是曾外出打工的移民带动家人主动搬迁。①

因此，在外部动力的引导和内部动力的主导下，三峡移民最终完成了搬迁任务，在这个过程中形成的移民文化是三峡移民文化体系的一个重要组成部分。

1. 外部动力——引导非自愿移民主动搬迁

(1)思想动员

针对三峡移民的故土难离、家园难舍、产业难弃之情，担忧在新环境中人地生疏、生活不适应、就业无门、致富无路的情况，各级党委、政府和移民部门在认真分析移民思想和心态的基础上，紧紧围绕着“搬得出，稳得住，逐步能致富”的目标，对移民做了耐心全面的思想动员工作。旨在教育和引导广大移民在国家发展面前树立大局意识，将个人利益与集体利益、长远利益与眼前利益关系的认识上升一个高度，充分认识三峡工程繁荣祖国、造福子孙后代的巨大作用和意义，增强移民群众为三峡工程建设做贡献的光荣感和使命感，使移民树立主人翁意识。同时，充分讲透国家的相关移民政策、对移民的补偿和优惠措施等，使移民认识到自己的利益决不会白白牺牲。再者，还要让广大移民充分认识到这次移民同样是一次改善生活居住环境和经济状况的难得机遇，号召移民抓住这次机遇，在国家的帮扶之下，走上脱贫致富的发展之路。通过这些宣传动员活动，彻底解决移民的认知误差和思想困惑，在保障移民生存环境和发展空间的基础上引导移民转变认识，从被动搬迁向主动搬迁发

① 雷亨顺主编:《中国三峡移民》，重庆大学出版社，2002年，第437—440页。

展。在这个过程中，涌现出了一批优秀的移民干部，他们不仅对广大移民进行思想动员，更用实际行动帮助移民。在移民干部的号召和感染之下，移民最终顺利搬迁。

三峡移民工程启动之初，在奉节县安坪乡这个首批三峡移民试点乡的搬迁启动中就遇到了重重困难。安坪乡内沿长江岸线达30千米，预计受淹上千户，涉及搬迁人口5 000余人，受淹耕地达5 880亩。面对如此宽广的受淹面积和庞大的搬迁人群，乡镇干部们可谓是殚精竭虑。安坪乡乡长冉绍之带队沿长江勘察5次，步行150多千米，最后选定在大堡三社进行移民试点。但是面对如此浩大的搬迁工程，村民们一时难以认知，更难以接受，认为迁建损害了他们的利益，移民补偿也无法满足他们的要求。村民不许牵绳丈量土地，甚至割断绳子，毁坏丈量工具，不让破土动工建房。冉绍之在认真分析各种矛盾后带领一班人分头挨家挨户做思想工作，宣讲移民政策，开了30多次村民大会，并亲自拉绳子去丈量土地、画线建房。最终，在冉绍之耐心的动员下，移民们都同意了搬迁。1993年，大堡三社全社的搬迁工作正式开始，仅一年时间，43户农民全部搬进了宽敞明亮的新居，更是实现了水、电、路、广播四通。大堡三社的移民试点成功，不仅为安坪乡的移民工作攻破了难关，还为奉节全县的移民树立了榜样，为库区内后靠移民安置工作做出重大贡献，因此，该村被誉为“库区第一社”。[①]

1997年，在忠县涂井乡旺汉三社开展三峡移民就地后靠试点，遭到当地移民的强烈反对。要从江边的良田搬到山坡上，产量得不到保证，交通也不便利，大家都不愿意搬，甚至跟干部吵骂。忠县移民局副局长杨盛金和几名移民干部索性住进了村委会办公室，一有空就召集大家开

---

① 《冉绍之：三峡移民的贴心人》，新华网，2002年10月19日，http://news.xinhuanet.com/ziliao/2004－10/19/content_2109178.htm，访问日期：2015年2月1日。

会。他给大家讲移民政策，讲三峡工程的意义，劝说移民要舍小家顾大家。又为移民解决实际困难，鼓励他们发展特色产业，规划建设新家园。在杨盛金等人动员了4个多月，开了100多次社员大会后，时任旺汉三社社长的周召文感觉“招架不住”了。他说：“没见过这么能磨的干部。”于是周召文首先带头搬迁了，紧接着，其他移民也在1999年底全部搬到了新家。①

作为丰都县重点淹没乡镇之一的兴义镇，镇党委和镇政府组织编写《移民常识》，经过三个月的紧张工作，1997年4月，一本4万多字的移民乡土教材完成。《移民常识》根据国务院《长江三峡工程建设移民条例》精神，结合兴义镇的实际情况，撰有“三峡工程”“三峡移民”“丰都县及兴义镇移民情况”“展望未来、催人奋进”等内容。成书后，镇党委、镇政府将《移民常识》作为中小学补充教材，作为移民干部的工作手册，通过课堂讲授、电视广播、田间院坝宣传等方式让移民们更清楚地了解移民工作的目的意义、指导思想、目标任务、工作思路、具体措施、政策原则等，很快在全镇形成了自觉移民、早移民、科学移民的良好势态。兴义镇泥巴溪村村场街道窄，破烂不堪，属全淹没区，居住着泥巴溪村一、二社的大部分移民，搬迁难度很大。镇党委、镇政府决定首攻难点，树立典范以带动全镇移民工作开展，提出了“以移民开发场镇，通过场镇开发移民”的工作思路，加大了宣传力度。通过艰苦细致的思想工作，使移民户认清了早搬迁早致富的道理。为了了却移民搬迁的后顾之忧，兴义镇仅花了半年时间就建造了一座主街道长400米、宽24米，支街长150米、宽10米的崭新场镇，移民建房12 602平方米，有门面121个。这使82户、425名移民告别了昔日的土瓦房，住上了水、电、闭路电视配套的砖混楼

① 《三峡移民战线的“老黄牛”——忠县移民局原副局长杨盛金》，《重庆日报》2009年11月12日。

房,全村移民成功完成了搬迁。[①]

思想是行动的先导,移民必须先移思想。开县赵家镇长安村党支部以移民为契机,广泛开展“支援三峡工程,我们该怎么办”的专题讨论。全村选出20名“青年志愿者”入社入户宣讲《长江三峡工程建设移民条例》和《村民委员会组织法》,真正把政策教给群众,让移民做到“五个明确”,即明确移民经费是补偿,不是赔偿;明确生产安置经费是集体使用,不是人均占用;明确移民是一项责任,更是一项义务;明确早搬迁早致富,晚搬是包袱;明确个人必须服从组织,小局必须服从大局。长安村共有428户1 444人,耕地980亩,人均约0.7亩。淹没土地245亩,涉及5个村民小组。3年多来,长安村人紧紧围绕“移民开发、富村富民”做文章,投入移民资金81.5万元,完成移民改土162亩,统一调整全村土地,全村196名移民已提前全部“销号”。全村还捆绑使用移民补偿资金,迅速发展高效农业,壮大集体经济。重庆市委副书记、副市长甘宇平在视察该村后给予了高度评价:“长安精神长安人,长安模式富移民。”[②]

云阳县高阳镇是三峡库区农村移民超过万人的三大移民重镇之一,动迁人口达到1.8万人。高阳镇农村移民安置的主要矛盾是淹没人口多与自安容量小的矛盾。全镇95%的良田被淹,剩余不足300亩,必须有部分移民外迁安置。针对此情况,镇长熊德祥在镇党委会上提出了“以外迁为主,以就地大农业安置、集镇扩容安置为辅”的农村移民安置思路。他经常到移民村蹲点调查,虚心向村组干部请教,认真听取移民群众的意见,查阅了40多本移民书籍和上千份安置补偿合同,记下了8万多字的移民工作日记。针对外迁移民的具体情况,熊德祥还编写了一本

① 《兴义镇移民搬得快、稳得住》,《重庆日报》1998年5月22日。

② 《早搬迁、早发展——开县赵家镇长安村移民提前搬迁纪实》,《重庆日报》1999年5月7日。

《农村移民外迁操作规则》,有力地调动了移民外迁的积极性。其中最温暖人心的是五项基本制度,特别是干部联系护送制度和定期慰问回访制度。不少移民动情地说:"政府这样关心我们移民,咱们也得替政府分忧,早迁早致富。"迁到湖北草埠湖的移民李麒麟还专门摘了50斤自种的大棚黄瓜,回到"娘家"感谢熊德祥镇长,并激动地说:"你制订的定期慰问回访制度太好了,使我们外迁移民时刻感受到故乡亲人的温暖。"①

1993年9月,中堡岛作为三峡工程的直接承载地,工期紧急,急需征地。此时当地的柑橘园都已果实累累,再过半个月就可以收获了,有的群众要求收获后再开工。但工程不能有一天耽误。村支书鲁友华将自己的柑橘树全部砍掉,并给村民们做思想工作。终于移民群众不舍地砍掉了自家的柑橘树。②

在三峡工程启动前,重庆市万州区太龙镇一村党支部书记牟一安一家已转为城区户口,并不需要移民。但当看到外迁工作推动艰难时,牟一安主动将自家的户口转回农村,并第一个报名外迁。对搬迁甚为担忧的老岳母不愿搬迁,牟一安耐心开解劝说年迈的岳母,终于用自己的真情实意说服了全家,毅然放弃全部家具,仅仅带着四盆红橘树苗,举家登上了护送三峡移民的专船。在牟一安的感染下,全村人一天就完成了与江苏通州的移民对接。③

这些事例只是整个三峡百万移民过程中的一幕幕缩影,类似这样的情况、涌现出的移民干部事例数不胜数。诚然,这些事例在宣传时,难免有一些溢美之词,但也很好地反映出移民干部对移民的思想动员正是促使移民搬迁的重要动力之一的事实。在这个过程中,既使移民顺利地完

① 向荣兵:《为了移民的微笑——移民镇长熊德祥和他的〈手册〉》,《中国三峡建设》1999年第8期。

② 邬云峰主编:《三峡移民精神概论》,中国三峡出版社,2005年,第179页。

③ 钱犁、吴明国:《不朽的基石(上)》,《三峡都市报》2007年5月17日。

成了搬迁，也充分地展现出了广大移民干部高度的责任感和奉献精神。移民干部在动员移民搬迁过程中，着眼于使移民“搬得出”的目标，无数迁出地的共产党员和移民干部为了移民，“宁可苦自己，绝不误移民”，他们把个人利益乃至生命置之度外，千方百计地帮助移民，视移民利益为最高利益，将移民满意视为最高标准。在移民工作中，他们及时地公开相关政策，让移民及时准确地了解移民工作动态。考虑到移民对搬迁的顾虑，移民干部还积极地组织移民代表到迁入地进行实地考察，让移民了解他们的“新家”。经过迁出地移民干部耐心的开导，移民纷纷参与到国家建设中来，发扬“舍小家，顾大家”的精神，自力更生、艰苦奋斗，创造新生活。正是在他们积极的思想动员、身体力行的感染和号召之下，移民才能够了解移民政策的益处，了解移民对经济状况的改善作用，了解三峡工程兴建的巨大意义，树立起移民的主人翁意识和使命感，转变对移民的认识，从被动搬迁到主动搬迁，最终完成了移民任务。

(2)社会宣传

在动员三峡移民搬迁过程中，社会媒体也紧紧围绕着“搬得出”的目标，通过多种方式的采访报道对三峡移民进行大力宣传，形成了强大的舆论态势，塑造了三峡移民的良好形象，增进了移民的自豪感和责任感，成为促进三峡移民变被动搬迁为主动搬迁的另一个有效的动力。

重庆市移民局协助并配合重庆市电视台，采访录制了一系列的移民专题报道和新闻节目，加大对移民的宣传报道，并与《重庆日报》合作坚持每年开办三峡移民专题栏目，对大量移民工作动态进行跟踪报道，每天一期，对三峡工程的建设、三峡移民事迹及国家和地方的移民政策、指示、精神、法律法规等相关的新闻、信息进行了翔实的报道和宣传，成为库区移民以及广大人民了解三峡移民信息的一个不可缺少的窗口。同时，《人民日报》《光明日报》等报刊、《新闻联播》《晚间新闻》等电视新闻栏目也对三峡移民进行了专题报道。另外，三峡移民对外宣传工作也有了新的突破。三峡移民自有计划实施以来，一直是国内外媒体十分关注的焦点。据粗略统计，在三期移民阶段，即2003—2006年间，重庆市移民局宣传办公室接待了美国、法国、日本、英国、德国、加拿大、新加坡、越南等国家和港台地区来渝考察的外交官、记者、学者等业界人士约100人次。舆论媒体作用得到充分发挥，塑造了三峡移民的良好形象。[①]

除了新闻媒体的报道之外，社会各界也积极配合移民工作，通过一系列纪录片、话剧、展览、文学作品等，相继对三峡移民进行宣传，推动三峡移民搬迁的顺利开展。重庆市电视台根据陆大献的报告文学《三峡大移民》改编拍摄了电视文献纪录片《三峡大移民》。此外，获得第二十一届中国电视金鹰奖的《移民金大花》也是一部弘扬三峡移民精神的现实主义主旋律作品，反映了外迁移民群众对三峡工程的伟大奉献，极具故事性和感染力。重庆市话剧团演出的话剧《沙洲坪》，用一个古老的传统命题——“舍小家，顾国家”的精神品格和道德境界，生动地展示了当代库区农民的新生活以及新形势下农民的困惑、向往和追求，成功塑造了一大批情感丰富、有血有肉的农民形象，表现了在大搬迁中他们对故土的热爱、眷恋和对明天的憧憬，突出了库区移民的奉献精神和献身精神。

1997年12月9日，重庆市委、市政府和国务院三峡工程建设委员会共同主办了以宣传三峡文化、三峡工程以及三峡移民为核心的“爱我三峡，建我三峡”摄影展。2006年，大型展览《百万移民，感动中国——三峡移民精神颂》在国家博物馆展出。此次大型展览由七个部分组成，展线300余米，共展出珍贵图片和实物资料近500件，以图片和影像等资料，向世人展示了百万移民的宏大工程和三峡移民之大爱精神。

2000年重庆出版社出版了陆大献所著长篇小说《家园》。该作品生

① 甘宇平等主编：《当惊世界殊——重庆三峡移民纪实》，重庆出版社，2007年，第383页。

动地描绘了围绕三峡工程，祖国各界人士梦想 70 余载、调查 50 多年、论证 40 个春秋、辩论 30 轮冬夏的全过程，并涉及世界级难题的三峡移民搬迁工作，弘扬了三峡工程决策者、科技工作者的无私奉献精神和库区普通百姓伟大的爱国主义情操，在社会上引起强烈的反响。2002 年，何建明所著《国家行动：三峡大移民》出版。这是一部关于百万三峡移民壮举的报告文学。作者通过记录百万三峡大移民过程中真实发生的桩桩感人事件，讴歌党和党员移民干部为老百姓的根本利益着想，不畏艰苦、认真细致做好三峡移民工作的动人事迹；讴歌库区人民群众“舍小家，为大家”，离开故土时的痛苦和悲伤；讴歌库区人民群众毅然决然支持国家建设那真实朴素的情怀。

2002 年对于三峡移民来说是重要的一年，因为在这一年，他们所做出的贡献得到了全国人民的支持，也得到了全世界的赞扬。中央电视台主办的首届“感动中国”2002 年度人物评选在 2003 年 2 月 14 日晚举行了隆重的颁奖仪式，除评出十大年度人物外，大会还宣布将特别大奖授予“舍小家，为大家”的百万三峡移民，其奖杯永久收藏于重庆中国三峡博物馆内。

社会各界对三峡移民进行了各种形式的大力宣传，既塑造了三峡移民的奉献精神，达到宣传教育的良好效果，又使三峡移民从中了解到三峡工程的价值和意义，感受到他们的奉献得到了全国乃至全世界的极大关注和高度赞扬，帮助他们认识到自身的价值所在，从而增加了他们的荣誉感和使命感。这种自我价值的肯定可以很好地促进移民进行主动搬迁。因此，社会宣传是促使三峡移民搬迁的另一个重要动力。同时，我们也可以看到，在这个宣传的过程中，充分体现出了举国上下对三峡移民的广泛关注，高度凝聚了全国人民对三峡移民的关怀之情，从而形成了一种万众一心的团结精神。

2. 内部动力——移民主观能动性的发挥

前述已经讲到,三峡移民的文化适应性前提,是移民必须“搬得出”,必须忍受背井离乡的痛苦、离开熟悉的生活生产环境和长期养成的文化模式。而驱使他们克服这种困难,最终踏上移民适应之路的动力,除了广大移民干部长期的思想动员工作、社会的大力宣传以及全国人民的广泛关注这些外部动力的引导之外,最重要也是最核心的动力源于移民本身。只有移民自身对三峡工程事业形成心理认同,从而肯定自身的利益牺牲在这项事业中产生的价值,并且由此怀着对未来生活的憧憬,移民才会在非自愿的前提下主动搬迁,去适应新的社会生活环境。在此,三峡移民文化传统中形成的勇于牺牲当前、追求未来的“冒险精神”“拓荒精神”以及“恋土情结”相对较弱的文化心理,是三峡工程百万移民能够在付出重大现实代价的前提下,如期完成移民搬迁安置的重要文化动因。因此,作为三峡移民的主体,他们主观能动性的发挥才是最终促成搬迁的内部动力,在此过程中,涌现出了一批思想觉悟高的三峡移民,他们在国家大义面前,毁家纾难,“舍小家,顾大家”,积极主动进行搬迁,表现出了崇高的奉献精神。同时,这些移民的事迹也起到了很好的模范带头作用,在广大移民群体中产生了巨大的感染力和带动效应,形成以移民促移民的积极态势,最终顺利实现搬迁。

被誉为“秭归三峡移民第一人”的韩永振,在 1992 年冬天,三峡工程刚刚拉开序幕的时候,他家乡所在的秭归县成为最早需要搬迁的地方之一。在当地移民干部们的鼓励动员之下,韩永振不仅自己主动搬迁,而且还积极劝说其他村民进行搬迁。针对一些村民的不理解,他更是忍痛将自己家的四间新房全部拆除,首先带头搬迁。韩永振的这一举动感动了不少村民。正是在他这种毁家纾难,“舍小家,保大家”的精神感召之下,终于带动了全村的移民完成了搬迁任务,他也因此上了报纸、电视,成了典型人物。[①]

重庆市云阳县高阳镇红庙村50多岁的移民冉以奎原本在老家办着酒厂，生意做得红红火火。在三峡移民搬迁任务下达到村里的时候，政府移民干部动员他搬迁，老伴儿因不舍家业而哭肿了眼睛，深明大义的冉以奎却劝解老伴儿说："哪方水土不养人，再创家业不就是苦点儿累点儿，为三峡工程建设做贡献，值！"在冉以奎的带动之下，红庙村村民们纷纷进行主动搬迁。[②] 冉以奎的这一个"值"字，真实地道出了广大三峡移民置国家大义、民族利益于一切之上的宽广胸怀和无私奉献的崇高情怀。

重庆市万州区太龙镇65岁的外迁移民魏太得在即将离开故土的时候，用真挚的感情写下了一首诗——《离别情》，充分展现了三峡移民的爱国情怀。诗中写道："离别情，离别情，离别之时难舍分。土生土长几代人，乡里乡亲几十春。为了三峡大移民，幸福生活启航程。我们愉快离，我们愉快分。离别情，离别情，离别之时难舍分。告别故土迁新家，相识结识新乡邻。为了祖国更富强，小康致富奔前程。我们欣然离，我们欣然分。"[③]三峡百万移民之所以能够"愉快离、愉快分"，在于他们心中有了一个更大的"家"，有一种对国家和民族的坚强信念，因而无私地选择了"舍小家，顾大家"，按期有序地进行了移民搬迁。

外迁扬州的移民姜廷巨，原是重庆市云阳县高阳乡人。1993年，他28岁，他的小女儿还在妻子的肚子里。自己家里有5亩柑橘园，一棵树上的橘子就可以卖500元钱，这样算来每年收入可观。姜廷巨还在家乡做教师，由于教学成绩优异，他在家乡小有名气，十里八乡的农民都愿意

① 韩永强：《韩永振：秭归三峡移民第一人》，三峡秭归在线，2011年10月17日，http://www.zigui.gov.cn/2011－10/17/cms492502article.shtml，访问日期：2015年3月20日。

② 邬云峰主编：《三峡移民精神概论》，中国三峡出版社，2005年，第117页。

③ 邬云峰主编：《三峡移民精神概论》，中国三峡出版社，2005年，第119－120页。

把孩子送到他班里读书，区里的一些学校也争着要他。也就是在这一年，国家刚刚提出三峡移民，乡里不断开会动员。姜廷巨想，反正迟早要走，不如早走，早走还可以给国家减少麻烦。就在这样的情况下，他领着全家特地在祖坟前做了最后一次祭奠，舍弃了满眼葱绿的柑橘园，带着一棵家乡的柑橘树、一抔泥土、辣椒和青菜种子，携着怀孕的妻子来到了扬州仪征市朴席镇移民安置点。在姜廷巨的模范带头作用下，他的父母、弟弟、妹妹和一些老乡也都搬到了扬州。姜廷巨说："为了国家建设，我们必须做出牺牲啊！生活是需要勇气的，既然在外迁移民大会上已经表态，我怎么能后退？我要为家乡父老做一个外迁的表率！"就这样，姜廷巨成为第一个落户扬州的三峡移民。①

云阳县九龙乡石龙村 12 组的"小户主"冉军从小憧憬山外的生活。当云阳县移民局组织移民户主到江津进行对接时，冉军的母亲觉得亲戚本家都在云阳，不愿前去。当时年仅 16 岁的冉军不顾母亲的阻挠，"擅自"以户主的身份赴江津进行对接，成了对接移民中年龄最小的"户主"。回来后，小冉军对母亲说："我们这里山高石头多，出门就爬坡。江津交通方便，经济较发达，你们不去，我就一个人去！"他还劝道："妈，要发财就不能把自己禁锢在高山深谷里，要过好生活也不能企求亲戚，这次移民是个机会，将来你想去也没那么容易……"母亲看到儿子不仅态度坚决，而且言之有理，只好答应了他的请求，承认了他的抉择。② 冉军的年龄虽小，但他的举动反映出广大三峡移民以移民为契机，主动改善当前生活状态，寻求新发展的开拓创新思想。

在重庆市巫山县大昌镇众多的三峡移民中，有一位 93 岁的老奶奶，姓郑，大家都称她为三奶奶。三奶奶从 19 岁嫁到大昌镇，整整 75 年没有

---

① 《探访三峡移民落户扬州第一人》，《扬州晚报》2007 年 10 月 31 日。

② 《小人物的大决策》，重庆市江津区移民局，2016 年 4 月 15 日，http://www.jjymj.gov.cn/www/site/web_show_1051.shtml，访问日期：2016 年 5 月 12 日。

离开过，她对这里有着深厚的感情。三奶奶的孙子马正伦是镇里的干部，三奶奶听人说国家要修三峡大工程，镇子要被淹掉，大家都要搬走，干部家要带头。她想，自己都90多岁了，还能活几年？一辈子在镇上，到头来还不能死在自己家的坟地里？三奶奶想起这些心里就发颤，更别说认真去想搬迁的事了。马正伦心里非常清楚，自己作为镇里的领导干部，自己家不带头搬迁，怎么能动员别人搬迁呢？可是奶奶90多岁了，让奶奶离开生活了几十年的镇子搬到几千里外的地方住，这话又怎么说呢？马正伦一时难以开口。随着大昌镇搬迁的日子越来越近了，一天吃饭的时候，马正伦偷瞟了一眼姐姐，想说又不敢说。最终还是奶奶先说话了："老二，我们家什么时候搬呀？"马正伦愣了一下，不知道说什么好。奶奶叹口气："我都听说了，你难，大家都难哪！可这一搬出去，还回得来吗？"马正伦开不了口，奶奶也沉默了。终于，奶奶说："搬吧！大家的事，不能为我一个老太婆受耽搁。唉，一辈子待在大昌，老了，还出趟远门，也好啊！"望着奶奶发潮的眼圈和僵木的表情，马正伦"扑通"跪了下去，哭得像个孩子。从那天起，三奶奶70岁的儿子领着孙子、重孙子不停地打点行装，准备搬迁。三奶奶在搬空的屋里、院子里不停地移动着小脚，颤巍巍的双手不舍地一一摸过家里的物件。离开大昌镇的那天，三奶奶迟缓的小脚就要跨出大门，却又停了下来，回过身去，双手紧紧抓住门框，什么也不说，停了好几分钟，衰老的身体像是要随时垮下来。最终，三奶奶还是依依不舍地离开了自己多年居住的老屋，离开了自己多年居住的大昌镇。[①] 三奶奶带头搬迁的事迹感人至深，她的行动体现了朴实的三峡人"苟利国家生死以，岂因祸福避趋之"的爱国情怀。

86岁的李开心老人在重庆云阳县白龙乡已住了几十年，有一个四世同堂的大家庭，生活幸福美满，享受着天伦之乐。李奶奶是三峡工程的

① 中共重庆市委宣传部、重庆市移民局：《三峡移民精神报告会文稿》2005年10月28日。

三期移民，按国家政策，像李奶奶这样的移民家庭可以留在家乡就地后靠。谁不想离家乡近一点儿？虽然不能常回去看看，但至少怀念的时候不是那么遥远。但是，李奶奶坚决不搞特殊化，想着虽然自己年纪大了，但也不能拖国家的后腿，如果自己只是后靠安置，肯定会有人以此为理由和借口，不愿搬迁，这样将不利于移民搬迁工作的顺利进行，给社会造成不良影响。思前想后，李奶奶最终毅然带着儿孙跟其他人一样搬到了100多千米外的梁平县千丽村。李奶奶的这一举动感动了左邻右舍，大家在李奶奶的精神鼓舞下，也跟着主动搬迁，使白龙乡完成搬迁任务的时间缩短将近一半。①

此外，还有很多事例展示了三峡移民顾全大局的思想。如重庆市巫山县培石镇培石村村民谭成栋的父亲在临终前曾说："我要葬在江边，听着江水声，才睡得踏实。"但为了三峡水库蓄水，谭成栋最终给父亲迁了坟。走惯了峡江路、看惯了三峡水、听惯了长江号子的库区儿女没有豪言壮语，他们毅然辞别故土，迁祖坟、离父老、别乡亲，割舍掉亲情，割舍掉爱恋，割舍掉风情习俗，割舍掉祖居老屋，割舍掉熟悉的一草一木……"舍小家，为国家"诠释了他们深厚的爱国情怀！② 这些普通的三峡移民在搬迁过程中涌现出的动人情节，体现出了移民以大局为重的思想观念、爱国主义精神和无私奉献的高尚情怀。正是三峡移民这种主观能动性的发挥，从根源上保证了移民搬迁工作的按期完成。

综上所述，在三峡移民的搬迁动力机制分析中，可以看到广大移民干部树立起了执政为民、全心全意为移民服务的思想，"宁可苦自己，绝不误移民"，他们舍生忘死，兢兢业业地开展移民思想动员工作。社会各

---

① 《发扬三峡移民精神，破解百万移民难题》，央视国际，2006年4月5日，http://www.cctv.com/news/xwlb/20060405/102422.shtml，访问日期：2015年2月1日。

② 《回顾三峡移民十余年，移民百万谱写中华正气之歌》，中国新闻网，2006年4月6日，http://www.chinanews.com/news/2006/2006-04-06/8/712984.shtml，访问日期：2015年2月1日。

界也积极配合移民搬迁工作，对三峡移民投以极大的关注和关怀，他们大力宣传三峡移民，形成了良好的舆论态势，从中体现出了全国人民万众一心、高度团结的精神。广大移民群众在国家大义面前更是表现出了崇高的奉献和牺牲精神，他们“舍小家，为大家”，为了祖国的繁荣富强，为了民族的振兴发展，为了子孙后代更美好的生活，甘愿迁离故土、含泪割舍家业，并且发扬开拓创新的精神，辛勤劳动，艰苦奋斗，重建新家园。以上这些内容所展示的正是三峡移民文化的重要内涵。我们可以清楚地看到，三峡移民文化并不单单是移民创造的文化，它是由广大移民群众、移民干部及全国人民在三峡移民搬迁过程中共同缔造的一种内涵丰富的文化。

（二）三峡移民文化适应性过程与三峡移民文化构建

在移民搬迁内、外部动力的共同作用下，三峡移民最终实现了“搬得出”的目标，这使他们对新环境的文化适应成为可能。从移民定义的时间规定来看，移民从迁出地搬出，应是长时间或永久性的，到迁入地居留，也应是长时间或永久性的，在人口学中，通常将“迁移者”或“移民”定位为居住时间在 1 年或 6 个月以上者，以更好地区别于“流动人口”。事实上，移民来到迁入地后，还必须实现“稳得住”的目标，这就涉及移民在迁入地文化适应性的问题。如果移民无法适应迁入地文化，就很可能因“稳不住”而出现返迁的情况。特别是对一些外迁到其他 11 个省市的移民来说，能够适应好当地文化，是他们“稳得住”的重要基础。我们应看到，移民的文化适应是一个长期而艰难的过程，移民需要通过再社会化，明确角色定位，确定移民身份，进而形成安置点及其外部环境所需要的知识、技能和价值观，在与他人的互动和博弈中找到适合移民自己的生存方式，以达到社会化的需求。内容涉及物质文化、精神文化和制度文化的多方位适应过程，包括以生计方式、谋生手段等为主的经济生产适应；以语言、饮食、居住、交通、人际关系、休闲娱乐、民风民俗等为主的生活方式适应；以家庭社会观念、教育观念、身份认同及情感心理归属等为主的思想观念适应；以及移民对移民政策、法规、乡规民约、厂规与企业制度等为主的制度文化适应等。

从文化适应的一般规律上来讲，跨文化研究专家葛兹把文化适应分为四个阶段：第一阶段为多幸期，这一阶段持续时间较短，就像蜜月中旅行的新婚夫妇，一切对他们来说都是那么新奇，他们看见周围的新鲜环境会觉得非常兴奋。第二阶段为文化冲击阶段，这一阶段中个体在新环境中开始了实际的生活，他们也慢慢地体会到了新文化与母体文化的差异，初步体验到了文化冲击。第三阶段为文化变化阶段，在这一阶段，个体对新的环境有所认识，同时也接受了一些新的价值观，自信有所增长，开始融入新的文化背景。葛兹认为，文化变化阶段是文化适应过程中最为漫长的阶段。在经历了第一阶段的兴奋、第二阶段的冲击和第三阶段的变化以后，个体最终进入了精神安定状态，即文化适应的第四阶段。[①]在这四个阶段中，人的情感动向如图 6-1 所示。[②]

具体到三峡移民的文化适应性过程，亦可以引用上述四个阶段来加以阐释。而文化适应的难度根据移民迁入地与故土的远近成正比，即在涉淹区县内就地后靠的移民，文化适应难度最低；出本区县到省市内其他区县安置的内安移民，文化适应难度次之；搬迁到其他 11 个省市安置的外迁移民，文化适应难度最大。

---

① 王亚鹏、李慧：《少数民族的文化适应及其研究》，《集美大学学报》2004 年第 1 期。

② 王丽娟：《跨文化适应研究现状综述》，《山东社会科学》2011 年第 4 期。

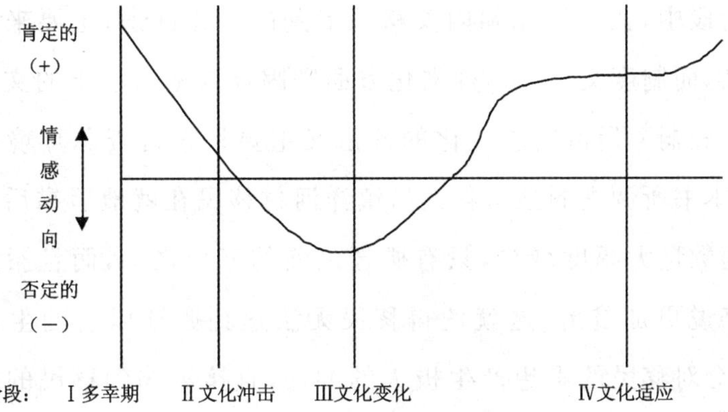

图 6-1　葛兹的文化适应曲线

在葛兹所说的“多幸期”内，由于刚到迁入地，三峡移民面对着迁入地这片陌生的土地，不得不进入这个全新的文化环境中，当然，对于绝大部分移民而言，这种环境是他们从未体验过的，甚至闻所未闻的。因此，他们在告别故土之后，也对迁入地有着强烈的好奇心和新鲜感，也会迫不及待地想要了解和经历迁入地的特色文化。此时，移民多表现出对未来的满怀憧憬，并急切地要在这片土地上扎根发芽，开花结果。特别是对外迁移民来说，这种愿望更是强烈。在本书所调查的由重庆开县外迁至山东曲阜的移民陈某就回忆说：“刚来那会儿，你是不知道我们那心情啊，从老家出来时就是乡里乡亲为我们欢送，来到这里又是受到了热烈欢迎，我们都为我们的三峡移民身份而感到自豪。一直在老家就听说山东是个好地方，好山好水好风光，自己想着到这里后一定要生根发芽。”另外一位小移民周某也说：“我刚来那会儿简直高兴坏了，在家的时候，上学出门就是山，除了山还是山，每天上学都要走很远的路，到这里后，我觉得地好平坦啊！我们是夏天那会儿过来的，感觉这里的夏天比重庆要凉快一些。觉得周围的好多东西都和老家不一样，自己感到特别的好奇。”

在短暂的“多幸期”后，移民的文化适应期进入了“文化冲击”阶段。

在这个阶段中，就地后靠和内安移民受到的文化冲击，主要来源于物质文化范畴，而制度文化和精神文化方面则因迁入地与故土的文化相似而显得相对较弱。所谓物质文化的冲击又主要是来自资源环境的显著差异，比如本书所调查的巫山县大昌镇洋河村移民在就地后靠后不但人均占有土地数量大幅度减少，只有搬迁之前的五分之一，而且搬迁后的土地相对来说更加贫瘠，这就使得移民无法达到搬迁以前的生产生活状况，必然会对移民的思想产生极大的冲击，直接影响到移民的经济适应状况。这一阶段，对于外迁移民来说，刚来时的新鲜已荡然无存，很多移民发现自己与周围的环境显得格格不入，甚至产生厌烦情绪，这对移民来说应该是最为煎熬的时期。正如有些外迁移民所说，刚来的前几天里，大家对这一片陌生的土地都很感兴趣，可是经过短暂的几周之后，他们才意识到问题的严重性。当他们想要出门时，却发现自己不会骑自行车；当他们上街买菜时，却发现无法与当地人沟通；随着收获季节的到来，他们发现竟不会使用当地的生产工具。而在经济生产方面，问题更加严重。移民在老家的时候，生活所需的肉类、蔬果大多是自给自足，平时生活成本很低，外迁到曲阜后什么都要买，什么都要花钱。种粮收入除去浇水、施肥、机械收割和人工等的费用后，所剩无几。于是，外迁移民们的情绪在“文化冲击”下跌入谷底，新环境带给他们极大的迷惑和困扰，而且移民大都是被“插花式”地安置在各个村社里，每村最多不会超过四户，一般只有两三户。由于是新修建的房屋，所以移民大都居住在村社的边缘地带，这使得大多数移民有种被孤立的感觉。孤独、无助的感觉常常伴随着移民的日常生活，很多移民在谈到老家时，常常会泪流满面，伤感不已，思乡情绪强烈。同时更是由于语言不通、风俗差异等因素，给移民带来对陌生环境的紧张感和焦虑感。而移民初到异地，无法很快地寻求到有效的帮助，无法获得足够准确的信息，由此给他们带来了“文化冲击”的危机感。可以看出，“文化冲击”阶段是三峡移民在文化适应过程中最为困难的阶段，如果不能处理好这些问题带给移民的困扰，那么在这个阶段中就很可能出现移民因无法适应迁入地文化而返迁的现象。

渡过“文化冲击”的煎熬之后，就进入文化适应中最为漫长的第三个时期，即“文化变化”阶段。随着居住时间的增加，移民对新环境有了一定的了解，受到当地文化的影响与熏陶，和当地人的接触增多，内心的不适感逐渐消失，融入当地新环境中的愿望也与日俱增。移民开始转变角色和意识，主动适应迁入地的文化。下面借鉴马斯洛提出的需求层次理论(need-hierarchy theory)来分析移民在变化和适应阶段是如何克服文化适应过程中的种种障碍，进而满足自己的需求，使自己融入当地文化的。

马斯洛将人的需求划分为生理需求、安全需求、社交需求、尊重需求、自我实现需求五个层次。我们把移民满足自身生理需求、安全需求和社交需求的过程归入“文化冲击”后的恢复阶段，把实现尊重需求和自我实现需求这两个高级别的需求作为移民完成文化适应，进入“精神安定”阶段的标志。生理需求和安全需求属于低级别的需求，主要包括食物、水、空气、健康、人身安全、生活稳定以及免遭痛苦威胁或疾病等，对三峡移民来说也就是生活最基本的衣食住行保障。比如食物的来源，三峡农村移民在搬迁之前多是靠着一亩三分田过着自给自足的生活，而搬迁后一些农村移民的新田无法满足自给，迁入城镇的移民则需要依靠市场购买，他们开始时感到不适应，但是随着时间的推移也在慢慢适应。他们通过学习新的种植技术，积极转变职业身份等来获得经济收入，减少因为搬迁经济收入下降带来的落差感和焦虑情绪。移民通过各种谋生方式解决了自己及家人的衣食住行以后，不用再为吃穿而担心，很多移民家里都增添了家具、摩托车甚至汽车等生活物品，从而获得了一种内在的安全感。而社交需求属于中等层次的需求，三峡移民通过自己的努力得到当地居民的认可，当地居民也改变了早期对移民的一些不公正看法，彼此之间的了解得到加深。文化变化阶段是三峡移民积极适应迁入地文化的重要阶段，是移民文化适应的表现和过程，这一阶段的文化适应情况将直接影响到三峡移民最终在迁入地的社会融合状态。

在经历上述三个阶段后，移民渐渐进入“精神安定”状态。对就地后靠和内安移民来说，他们对迁入地较为熟悉，造成后靠移民精神焦虑和不安的因素主要来自搬迁之后资源环境不如从前的落差感，一旦移民适应新的生产生活之后，这种落差感便会减少直至消失，移民就可以安心从事生产生活和社会交往，最后达到“精神安定”的状态，完成文化适应的过程。就外迁移民来说，这一阶段，移民不再被当作外地人，尊重需求和自我实现需求这两个最高层次的需求得到实现，标志着外迁移民的文化适应最终完成。

综合分析移民文化适应性的四个阶段，可以用四个关键词来总结，即兴奋、焦虑、调试、适应。从中可以看到，移民要完成以上文化适应的全部阶段，最终成功融入迁入地，中途会遇到各式各样的困难，而支撑他们克服这些困难的动力，我们也从外部动力和内部动力两方面来探讨。

1. 外部动力——帮助移民适应当地文化

为了实现移民“稳得住”的目标，帮助三峡移民在迁入地更快地适应当地文化，重庆市库区内部和移民外迁省市的政府采取了一系列积极的帮扶政策。表现在维护移民权益，保障移民利益，改善移民居住条件，大力开展移民培训，帮助移民改善生产生活方式，鼓励移民创业致富，重视移民教育问题，移民外迁省市在帮助移民融入当地文化的同时也尊重移民自身的风俗习惯等方面。除此之外，广大迁入地的本地居民也充分肯定三峡移民为国奉献的价值,用实际行动在各个方面关心、帮助移民,使移民感受到人情的温暖,有利于消除他们在新环境中产生的孤独、焦虑、迷茫等负面情绪,可以让移民更好地融入当地社会。这些外部动力,充分体现出了举国上下万众一心、团结协作的精神,这是三峡移民文化的一个重要组成部分。

(1)政策扶持

三峡移民是在政府组织规划下的非自愿迁移,移民在迁入地的安置效果如何与移民政策及其实施的效能密切相关。三峡工程移民开始以来,在党中央、国务院的统一领导下,各个涉及移民安置任务的地方政府先后采取了一系列政策措施,帮助移民在安置地稳定下来。在此,我们列举一些有代表性的事例。

重庆市库区为了实现移民"稳得住"的目标,着力解决关系移民群众切身利益的突出问题,把努力扩大社会就业、完善社会保障制度、完善医疗卫生服务体系作为重点。提出要依法移民、依法保障移民基本权益;基本消除城市"零就业家庭"和农村富余劳动力"零转移就业家庭",城镇登记失业率控制在5%以内;全面建立农村最低生活保障制度和城市特困医疗救助制度;基本普及高中阶段教育;加大对三峡库区公共服务设施建设的扶持力度,落实支持三峡库区产业发展、城镇化建设和劳动力培训转移等政策。主要体现在以下五个方面:一是完善库区社会保障制度,保证移民基本生活;二是完善库区医疗卫生体系,解决移民看病难、看病贵的问题;三是优先发展库区教育事业,促进库区教育公平;四是构建库区公共财产体系,加大库区公共财政支持力度;五是完善移民法律法规,依法保障移民基本权益。对以上政策法规的大力宣传,无疑能提高移民解决关系自身利益问题的能力和法律意识,使移民免去生产生活的后顾之忧,增强对新生活的稳定感,能安心地扎根在搬迁地。

在移民培训、帮助移民改善生产生活方式方面，自正式开展移民工作以来，重庆市移民培训工作大体经历了三个阶段。第一阶段是1993—2003年，以宣传、培训移民政策法规和管理办法为主，促进移民搬迁安置，同时开展农村移民种植、养殖技术培训。第二阶段是2004—2005年，是移民培训的调整过渡阶段，重新编制移民培训规划，在第一阶段上实现了三个转变：培训对象由移民干部为主转变为移民为主；培训内容由政策法规为主转变为劳动技能为主；培训目的由促进移民搬迁安置为主转变为促进移民就业和增产增收为主。第三阶段从2006年开始，重庆市委二届九次全委会后，进一步调整和完善了移民培训思路，培训与就业有机结合，与帮助移民增产增收有机结合；强化了职业资格培训，新增了资助移民接受中职学历教育，基本形成了适应重庆库区特点、适应劳动力市场需要、适应移民需求的移民培训思路。① 培训上岗就业、增收致富是移民培训效果的最终体现。经过几年的技能培训，在农村移民中涌现出了一大批参加培训后发展种养殖业、增收致富、带领广大移民群众共同致富的典型。50％以上参加职业技能培训的移民实现了上岗就业，有的移民受训后自主创业，当上了小老板；许多农村移民参加培训后到县外、市外务工，成功实现了向非农产业的转移。各区县移民局、各培训学校把培训专业、培训就业、技能考核与就业招聘有机结合，根据用工订单确定培训内容，取得了良好效果。万州、涪陵、巫山、奉节、云阳、忠县、丰都、长寿等区县移民部门与劳动部门密切协作，在移民学员培训结业后，多次组织企业举办移民用工招聘会，使大批移民走上了就业岗位，打开了他们勤劳致富的门路。如巫山县下发的《巫山县人民政府关于印发巫山县移民培训卡制度试点工作方案的通知》（巫山府发〔2009〕81号）里就

① 王显刚：《关于三峡工程重庆库区移民培训就业工作情况的报告》，《重庆市人民代表大会常务委员会公报》2011年第6期。

详细规定了培训内容，其中包括：养猪、养羊技术，汽摩驾修、农机驾修技术，家电与电子电工技术，建筑技术，种植技术，开办农家乐技能等。此外还成立了专门的移民职业教育和技能培训领导小组，对整体的移民培训做总体规划和引导。然后通过村主任印发宣传单，分村召开群众会，分社召开院坝会，并发放移民培训质量反馈卡，确保不是走过场，对移民不清楚的问题设置专线解答。通过以上移民培训措施，巫山县移民中有65％的人认为培训对恢复生产帮助较大。

当时江津市接到安置云阳县移民的任务时，为了迎接这批内安移民，江津市委、市政府的领导们在市内的63个乡镇中比较，经实地考察、分析论证、正确决策，确定将位于长江之滨、土地资源丰富、交通方便、经济较发达的油溪镇作为江津市的移民安置试点镇。接受任务仅三天，从各部门抽调的调查队在江津市副市长徐金刚的带领下，进驻油溪镇。经过调查摸底，确定了盘街、永和、大坡等7个村、36个社为接纳出县安置农村移民示范点，规划安置移民563人。同时，江津市还请来了四川省移民开发中心的专家，历经半个月，全面完成了《三峡工程重庆库区江津市接收异地安置农村移民试点方案》《油溪镇安置三峡工程移民的实施方案》《油溪镇三峡移民工程农田水利基本建设的立项报告》。并确定了以农业安置为主，开发性移民，社员和移民自愿，依法调整土地，相对集中、插花安置的工作原则。市领导为移民对接过程中涉及的供水、供电、房屋购建、子女入学等问题组织专题会议，专题解决，并冒雨到各村、社、户检查监督各项工作的落实，要求江津市的同志首先要做到自己放心，才能确保真正让移民安心。[①]

除此之外，外迁移民安置地的政府在帮助移民融入当地社会、适应当地文化方面也做了大量工作。如从重庆奉节白帝村外迁到福建晋江

① 《江津——云阳移民的新家》，《重庆日报》1999年5月21日。

西滨镇安家的300位移民刚到晋江时，由于语言差异极大，几乎没有一人能听懂当地方言，也不太适应当地的环境，特别是一些上了年纪的人，思乡情结十分强烈，一度想要返迁回白帝村老家。移民感叹："天不怕，地不怕，就怕说闽南话。"为了加快三峡移民融入当地社会，西滨镇政府决定从娃娃抓起，让处在知识的储备期，相对大人而言，接受语言更快的小移民先学会闽南话。于是，西滨小学、西滨中学专门为小移民进行了闽南话培训，等这些小移民放学回家之后，又当起语言"老师"，把从培训中和课堂上学到的闽南话教给父母。[①] 通过这样一种方式，有效地帮助了移民适应当地语言。

山东省移民干部把工作重点放在了教移民"学吃、学说、学行、学生产"上。他们手把手教会移民做面食、说普通话、骑自行车、种田地，使移民度过了外迁以后最初的艰难期和孤独期。在土地分配上，移民分配大多是稳产高产熟地，住房人均面积达到25.8平方米，普遍高于当地村民平均水平。在移民迁入时，还为移民准备了家具、厨具、粮食、蔬菜，接通了电话和有线电视。[②] 如本书所调查的山东曲阜移民安置点，在移民安置过程中，曲阜各地方政府大力宣传和解释国家移民安置的政策和方针，落实移民思想工作；及时调整承包土地，落实移民的土地经营权；资助移民建设新房、购买农具家具，解决移民生产生活需要；重视移民教育问题，帮助移民孩子就近上学；设立移民代表制度，每个乡镇设立2名移民代表，反映广大移民的想法和诉求。这些政策为移民适应新环境创造了条件，无疑会帮助移民更好地适应当地文化。

上海市为安置三峡移民精心谋划。在如何安置移民方面，上海市领导干部认为，三峡移民为了国家才舍小家，告别故土，来到新的地方，应

---

① 岳非丘：《安民为天——三峡工程百万移民的历史启示》，重庆出版社，2007年，第137页。

② 中共重庆市委宣传部理论调研组：《带头实践好科学发展观——四论学习和弘扬三峡移民精神》，载《重庆社会科学年鉴》(2005年卷)，重庆大学出版社，2006年，第42页。

该谨慎考虑对移民的安置问题。移民如果被过于集中安置在一个地方，会使他们难以融入当地社会，容易造成移民群体的独立与封闭，影响他们与当地社会的同步发展，不利于社会的安定与群众的团结。但过于分散也不是好事，会造成移民心理的孤独感和无助感，同样不利于他们融入当地社会，同时，过于分散也增加了管理的难度。经过几十个专家长达几个月的调研，通过村、镇、区、市级层层干部会议确定了“相对集中，分散安置，以三五户为一个移民点，比较适宜”的安置方案，而移民们对此很满意，说：“三五户在一起，让我们既不感到势单力薄，回家聚在一起回味和重温原有的文化与风俗，走出家门又能让我们自觉自愿地跟当地人亲密相融。”在移民住房方面，上海在建房的选址上确定了三条标准：一是必须方便移民们的出行——他们规定移民的房子出门就得同公路相通；二是必须方便移民就医和子女就学——他们规定移民的居住地离城镇最远不出1.5千米；三是必须方便移民就近耕作，承包地一般不出宅基地前后300米。所有到崇明和上海其他区县落户的三峡移民全部住上了漂亮宽敞的二层新楼。3人一户的面积一般不少于120平方米，4人一户的面积一般不少于150平方米，5人一户的面积能达到180平方米左右。[①]

在帮助移民融入当地社会的同时，外迁移民安置地政府、群众也尊重三峡移民的生活习俗。如外迁到上海的三峡移民有7 500多名，他们离开了故乡，也把过年熏腊肉的风俗带到了上海。在重庆人的心目中，不亲自动手做点儿腌肉、熏肠的，那就不叫过年。搬迁到上海落户后，由于每户家里都没有专门熏制腊货的灶头，他们只好在外面架了一个临时熏制点。虽然烟大，不过村干部表示，当地居民会尊重三峡移民的风俗习

① 何建明：《国色重庆》，《重庆晚报》2007年7月17日。

惯,同时准备尽快提供一个专门的场地,供移民熏制年货。[①] 此外,只要有三峡移民的地方都相继开展了一系列具有三峡文化特色的过年活动,尊重了三峡移民的文化,使得广大移民群众感受到全国人民对他们发自内心的尊重与爱戴。

在帮助外迁移民创业致富方面,福建省福清市移民办主任王贤飞,亲自为来自奉节县的移民走村入户地推销奉节脐橙,还以移民办的名义专门下发文件,要求全市各单位、乡镇积极购买奉节脐橙,增加移民收入,帮助移民致富。广大移民对目前的生活状况感到比较满意,与当地居民的关系逐渐融洽和睦,正在逐步融入当地社会。移民的到来,客观上也为当地经济社会发展增加了新的元素,这些元素将为促进区域经济社会发展起到积极的作用。[②]

(2)当地居民支持

移民在安置地适应状况的好坏与当地居民对他们的接纳程度和支持程度也有着密切的关系。特别是一些内安移民和广大外迁移民,在搬迁过程中遭受了经济损失,为重建家园付出了巨大代价,生产方式的不适应和原先从事副业资源条件的丧失,都使得移民的收入不仅减少,而且极不稳定,而移民日常的消费支出却相对增加。加上语言、饮食、风俗和人际关系的变化,思乡情绪强烈等也给移民的精神生活带来严重的影响,主要表现在孤独、焦虑、无助、紧张的情绪时常伴随着移民的日常生活。因此,移民安置地居民的接纳、支持和帮助,是促使三峡移民适应安置地文化的又一不可忽视的动力。

---

① 《过年不忘旧风俗,三峡移民熏腊肉》,上海市人民政府合作交流办公室,2007年2月8日,http://xzb.sh.gov.cn/node2/node4/node731/node733/u1a99383.html,访问日期:2015年2月18日。

② 中共重庆市委宣传部理论调研组:《带头实践好科学发展观——四论学习和弘扬三峡移民精神》,载《重庆社会科学年鉴》(2005年卷),重庆大学出版社,2006年,第42—43页。

上述提到,江津市在安置云阳移民时,政府做了一系列工作帮助移民,而江津朴实的油溪人民面对即将到来的云阳移民,也表现出了顾大局、识大体的精神,积极踊跃参与到移民安置工作中来。永和村三社被确定为安置点后,社长聂相民发动全社男女老少,用不到三个月的时间修通了长两千米的乡村公路,连通了公路干线。社员聂某某将新修的楼房腾出来给移民作过渡房,自己又搬回原来的旧房居住。如此等等。移民向大娘激动地说:"真没想到我们会搬到这么好的地方来。这地方平坦,交通方便,干部群众对我们照顾很周到。我们愿意在这里扎下根……"她是云阳县首批内安江津的移民户主之一,她们一家被安置到了斑竹村五社,这个社从龙洞乡来的就她一家,但在热情的江津人民的帮助和支持下,她却没有一点儿孤单的感觉。龙洞乡一位姓何的移民原本是偷偷"混"进到户主中想来看看情况的。他一到油溪镇,就立即决定搬来落户。油溪镇古坛村二社更是为他落实了400株长柑带上的柑橘树。他激动地说:"这下我心里踏实了。我们一定能在这里安居乐业。"①从这些移民的述说中,我们可以深刻地感受到江津当地居民的热情,他们用实际行动帮扶移民,表现了非移民群众顾大局、识大体的精神。

在有安置外迁移民任务的省市,当地居民也展现出了奉献精神,他们积极主动帮助移民,涌现出了很多感人的事迹。2000年5月初,首批三峡移民到江西省靖安县对接考察建房地点时,相中了一片本地人都舍不得在上面建房的良田沃土。这些本地居民也和当初三峡移民离开三峡老家一样,舍不得自己的家业,舍不得这一棵棵果树、一间间老屋。靖安县的移民干部来到这些人家里,耐心劝解说:"为了三峡工程,三峡移民搬到这里来不容易,他们不但舍弃了家产,还远离乡土和亲朋好友,到了新地方,人生地不熟,感到比较孤单,所以特别希望在新地方就能有块

① 《江津——云阳移民的新家》,《重庆日报》1999年5月21日。

好地，为将来的生活打下基础。而我们有这么多朋友和亲戚在这里，再难也比移民强呀。”通过反复做工作，五户村民虽然对土地和老屋依依不舍，但还是让了出来。他们说：“将心比心，我们让出一块好田好地都这么难受，三峡移民为了支援国家建设，这么老远搬迁到了这里，更是不容易呀，我们还有什么舍不得呢？”不仅如此，在江西靖安的虎山林场、寿观林场、红岗林场，仁首镇、双溪镇、水口乡，一经三峡移民选中，当地干部群众毫无怨言，调出好田，拆除厂房，腾出地方，让给移民建新家。这些淳朴的村民表示：“人家大老远来，无依无靠，也真不容易，都是为了国家建设，我们也奉献一次吧。”三峡人为三峡工程而移民，江西人为三峡移民而移民。为了三峡移民有一个温暖的家，江西群众不惜牺牲自己的家，同样是一种奉献精神的体现。他们和三峡移民一样，都为三峡工程建设做出了贡献，他们通过自己的实际行动间接地支援了三峡工程的建设。①

安徽省宿松县作为三峡外迁移民安置地，当地华阳河农场拿出了最好的地供移民挑选。复兴社区也给移民让出了一部分土地，当地农民人均 6 分地，而移民有 1 亩，复兴社区会计王赛白说：“心疼也没办法，他们也是响应国家号召过来的。”外迁到当地的移民最初不会种植棉花，而当地属长江下游的冲积平原，土质为沙土，适宜棉花生长，主要经济作物就是棉花。于是当地农民一对一、手把手地教移民种植棉花。② 外迁到上海的移民来到安置地时惊讶地发现每户的自留地上，辣椒、青菜、茄子等蔬菜都已经种好了，承包地上，当地村民也已帮忙种上了水稻。有几个上海当地的老乡明确说，现在移民们盖房的地方是他们的新房地址。如

① 《三峡移民精神报告会发言(摘登)》，光明新闻，2006 年 4 月 14 日，http://www.gmw.cn/01gmrb/2006－04/14/content_403469.htm，访问日期：2015 年 5 月 10 日。

② 《三峡百万“非自愿”移民：他们是公民》，腾讯新闻网，2010 年 9 月 20 日，http://news.qq.com/a/20100920/001030_3.htm，访问日期：2015 年 5 月 20 日。

果换了是村镇干部的，他们绝对不会答应，可现在是给了三峡移民，他们没有任何意见。三峡移民为了国家建设牺牲了自己的利益，他们也要为三峡移民做奉献。[①]

40多岁的胡一兵原是重庆开县镇东镇大丘村农民。作为三峡移民之一，2002年8月，他和家人及父老乡亲共165人怀着忐忑不安的心情，离开了祖祖辈辈生活的老家，来到四川省南充市营山县城南镇。初来乍到的那些天，干部就主动给他们送来了猪肉、油、米等生活必需品，并多方协调把就近、成片的好田土调整分给了移民。“令我特别感动的是，2002年秋季开学，我那两个读小学六年级的孩子正为上学而犯愁，镇长主动帮忙联系到就近的营山金华希望小学读书。”胡一兵说。他刚来时，干起了屠户这个老本行。经常收猪、卖肉，与当地农民频繁接触，逐渐地融入群众中。秋收时，胡一兵家晒稻谷，好几次遇到突然下起雷阵雨，邻居郑桂生、冯仕元等主动前来帮忙抢收抢运稻谷。他家建牛舍，邻居郑吉高、胡向文等来搬运石头、砖，做了很长一段时间，没要分文报酬。“大家对我像亲人一样好。”胡一兵感慨道。[②]

在我国，农村社会由家庭、家族关系和邻里关系所构成的社会关系网络对于农民而言，在生产和生活中发挥着重要作用。这不仅是农民维持和发展生产的重要社会资本，而且有时还具有一定的社会安全和社会保障意义。但是由于迁移原因，移民无法全部保留除家庭关系以外的其他社会关系，在多数情况下，将不可避免地造成原有社会组织的瓦解和社会关系网络的破裂。在此情形之下，移民重新建立起在安置地的社会支持网络就显得尤为重要。据对山东曲阜外迁移民的调查，移民的社会

① 《从故土到新家——探访首批落户上海崇明岛的三峡移民》，新华网，2011年11月20日，http://news.xinhuanet.com/fortune/2011－11/20/c_111181289.htm，访问日期：2015年5月20日。

② 《同甘共苦的“营山人”——一位三峡移民的故事》，《南充日报》2009年5月10日。

支持网络主要是通过当地居民帮扶来实现的。一是邻里帮扶。邻里各户之间通过非正式的现金借贷以及交换食物、衣服等日常必需品，在耕作、建房等生产劳动中的相互协作来应付生产生活中出现的各种紧急情况。移民来到曲阜之后，迅速地与邻里和当地居民建立起融洽的关系，邻里的相互帮扶消除了初来乍到时的紧张不安感、忧虑感，大大解决了移民在生产生活中遇到的困难，增强了移民适应新环境的信心和勇气。二是村组帮扶。在曲阜各移民安置村，每个移民户落实一名村干部作为该户的帮扶人，并签订帮扶协议书，明确帮扶的责任和目标要求，帮扶期为三年。就调查来看，村组帮扶主要解决移民生产技术上的难题，使移民尽快适应当地的生产劳动方式。在当地建立起新的社会支持网络后，移民就可以解决日常生活中出现的问题和危机感，维持日常生活的正常运行。同时在社会层面上，社会支持网络作为社会保障体系的有益补充，有助于减轻移民对安置地客观环境的不满，缓解个人与社会的冲突，从而有利于社会的稳定。

综上所述，为了帮助三峡移民更好、更快地适应迁入地文化，各移民安置地政府根据本地区的实际情况尽可能为移民选择好的安置点，尽可能向移民提供好的土地，让移民尽快地融入当地生活，提出了“以移民为先，以移民为重”的口号，充分体现了社会主义团结协作精神。从各迁入地移民干部工作实践来看，他们在移民安置工作中不仅坚持了政府组织和移民自愿的原则，也根据移民的意愿，既可以做到集中安置，又可以做到分散安置。在移民基础设施建设和移民建房方面，也获得了良好的效果，正确处理了统一建设与自主建设的关系。在移民和当地群众的关系上，加强了各级干部和群众的思想政治工作，使他们充分认识到三峡移民为国家三峡工程做出的重大牺牲。广大非移民群众展示出了顾大局、识大体的精神，积极帮助移民融入当地社会，移民与当地的干部群众团结协作，共创小康生活。在移民适应过程中，各移民安置地政府减免对移民的各种收费，简化办理程序，关心移民生产生活。在移民资金管理方面，树立对移民资金高度负责的思想，确保资金有效用于移民安置，为移民提供经济保障。移民的后期发展是移民安置工作的重中之重，认真处理好移民与发展的关系，移民干部不仅安置移民，发展移民，而且也注入了新的血液，带来新的思想，促进移民发展，推动地方进步。这些对三峡移民各式各样的帮助，都成为移民主动适应安置地文化的重要动力。

2. 内部动力——移民主动适应当地文化

三峡移民背井离乡，搬迁到一个陌生的新环境，在衣食住行、人际关系、风俗习惯等方面都面临着文化适应，这些无不关系到移民搬迁后的稳定生活。要实现三峡移民“稳得住”的目标，除了国家政策的支持、移民干部的努力、全国各地的帮扶，最主要、最核心的动力依然来源于移民自身。移民主观能动性对于移民文化适应具有重要作用，只有广大移民群众积极克服在文化适应中遇到的各种困难，自觉融入当地社会，主动参与新家园的建设，在谋生中积极寻求发展，为创造美好新生活而不懈努力，在移民群体中形成开拓创新、艰苦奋斗的观念和坚忍不拔的精神，移民才有可能最终完成长期而艰难的文化适应过程，实现搬迁后的稳定生活，移民任务才能取得全面意义上的胜利。在搬迁过程中涌现出了一大批值得称颂的人物，他们不仅自己主动融入安置地，而且也带动了一大批移民群众为创造新生活而不懈努力，在此之中又为三峡移民文化增添了新的内涵。

冉振爱，万州新田镇五溪村的党支部书记和村委会主任。他既是移民，又是一名移民干部，发挥模范带头作用，1992 年冬率先后靠搬迁到两千米以外的一处乱石岗建房安新家。冉振爱在做好全村被淹没的 9 个社的 615 名移民安置的同时，用国家支持的低息扶贫贷款和自己的积蓄种植果树，带领移民逐步走上致富路。而今，全村有40多户果树种植大户，80%的农户都有20棵以上的优质果树。他还筹集了15万元资金，带领全村600多人投工投劳1.2万多个，用3个月时间修通了9.2千米的村级路，修通了1.2千米引水渠，新修26口人饮水池，使86户310多人用上了自来水。在冉振爱的带领下，移民重建家园，实现了安稳的生活，并走向了致富之路。①

类似这样的事迹还有很多。如开县赵家镇长安村移民在重建家园过程中，全村投入移民资金24万元，移民群众自筹资金12万元，投工投劳7.14万个，修筑了贯通全村的9千米长的三级公路。忠县移民刘和乾2005年承包了一大片果园，并招来45名移民一起奋战，最终取得了成功。刘和乾致富后，又出资为村里修了宽7米、长1 000米的公路。现在刘和乾成立了乾芳农业开发公司，计划打造重庆市的名牌果园。云阳移民陈七三，曾经不理解国家移民政策，是一名“搬迁钉子户”，当地领导多次找他谈心，鼓励他创业。在政府的帮助下，陈七三于2004年建起了一个2 000平方米的养猪场，年出栏生猪1 500头，产值达150万元，解决了50名移民就业问题。致富后，他还多次给村民提供无偿帮助，仅技术指导就达500多次，免费送医送药近2万元。丰都移民董应普2005年办起了人力资源开发公司，为移民们找工作岗位，解决移民就业问题。他经过半年艰苦努力，成功争取到世界500强之一的中远集团的支持，并在长江中上游唯一一家船员协作中心为移民们争取到了更多的就业岗位。万州米妮公司老总王士惇抓住移民机遇，经历一系列困难和考验后建起米妮大厦和汉马酒店。他在企业发展的同时担负起社会责任，致力于推动希望工程和移民安置工程，还成为为北京申奥捐款的第一人。巫山县

① 中共重庆市委宣传部理论调研组:《带头实践好科学发展观——四论学习和弘扬三峡移民精神》，载《重庆社会科学年鉴》(2005年卷)，重庆大学出版社，2006年，第41页。

移民吴琼下岗后在移民局的支持下办起酒楼，在巫山成为行业龙头。为让更多下岗人员和移民致富，他累计投资 20 多万元培养餐饮人才 300 多人。开县竹溪镇竹溪村党支部书记唐国述带动村民共同致富，把竹溪村从一个有名的穷村变成了开县名副其实的“菜篮子基地”和“城市后花园”，全村每年人均纯收入逾7 000元。涪陵江北街道一社区居委会主任杨春，为当地修建了“长江第一梯道”，建了生态养鸡场，解决了 10 多位移民就业问题，并带出了一支 30 多人的建筑劳务队伍，劳务收入达 200 万元。[①]

内安移民同样开拓创新、艰苦奋斗，在安置地积极寻求发展。搬迁至江津李市镇的云阳移民谭宗兰，面对一个陌生的地方，一度彷徨不知所措。看到李市镇群众把最好的土地调换给自己家，当地干部也热心关爱、帮助他们的生产生活，谭宗兰安下心来，决定要想办法在第二故乡把日子越过越好。2002 年，谭宗兰积极参加各类种植培训班，掌握了花椒、栀子的种植管理技术，并带回资料，边干边学。她与 20 多名民工一起除草、翻土、打窝，经过 2 个月的苦战，在杂草丛生的荒地上种上了致富的花椒和栀子。然而市场和谭宗兰开了个玩笑，种花椒并没有让她致富，还让她先后投入的 20 万元全亏了。不服输的谭宗兰凭着一股坚强的意志，又向镇上申请了 80 亩经济林种柑橘，挖坑、施肥、栽苗、浇水，谭宗兰侍弄自己的柑橘树已经很辛苦，但想到刚迁入时，当地群众对她的帮助，谭宗兰又帮乡亲们申请了 420 多亩经济林，希望能带领大家一起致富。谭宗兰除了把一些技术资料复印好后送到家家户户，还向村民们言传身教柑橘种植技术，培养了 50 户种植专业户。在她的影响下，村民们逐步走上了致富道路。正当谭宗兰一家的生活越来越好时，不幸却降临了。2008 年 12 月，谭宗兰和丈夫遭遇车祸，丈夫不幸去世，谭宗兰的盆骨粉碎性骨

① 《9 位三峡移民畅谈创业》，《重庆晨报》2008 年 9 月 19 日。

折，永远丧失了劳动力。然而，谭宗兰把伤痛深埋心中，开始扶着墙锻炼走路。到2009年秋天，她开始能拄着双拐独立行走后，立马到花椒林、柑橘林转悠。大病初愈的谭宗兰投资10多万元订回3 000多只鸡苗，发展林下养鸡。背不能弯，她就站着指挥，蹲着拔草，坐着喂鸡，拄着拐杖去参加移民局和扶贫办组织的培训。她还去西南大学学习林下养殖，又去云南考察了孔雀养殖。最终，她在柑橘林里建好了12个鸡棚，饲养了5 500只生态鸡。谭宗兰用她的信心和决心，用勤劳的双手，实现着一个普通农民纯朴的追求和梦想。[①]

搬迁至合川区钱塘镇忠县兴旺村的移民成世珍，原本在老家开办幼儿园，后来因为搬迁把幼儿园关闭了。成世珍到合川后，钱塘镇政府给她优惠征地3亩，为她免去了政府该收的一切费用，帮她兴办了既包含了对老家兴旺村的怀念，又有对在新家钱塘创业致富希望的旺塘幼儿园。旺塘幼儿园的初步成功，使成世珍增强了继续创业的信心和决心。2003年，成世珍决定开办小学。她把旺塘幼儿园改成了旺腾移民文武学校。五年过去，旺腾移民文武学校已发展到在校学生800多人的规模，并按标准校园购置了设施设备。随着教学规模的扩大，成世珍高薪聘请了具有多年教育管理经验的校长和三十多名师范学院毕业的大学生来校任教。2005年，成世珍被国务院三峡建委评为外迁移民先进个人。她用普及教育的方式为更多移民安稳的生活贡献着自己的力量。[②]

外迁移民，更是充分发挥主观能动性，主动融入当地社会。据在山东曲阜的访谈得知，半数左右的移民能够认清搬迁后的严峻形势，主动向当地居民请教在生产和生活中遇到的难题，积极寻找致富之道。一些有特长、有经验的移民搞起了生猪屠宰、建筑包工、川味饭店等。值得一

---

① 《库区移民精神：顾全大局，拼搏奉献》，《重庆晚报》2010年9月30日。

② 《成世珍和她的500个孩子》，《重庆日报》2011年2月20日。

提的是，很多移民妇女在生产生活中也不甘人后，学起了生猪养殖、三轮运输，有的还在家专门做十字绣，这都为移民带来了不错的经济效益。

熊德国原来是重庆市忠县东溪镇三台村农民，2001年他说服家人和乡邻，带头外迁到山东省寿光市化龙镇鲍家村。在山东，他和妻子艰苦创业，虚心请教当地群众，使自己的7亩地年年增收，被当地群众誉为“种庄稼的好把式”。他勤劳致富，针对当地农耕机械紧缺的矛盾，贷款10余万元，购买了“福田欧豹旋耕机”，每年驾车为当地村民耕地数千亩，年收入近10万元，被当地群众誉为“致富能手”。熊德国除积极带动当地三峡移民勤劳致富外，还主动融入当地群众的生活，积极为当地群众操办红白喜事，深受乡邻的赞许。此外，他还自学保险业务知识，通过考试，被人寿保险公司录取为正式职员。①

像熊德国那样主动融入当地社会、主动寻求自身发展的事例很多。如李洪华，忠县移民，到山东即墨市后，既下田种地，又进城开餐馆，年收入达到了30万元。他还尽力帮助移民，录用了19名移民子女做服务员。胡运鸿年近六十，是外迁到江西奉新县的奉节移民。他到奉新县后关心当地社会发展，自订报刊、自学农业科技知识，很快掌握了种棉种瓜新技术，日子过得红红火火，还被选为奉新县政协委员。雷阳安是外迁到江西永修县的云阳移民。他来到江西永修县后，种棉花、种水稻、养猪、酿酒、开打米作坊，样样都干，很快走上了勤劳致富的道路，还当上了当地志愿者协会的会长。② 外迁到江苏省东台市三仓镇新五村的云阳县水磨乡移民覃敬明，不等不靠带领全家人种大棚蔬菜，开药店，兴办养猪场，年收入近10万元。2004年春节，他还写下了一副对联，上联“舍老家移

① 甘宇平等主编：《当惊世界殊——重庆三峡移民纪实》，重庆出版社，2007年，第419页。

② 杨维成、刘健、郭立：《百万移民撼天地——三峡移民精神礼赞》，新华网，2006年4月4日，http://news.xinhuanet.com/newscenter/2006-04-04/content_4383479.htm，访问日期：2015年4月10日。

民江苏顾大局”，下联“建新家自力更生早致富”，横批“不等不靠”。外迁到安徽省芜湖市的开县丰乐镇 14 户移民白手起家，在当地办起了“三峡移民美食街”，成为远近闻名的餐饮品牌，移民们很快走上了致富之路。[①] 这些事例充分反映了三峡移民朴实、勤劳、坚韧、拼搏、奉献的精神，他们与时俱进、开拓创新、艰苦奋斗，创造着美好的新生活。

（三）三峡移民文化与国家观念构建

通过以上两个层次的三峡移民文化适应性的动力机制分析，可以看到，三峡移民文化是在气势磅礴的百万三峡大移民的实践中逐渐产生的，是由广大移民、移民干部、迁入地群众以及全国人民共同缔造的。将以上这些内容加以整合提炼，形成价值的提升，三峡移民文化即可高度概括为三峡移民精神，即“顾全大局的爱国精神、舍己为公的奉献精神、万众一心的协作精神、艰苦创业的拼搏精神、开拓开放的创新精神”。而三峡工程是一项国家的重大水利工程，只有移民首先对国家产生认同，才能认同三峡工程的价值，进而才能认同三峡移民工作、认同自身牺牲的价值。因此，三峡移民精神集中体现了国家观念在移民文化适应性动力机制中的巨大作用和价值导向。国家观念是中华民族几千年来形成的文化精髓，三峡移民作为中华儿女，血液中流淌着“天下兴亡，匹夫有责”的优良传统，胸怀着“苟利国家生死以，岂因祸福避趋之”的主人翁意识和“舍小家，顾大家”的大无畏精神。可以说，国家观念始终伴随着三峡移民文化适应的始末。

① 《回顾三峡移民十余年，移民百万谱写中华正气之歌》，http://news.qq.com/a/20060406/000563.htm。

1. 三峡移民精神发展简述

(1)萌芽时期

三峡移民精神的萌芽时期可起于1985年的试点移民到1997年重庆直辖。在此段时间,库区人民为了三峡工程的兴建,为了实现强国梦想而移民,在物质、精神上都做出了重大的牺牲。他们敢于重新开始、重建家园、艰苦奋斗、振兴库区,这种牺牲精神和坚强意志让人震撼。在三峡移民经验初步摸索、验证和积累中,涌现出一批先进移民干部和移民积极分子,如被评为"移民先锋""三峡移民的贴心人"的奉节县移民干部冉绍之、巫山县县长蔡军、洋河村移民"省长"郑昌省等均成为广大移民干部的学习典型,树立起"宁可苦自己,绝不误移民",执政为民、全心全意为人民服务的思想。移民典型中的"秭归三峡移民第一人"韩永振、三峡移民带头人谭和平就是库区移民积极响应国家号召,"舍小家,顾国家"的代表。

在1992年4月七届全国人大第五次会议批准兴建长江三峡工程的决议后,国务院办公厅发出了《关于对三峡工程库区移民工作对口支援的通知》,各省市就积极派队伍考察、捐赠物资,投入合作项目和资金,到1995年,全国已有54个国家部委、直属单位,20个省、市,10多个大中城市和一批大专院校、大中型企业对口支援三峡库区,与库区县、市结成了377对对口支援关系。[①] 1996年,全国对口支援三峡库区的资金和物质折款6 000多万元。北京市在第一时间里与宜昌市签订"对口支援"协议书,上海市在结成对口支援关系后的10个月里完成了办经济管理干部培训、修筑希望小学、销售农副产品、接受30名移民,赠送价值70多万元的东风140汽车等五件实事。秭归县在1997年底已接受希望工程的资金近600万元,兴建中小学10所。对口支援的部门单位、集体、个人与库区

① 杜海琦:《全国对口支援三峡工程纪实》,《世纪行》1995年第8期。

人民一起谱写了一首首合作、友谊、奉献之歌。

正如上述，移民和移民干部的坚强真诚、奉献牺牲、负责苦干精神以及全国人民的团结协作、支持帮扶精神成为三峡移民精神最初的闪光，三峡移民精神的具体内涵也呼之欲出。

(2)初现时期

从1997年到2003年二期移民任务验收成功是三峡移民精神的初现时期。国务院在1999年正式大力提倡和鼓励农村移民外迁安置，重庆市第一批农村移民外迁计划10万人。2000年8月，第一批外迁移民踏上上海崇明岛，由此三峡移民离开久居故土、外迁他乡拉开了序幕。虽然移民搬迁难度加大，面临新的苦难和挑战，在前途的未知和生存的担忧中，他们仍然是“舍小家，顾大家”，在一大批平凡的事例中，三峡移民一丝一缕的情感流露和无言牺牲无不牵动着人们的心。在2002年中央电视台发起的“感动中国——2002年度人物评选”活动中，百万三峡移民获得特别大奖，充分说明了三峡移民的贡献付出具有非凡的感召力和震撼力。2003年6月，三峡水库开始蓄水，多少人静静站立江边，眼里含着隐隐的泪水注视江面，默默地对着慢慢沉入江水的故居田园，依依惜别。

1999年，国家提出要在外迁移民上“努力实现搬得出，稳得住，逐步能致富和长治久安的长远目标”。三峡移民在政府和群众的帮助下，不但顺利迁出，还迈向了适应新生活、开创美好未来的道路。为了唤起全社会对移民工作的理解和支持，一些区县展开了一系列思想政治工作来凝聚人心，例如铜梁县就开展了“我与移民心连心”“铜梁是一方热土，真诚地欢迎三峡移民到这里与我们一道共建美好家园”等一系列宣传活动，收效明显。移民的自力更生和踏实苦干是他们开始新生活的基础，而国家、政府和当地群众的帮助，也让移民更快地融入当地。

到2003年全国对口支援已有十个年头，各省市、各部委通过项目市场开拓、资金技术投入、人才劳务培输等方式，汇集资金130多亿元，平均每月就有1亿多元汇入，来帮助三峡库区的经济建设和移民搬迁，以完成移民“搬得出，稳得住，逐步能致富”的目标。在2002年底，全国为库区援建希望学校541所，安排移民劳务34 918人次，培训各类人才3 751人次，干部交流631人次。[①] 库区发展和移民生活在全国对口支援的帮扶下发生了重大的变化，如巫山县在广东对口支援下，开通了第一部程控电话，修建了第一条硬化公路，实现了巫山电力与国家电网的首次并网，移民新城被评为“全国优秀旅游城市”。2000年至2002年间，5 006名移民在安徽省的细致工作下，被安置在了5市7县(区)的27个乡镇，生产生活条件比在库区有了较大改善。同时，一大批民营企业进入了三峡库区。2001年国务院三峡工程建设委员会移民开发局与中国光彩事业促进会联合举办了“光彩事业三峡行”活动，国内众多知名企业先后落户库区，成为库区经济发展的重要支柱和新的经济增长点，带动了库区草食畜牧业、水果、中草药等产业化的规模发展。十年来，全国对口支援三峡库区工作从内容到形式都在深化和创新，实现了由输血型向造血型、由扶贫型向开发型、由政府行为向市场行为、由库区单方受益向双方受益的转变。对口支援单位始终围绕“以移民为本”，参与城乡基础设施环境建设，帮助对口地区将“搬得出”落到实处；参与社会服务环境建设，帮助对口地区将“稳得住”逐步落到实处；参与生产就业环境建设，帮助对口地区将“能致富”落到实处。

面对艰巨的搬迁任务，库区政府一方面创造性地完成移民任务，提出各具特色的地方精神，如“库区移民第一镇”云阳高阳县的“高阳精神”，经2002年初总结提炼后，被正式提为“移民精神”，在重庆市内做了

① 单健威:《神州暖风吹三峡——全国对口支援三峡库区写真》,《中国三峡建设》2006年第1期。

汇报和专题讨论。移民大区万州提出了“团结奉献、务实敬业、诚信自律、创新争先”的“万州精神”，创造出“走在前”的万州移民工作经验。2000年，重庆市移民部门提出了“宁可苦自己，绝不负移民”的移民精神，为重庆库区的移民工作奠定了坚实的思想基础。它们充实了三峡移民精神的内涵，使得其完整形态逐渐呈现。另一方面，为促进移民工作的顺利开展，重庆市加强了对先进典型的宣传，成立课题组不断挖掘丰富三峡移民精神的意义，对其理论化、系统化，并通过报告会的形式推出象征着三峡移民精神的移民干部和群众典型，通过在三峡库区和外迁移民安置地进行巡回宣传，引起了巨大的反响，使移民干部和群众都深受感染。经过这一阶段的移民搬迁、对口支援和政府工作的开展，三峡移民精神的一些具体含义已经体现。

(3)成型时期

从2003年至2009年三峡移民任务完成，进入后移民阶段，这段时间是三峡移民精神的成型时期，经历了成熟和升华。三峡移民在2003年完成了二期迁建任务，累计搬迁移民64.5万余人，复建各类房屋2 845万平方米，按三峡工程“分期蓄水、连续移民”的方针，要在2009年三峡工程竣工时完成动迁移民113万人，三峡库区的三、四期移民搬迁工作在此期间启动和进行。三峡移民和库区区县一如既往，将国家大局和人民利益放在第一位。2004年8月26日，巫山县大溪村外迁移民胡志满吃过在家乡的最后一顿午饭，带着子孙拜别列祖列宗，与住了四十年的老房子告别后，在落日下的阵阵涛声中踏上了迁徙之旅。也就在这一个月，重庆奉节县的724名农民登船到达江西浮梁县安置点，国务院统一组织的外迁移民工作全部结束，奔赴他乡的移民达到16.54万余人。2007年11月，重庆开县旧城清库爆破施工启动，在3.5秒后，有着4.3万平方米建筑面积和1 800年悠久历史的古城被夷为平地，人们在安全警戒范围之外，眼睛发红、哀伤落泪，远远看着昔日家园的消失，满天烟尘的升起。到2009年年底，三峡重庆库区累计完成移民项目投资551.8亿元人民币，搬迁安置113.8万移民，三峡移民搬迁安置任务全面完成。三峡移民不但实现了“搬得出”的目标，还在政府的带领和自己的努力下投入新生活，将致富之歌唱得更响亮。2004年，库区小姑娘张红发现绣花鞋垫里蕴藏的巨大商机，在区政府的帮助下注册成立了“重庆市万州区巧大嫂手工工艺品有限公司”，一年以后为公司绣鞋垫的人达到8 000余人，其中包括2 000多名移民妇女，实现了就近就业，安稳致富。[①] 安徽省长丰县水湖镇丰峡村的三峡移民向天辉、乔玉兰夫妇，过去到处打工、做小生意，搬迁后按照“公司＋农户”的方式规模化养殖，养了5 000多头猪，每年的毛利有10多万元。[②] 2005年，10 095名三峡库区移民在山东安居乐业，4名三峡库区移民由于致富有方，具备村务管理才能，被当地群众选进村两委班子。

三峡移民顺利迁建和致富发展离不开全国人民的支援和帮助，到2008年9月底，全国对口支援三峡库区资金已达480亿元，对口支援项目安置移民26 000多人次，安排移民劳务近70 000人次，培训各类人才近34 000人次。[③] 2010年10月27日，在三峡工程完成175米试验性蓄水的第二天，“全国对口支援三峡工程重庆库区经贸洽谈会”召开，来自对口支援省市及重庆的客商，与库区签订经贸合作项目188个，协议总投资1 236.3亿元，涉及能源、旅游、环保、医药、商贸物流等多个领域。[④] 在如此热忱的关心和支持下，三峡移民的生产生活和库区经济发展进一步提

① 郇云峰主编：《三峡移民精神概论》，中国三峡出版社，2005年，第145－146页。

② 《三峡移民外迁十年：在思乡情绪中扎根当地》，腾讯网，2010年8月11日，http://news.qq.com/a/20100811/001066.htm，访问日期：2015年2月1日。

③ 张桂林、皮曙初：《后三峡建设发力》，《瞭望》2008年第44期。

④ 《对口支援情意浓，栽好梧桐引凤来》，《经济日报》2010年11月23日。

高，1993 年至 2007 年底，城镇居民人均可支配收入达到12 517元，增长 7 倍多；库区农村人均纯收入由 616 元增长至3 496元，增长 4.68 倍；兴办了一大批希望学校、医院、图书馆、社会福利院、广电中心、科技中心、培训中心等社会公益事业单位；一大批名优企业和名牌产品落户三峡库区，库区柑橘、畜牧等优势农业，新型工业和旅游服务等特色产业有了新的发展，交通、电力、水利、城镇等基础设施建设实现了跨越式发展，教育、卫生、文化等社会事业协调推进。①

在这一时期，重庆市委、市政府注重加强对移民干部的思想建设和提高移民的文化素质，大力推动了三峡移民精神的发展、宣传和弘扬。2004 年 9 月，重庆市委副书记邢元敏在重庆市宣传部长会议上肯定了专家提炼出的“顾全大局、舍己为公、万众一心、艰苦创业”的十六字精神，②标志着三峡移民精神已初步形成。11 月重庆市委常委会审议了关于加强三峡移民精神宣传工作的议题，进一步阐述了三峡移民精神的四点科学内涵，即顾全大局的爱国精神、舍己为公的奉献精神、万众一心的协作精神和艰苦创业的拼搏精神。③ 2005 年 3 月，启动大规模的新闻宣传，以方言话剧《移民金大花》、大型展览《三峡移民精神颂》和三峡移民精神报告会三个重点项目为载体，在全市掀起了宣传和弘扬三峡移民精神的群众性热潮，在 2005—2006 年，将三峡移民精神的宣传推向全国。由此，三峡移民精神成为新时期红岩精神的继承和发展，融入到了全市人民的精神世界，成为中华民族精神的重要组成部分和新的精神财富。2005 年 9 月，第一部对三峡移民精神进行系统研究的理论著作《三峡移民精神概

① 吴豪强：《全国对口支援三峡库区资金近 900 亿》，四川水力发电，2011 年 7 月 29 日，http://www. powerfoo. com/news/sdkx/sdkx2/2011/729/11729952537B3I1A8JH233445IIEA5. html，访问日期：2016 年 4 月 15 日。

② 陈静：《移民精神要叫响中国》，《重庆日报》2004 年 9 月 29 日。

③ 张国勇：《重庆大张旗鼓唱响三峡移民精神，努力推向全国》，新浪网，2004 年 11 月 24 日，news.sina.com.cn/0/2004－11－24/08284331475s.shtml，访问日期：2015 年 3 月 15 日。

论》出版，初步构建起了三峡移民精神的理论框架。2007 年移民迁建主体搬迁结束后，“稳得住，能致富”成为工作重点，除了继续弘扬三峡移民精神中的奉献精神、爱国精神、协作精神外，还加强三峡移民精神的全面宣传和对致富先进典型的推广，以突显移民艰苦创业的拼搏精神，让三峡移民精神进一步融入时代精神和民族精神。2008 年 6 月 15 日，冉振爱代表百万移民参与奥运火炬在三峡库区万州站的传递，让人们感受了三峡移民精神与奥运圣火的一同传递。2008 年 9 月，为反映移民的生活现状，展现三峡移民舍家为国、艰苦创业、勤劳致富的精神，重庆市委宣传部、移民局、劳动局联合开展了“重庆市双千”评选活动，在三峡移民中评选出了1 000名劳动致富带头人，1 000名劳务经纪带头人，并在“双千”中选出 9 位代表组成先进事迹报告团，在重庆市的万州、巫山、奉节、云阳、开县、忠县、丰都、涪陵、江津 9 个区县开展了巡回报告活动。2009 年，在重庆市庆祝新中国成立 60 周年展览筹备工作中，组织课题组深入万州、涪陵、黔江、秀山等地调研考察，多次召开讨论会，推出大型文献纪录片《见证三峡》，作为三峡移民精神对祖国华诞的献礼。2011 年，三峡移民创业致富先进典型报告会巡回开展，温定军、蔡金云、黄佐翠、孙世忠、勾生明、汪丽平等 11 位报告人展示了移民不畏艰难、勇于创业的拼搏精神，为库区产业发展、移民安稳致富产生了巨大的鼓舞作用，注入了强劲活力。

随着库区移民开发进入新的阶段，三峡移民精神也在实践中继续丰富和发展，为适应新形势、新实践的需要，2006 年重庆市委二届九次全委会提出了用“开拓开放的创新精神”丰富三峡移民精神的内涵，这对于进一步破解“世界级难题”，加快库区发展，确保移民安稳致富和库区长治久安，具有重要的现实意义和深远的历史意义。至此，“顾全大局的爱国精神、舍己为公的奉献精神、万众一心的协作精神、艰苦创业的拼搏精神、开拓开放的创新精神”成为三峡移民精神的完整表述。三峡移民精神在二十多年的移民实践中形成发展，走上成熟，成为移民群众、库区区县和全国人民的精神财富。①

总之，三峡移民精神是三峡移民文化的价值升华，它是在和平与发展为时代主题的历史条件下，在推进社会主义现代化建设的发展过程中，通过富有时代特征和典型意义的重大工程，在继承中华民族精神的基础上逐步产生、形成起来的精神财富。它是民族精神与新时期历史任务结合的最新成果，为全面推进小康社会提供了精神动力，为三峡地区的地域文化精神增添了新的内涵和发展。它的全国性宣传让大家充分认识到三峡移民精神不仅是三峡库区的，更是属于全国的；不仅是百万移民的，更是各行各业的；不仅是今天需要的，更是应该长期坚持，具有永恒价值的。

2. 三峡移民精神的特征及内涵

邬云峰主编的《三峡移民精神概论》一书对三峡移民精神的民族性、时代性、科学性、实践性、服从性、主动性、创新性等显著特征和“顾全大局的爱国精神、舍己为公的奉献精神、万众一心的协作精神、艰苦创业的拼搏精神”的主要内涵进行了详细的阐述。①民族性。三峡移民精神继承了中华民族传统中精忠报国、舍生取义、勤劳勇敢等优良传统与高尚品质，表现出中华民族在重大的历史关头精诚团结、无坚不摧的凝聚力量，具有鲜明的大中华的整体民族性。它还传承了三峡地域文化和民俗文化的精髓，进一步延续了三峡人强悍劲勇、热情豪放、淳朴善良、忍辱负重的人文品格，具有突出的大三峡的地域民族性。②时代性。三峡移民精神是在社会主义现代化建设和改革开放的时代背景下产生形成的，

---

① 中共重庆市委宣传部理论调研组：《开拓开放的创新精神：三峡移民精神的重要内涵》，新华网重庆频道，2006 年 9 月 13 日，http://www.cq.xinhuanet.com/zhengwu/2006－09/13/content_8023112.htm，访问日期：2015 年 2 月 1 日。

它凝聚着新时期中华儿女报效祖国的真挚情感，饱含着三峡儿女与全国人民一道共创美好生活的不懈努力和追求。治理长江，造福于民，需要顾全大局、无私奉献、万众一心、艰苦创业的时代精神。③科学性。它是在马列主义、毛泽东思想、邓小平理论、“三个代表”重要思想和科学发展观等科学理论的基础上形成的一种精神价值体系。在长期科学的论证和民主决策的基础上，三峡工程建设和移民搬迁的指挥者和决策者针对不断出现的新情况和新问题，及时调整思路，为适应新发展确定了移民后期扶持政策，正是三峡移民论证决策、工作方法和政策安排的科学性，使得三峡移民精神展现出科学的特征。④实践性。三峡移民精神是对百万移民这一客观实践活动的集中反映，是对这一生动历史进程的概括和总结，是广大移民、移民干部以及对口支援库区的中央各部委、各省市在共同实践基础上创造形成的精神结晶，是中国共产党在新的伟大创业实践中发展先进文化的最新理论成果，是全国人民用实践行动铸就的一座精神丰碑。⑤服从性。三峡移民作为非自愿性移民，具有较强的时间阶段约束，表现为整个家庭乃至较大规模的群体迁移安置模式，迁建安置遵循“前期补偿、后期扶持”，要经历一个相对长期的过程。百万移民需要顺应国家建设发展大局的需要和改变原来的生产生活方式，以适应全新的自然环境和社会环境，因此三峡移民精神中包含着国家意志的规定和要求。⑥主动性。三峡百万大移民是一个充满着主观能动性、积极性和创造性的过程。百万移民或就地后靠，或投奔亲友，或远徙他乡，把“水撵人”变成了“人让水”，库区广大干部，外迁地和安置地各级党委政府，对口支援三峡库区的各部门、各省市，闪耀着积极发挥智慧探索移民安置、迁建和思想政治工作的新思路和新方法，创造出帮助移民顺利搬迁和安稳致富的新模式、新途径。⑦创新性。三峡百万移民重建家园、再创新业的艰难历程，经过库区广大群众，承担对口支援任务的中央各部委、各省市和全国人民不屈不挠的共同奋斗，库区的经济社会发展、人民生活水平和生产工作条件跃上了一个新的台阶，这种敢于在废墟上追求新生、永不言退的气概是三峡移民精神创新性的所在。[①]

(1)顾全大局的爱国精神

顾全大局，就是指顾及或保全国家、民族、人民的根本利益。当个体、局部利益与此有矛盾、冲突的时候，要让个体利益服从集体利益、局部利益服从整体利益、眼前利益服从长远利益。在三峡百万移民浩浩荡荡的大迁徙过程中，广大移民，库区内外广大群众，各级党委、政府和国家部委及对口支援省市正是从整个国家、民族的根本利益出发，以全国人民的整体利益为重，表现出了顾全大局的高尚品格和爱国精神。[②] 兴建三峡工程，从总体和长远上看是符合全体中国人民的整体利益的，也包括三峡百万移民的根本利益。但在兴建的过程中，对移民的生产生活和现实利益必然会有影响，这就需要移民以及库区等各方面能够识大局、服大局，舍弃自己当前利益和局部利益，以国家和集体利益为先。因此，顾全大局要求我们必须时时处处以大局为重，将国家利益和集体利益放在首位，个人要服从于国家、民族的整体利益和根本利益，要有勇于牺牲、奉献的精神；同时，顾全大局还要求各地区、各部门、各利益团体甚至每一个人，都要充分发挥团结奋战、众志成城、共同攻关的协作精神，齐心协力地完成大局的总体规划和长远目标，努力实现国家、人民的长远利益和根本利益。说到底，顾全大局的最高境界和最终体现就是爱国。

爱国主义，具有强大的感召力和凝聚力，它是百万移民伟大实践取得成功的精神动力和源泉，是三峡移民精神的灵魂。顾全大局的爱国精

① 邬云峰主编:《三峡移民精神概论》，中国三峡出版社，2005年，第22—26页。
② 邬云峰主编:《三峡移民精神概论》，中国三峡出版社，2005年，第111页。

神，是贯穿三峡移民工作始终的一根红线，是三峡移民精神生命活力的"根"。不论是中央还是地方，不论是部委还是省市，不论是知名企业还是私营个体，不论是百万移民还是移民干部，不论是安置地区还是对口支援部门，是兴建三峡、百万移民的伟大实践所焕发出来的顾全大局的爱国精神，把13亿中国人紧紧地连在一起，把小家的进退与国家的繁荣紧紧地连在一起，一点一滴都是为三峡库区和移民迁建做出的贡献，都渗透着深深报国情，殷殷爱国心。三峡百万移民发扬中华民族"国家兴亡，匹夫有责"和"毁家纾难"、为国分忧的优良传统，以"舍小家，为大家，顾全大局为国家"的壮举诠释了"苟利国家生死以，岂因祸福避趋之"的高尚情怀，充分体现了他们以国家利益为最高利益，以民族大义为最高道义的宽广胸怀和为国奉献的高尚情操，凸显了爱国主义的时代特色。①

(2)舍己为公的奉献精神

舍己为公的奉献精神是中华民族克己奉公精神的新高度。克己奉公、无私奉献，是中华民族的传统美德之一。广大移民干部站在执政为民的高度，坚持"宁可苦自己，绝不误移民"的精神，把自己的人生价值完全融汇于波澜壮阔的百万大移民的历史洪流之中。广大基层干部以高度的历史使命感、强烈的事业心、自觉的献身精神，坚持"以移民为先、以移民为重"，全心全意地为移民服务，以自己杰出的工作和模范的行动，塑造了新时期人民公仆的良好形象，赢得了广大移民群众的衷心爱戴。②

奉献精神还体现在广大三峡移民群体之中。对于祖祖辈辈生活在长江边的每一个三峡移民来说，所遭受的损失和付出的牺牲都是巨大的。但是，广大三峡移民深切体谅政府的难处，一旦国家建设需要他们远离故土迁移他乡时，即使损失和牺牲再大，他们都义无反顾地做出了

---

① 郛云峰主编：《三峡移民精神概论》，中国三峡出版社，2005年，第114页。

② 王进等：《弘扬三峡移民精神，构建和谐新重庆》，《重庆日报》2005年7月10日。

悲壮的选择。就地后靠移民为了国家建设而放弃自己的家园、田园和果园，内安移民和外迁移民要舍弃曾养育过他们的故园，割舍浓浓的亲情、友情和乡情，这都是他们为国家和民族做出的奉献。尽管面对即将远离的故土，他们眼含热泪；尽管面对即将天各一方的亲人，他们依依不舍，但他们还是远赴他乡，去开创新的生活，这正是因为他们心中藏着无私奉献的朴实情怀。

库区内外非移民群众为支援三峡工程建设和移民迁建，同样体现出了崇高的牺牲和奉献精神。三峡水库淹没范围广大，使三峡地区本已存在的人多地少的矛盾更显突出，从而导致库区生存压力骤然增大。但是，为了三峡移民工作的顺利推进，非移民们在各个方面帮扶移民，表现出了有难同当、有福同享的高风亮节，展示出了浓浓的兄弟之谊、姐妹之情。

(3)万众一心的协作精神

万众一心的协作精神是中华民族团结统一精神的新内涵，是中华民族凝聚力的生动体现。万众一心、团结统一，是中华民族精神的重要内容。几千年来，中华民族之所以历经磨难而团结弥坚，就在于我国各族人民对中华民族有很强的认同感，因而能在各种斗争中精诚团结、相互支持。“识大体，顾大局”，是在三峡工程移民对口支援工作中形成的，有关各省市、各部门共同为三峡工程做贡献的社会主义大协作精神，主要体现为在党中央、国务院的统一领导下，相互理解、相互支持、万众一心、同心同德，共同为三峡移民工程做贡献的全国一盘棋的思想。正是在移民中各部门表现出的凝聚力和制度优越性，成为我们破解百万移民这个世界级难题的强大精神力量。在党中央、国务院的统一领导下，全国20个省市、国家29个部委对口支援库区的移民搬迁安置工作，形成了全社会、全方位、多形式、宽领域支援库区移民开发和安置的局面，有力地推动了移民工作的顺利开展，促进了整个库区经济社会的发展，在对口支援和外迁移民安置中表现出了全国各地各部门识大体、顾大局，争相为三峡工程做贡献的社会主义大协作精神。[①] 正是由于百万移民是一项涉及库区内外、方方面面的庞大社会系统工程，是全国人民的共同任务和责任，因此全国人民以高度的责任感、使命感和主人翁精神，积极投入这样一个庞大的社会系统工程的建设中，共同担起了这样一份沉甸甸的历史重任，充分展现出了一种“万众一心大协作”的民族气概和精神风貌。[②]

(4)艰苦创业的拼搏精神

艰苦创业的拼搏精神是中华民族的传统美德，是中华民族几千年来自强不息的精神法宝，是时代赋予的要义，是开发性移民的本质要求，也是移民自身发展的需要。中华民族自古就有勤劳勇敢、吃苦耐劳的传统和自强不息的品格。凭着这种精神，我们的祖先百折不挠、排除万难、开拓进取，创造了举世称道的辉煌文明。近代以来，中国共产党人在长期艰苦卓绝的奋斗中，将这种民族精神发扬光大。百万移民在重建家园中迸发出来的艰苦创业的拼搏精神，主要体现为不等不靠、自力更生的精神风貌，它是中华民族自强不息、艰苦奋斗等民族精神在移民工作中的集中体现。三峡工程移民是开发性移民，要实现“搬得出，稳得住，逐步能致富”的移民安置目标，要靠各级党组织和政府的正确领导和关怀，要靠各方面的大力支持，而最根本的还是要靠三峡移民自力更生、奋发图强、迎难而上、艰苦创业，在发展中创造自己美好的未来。面对后靠以后的新环境，面对外迁以后的新家园，面对现实生活的新变化，三峡移民没有消沉，没有抱怨，没有坐等，而是坚定信心，积极进取，不畏艰辛，迎难而上，自力更生，学习新知识，掌握新本领，移山填谷打造新家，转变观念

① 徐承英:《三峡移民精神:和谐三峡库区的精神支撑》,《重庆三峡学院学报》2008 年第 2 期。
② 邬云峰主编:《三峡移民精神概论》,中国三峡出版社,2005 年,第 216 页。

开创新业，用心血和汗水谱写了一曲曲艰苦创业、奋力拼搏的凯歌。[①]

在波澜壮阔的百万移民历史洪流中，艰苦创业的拼搏精神是关键，关乎百万移民能否真正“搬得出，稳得住，逐步能致富”，关乎库区能否实现全面、协调、可持续发展。三峡人吃苦耐劳、坚忍顽强、勇搏激流的品格，无论是在搬迁安置、城镇的迁建、企业的搬迁、基础设施的复建、文物的抢救性发掘和保护、库底清理中，还是库岸治理和库区生态环境的保护中，都得以最充分、最生动、最深刻、最淋漓尽致的展示；广大移民视他乡为故乡，在新的环境中生存、创业并融入当地社会，这其实就是自强不息、艰苦创业的生动写照；在困难面前，各级移民干部带领群众怀着“为三峡工程建设做贡献、为子孙后代谋幸福”的信念，不等不靠、知难而进、顽强拼搏、艰苦奋斗、重建家园。自三峡工程决定开工之日起，艰苦创业的拼搏精神就深深地扎根于库区的土地，流淌在百万移民的血液之中。正因为有了这种精神，在移民众多、问题复杂、补偿较低、条件困难的情况下，才有今天顺利的搬迁、库区的发展、崭新的气象、良好的局面。

(5)开拓开放的创新精神

开拓开放的创新精神，是一个民族进步的灵魂，是一个国家兴旺发达的不竭动力。开拓开放的创新精神进一步丰富了三峡移民精神的内涵，拓展了这一概念的构成要素，深化了这一精神的本质涵义。开拓开放的创新精神，是指一种敢为人先、勇于突破的锐意进取意识和海纳百川、放眼世界的宽广兼容胸怀。开拓开放的创新精神，作为三峡移民精神的崭新内涵，与顾全大局的爱国精神、舍己为公的奉献精神、万众一心的协作精神和艰苦创业的拼搏精神一起，构成了三峡移民精神更加全面系统的精神动力体系。在这个体系中，爱国精神、奉献精神、协作精神体现着一种价值取向，展示的是爱国主义、社会主义和集体主义的价值观

① 徐承英：《三峡移民精神：和谐三峡库区的精神支撑》，《重庆三峡学院学报》2008年第2期。

念，以及人民利益和全局利益至上的大局意识。拼搏精神体现着一种意志力量，展示的是自强不息、坚忍不拔、不畏艰险、顽强拼搏的坚强毅力。而创新精神则体现着一种思维导向，它强调的是“革故鼎新”、“苟日新，又日新，日日新”，强调的是一种与时俱进的思想观念，在不断创新中寻找出路，在不断创新中寻求发展。

创新是一个破旧立新的过程，是一个思想解放、观念更新的过程，需要突破保守意识和封闭意识的阻碍，以及旧体制、旧观念、旧模式的束缚。开拓开放的创新精神在库区移民搬迁安置过程中有着深厚的实践基础。它集中体现在党中央、国务院在总结中外移民史经验教训的基础上创造性地提出的具有中国特色和时代特色的开发性移民方针中，体现在移民重大政策的创新中，体现在对口支援三峡库区的移民新模式和新机制中，体现在广大移民干部创造性地提出的许多新理念、新机制、新方法、新路径以及思想政治工作新模式中。这些创新，特别是开发性移民方针的确立，标志着中国水库移民还建和安置在指导思想、工作方针和相关政策以及在移民的实践方式、方法和途径上的重大创新。

在库区移民开发的新阶段，培育和弘扬开拓开放的创新精神，破除旧观念、旧思维和旧体制的束缚，最重要的是坚持解放思想、更新观念。发展本身就是个解放思想、更新观念、不断创新的过程。发展无止境，思想的解放也就无止境。只有思想的解放才能带来干部群众潜力的释放，只有观念的更新才能带来各项工作的创新。为了库区的建设，必须形成一个解放思想的浓厚氛围，营造一种大胆创新的良好风气，激发创新活力，提高创新能力，完善创新体制，培养创新人才。这样才能使我们更好地坚持求真务实、与时俱进，开拓开放、不断创新，用世界眼光和战略思维谋划发展，以开放胸怀和开拓勇气促进改革，真正使库区走出一条以资源为依托、以市场为导向、以产业发展为带动的开放型经济的新路子，真正解决好库区产业空虚和移民就业问题。因此，发扬开拓开放的创新精神，能使库区发展的“软实力”更强大，“内动力”更持久，能够为实现库区经济繁荣、社会和谐、生态良好、人民安居乐业提供强大而持久的精神动力。[①]

综上所述，三峡移民文化所呈现的价值观念可以高度概括为三峡移民精神，而三峡移民精神则集中体现了国家观念的巨大作用和价值导向。中国传统文化中，“家”“家庭”“家族”“家园”“家乡”的观念占有着特别重要的地位，三峡工程建设要百万移民背井离乡，忍受骨肉分离之苦，这无疑是一种极其艰难而痛苦的选择。同时，“国”是由无数的“家”组成的，中华民族向来就有“国家兴亡，匹夫有责”的优良传统，主张在国家有难的时候，要勇于“毁家纾难”，为国奉献。三峡工程的建设打破了三峡库区千百年来的宁静，百万三峡移民为了三峡工程的建设，面临着“小家”与“国家”的冲突，面临着“情”与“义”的博弈，面临着“被动搬迁”与“主动移民”的较量。他们勇敢选择后者，意味着牺牲和奉献，他们不得不离开一代又一代赖以生存的家园，割舍掉祖屋老屋，割舍掉亲情，割舍掉风俗习惯，还要面临迁徙过程中意想不到的种种困难和挑战：面对陌生的人群、环境、风俗习惯，面对陌生的生产生活条件，面对陌生的社会结构，面对另置新家和新业的辛劳和付出。[②] 在十余年的移民搬迁过程中，国家观念的巨大作用和价值导向得到充分体现。当个人、家庭的利益与国家、民族的利益发生冲突的时候，百万三峡库区儿女不忘“天下兴亡，匹夫有责”的优良传统，胸怀“苟利国家生死以，岂因祸福避趋之”的

---

① 中共重庆市委宣传部理论调研组：《开拓开放的创新精神：三峡移民精神的重要内涵》，新华网重庆频道，2006 年 9 月 13 日，http://www.cq.xinhuanet.com/zhengwu/2006－09/13/content_8023112.htm，访问日期：2015 年 4 月 2 日。

② 三峡移民精神研究课题组：《论三峡移民精神》，重庆党史网，2009 年 2 月 26 日，http://www.redsa.com.cn/html/2009－02/26/content_1955988.htm，访问日期：2015 年 2 月 1 日。

主人翁意识和大无畏精神，顾全大局，为国分忧解难，选择了舍弃“小家”，抛弃私情，主动搬迁，自觉地服从了国家和民族的利益，把“爱国”这一崇高的情怀融入浩浩荡荡的移民搬迁之中。可以说，国家观念始终伴随着三峡移民工程的始末，是百万移民得以顺利搬迁的精神动力和不竭源泉。

（四）三峡移民文化与中华民族精神遗产

在人类改造和利用自然的历史上，任何一项关系全局的重大工程建设都必然对国家和民族的发展产生重大而深远的影响，也必然孕育出震撼人心、传之千古的伟大文化和精神。长江三峡水利枢纽工程就是这样一项关系着我国现代化建设全局和中华民族长远发展的重大工程，由兴建三峡工程而引发的百万大移民更是创造了人类水库移民史上空前的奇迹，而在百万大移民的实践中产生的三峡移民文化必将极大地丰富和发展三峡文化、重庆文化的内涵，沉淀为中华民族集体文化的重要传统，成为承载历史与现实的中国文化的一个有机组成部分。

1. 丰富和发展三峡文化与重庆文化

以三峡移民精神为核心的三峡移民文化，在三峡文化和重庆文化中有着传统的基因。三峡移民精神中，最核心的价值观是爱国主义。历史上，三峡地区素有爱国主义传统。上溯到战国时期，巴国将军巴蔓子“留城不留头”的故事，是三峡地区最早的爱国主义典型。巴蔓子为了国家的利益而不惜牺牲个人，同时又“授头践诺”以证信义于世。巴蔓子不仅是伟大的爱国将军，也是传统社会中的忠义典范，被历代人们传颂。巴蔓子的故事发生在今天重庆忠县，故忠县以此得名。西汉时期，从三峡走出去的王昭君，以大无畏的精神出塞“和蕃”，确保了汉朝与匈奴之间的和平安定，增进了汉民族与匈奴的和平，无疑是爱国主义精神的体现。

南宋后期的万州天生城、奉节白帝城抗击蒙(元)的英雄伟业,明末秦良玉率领的"白杆兵"万里抗击清兵等,都构成了三峡地区爱国主义传统。因此,三峡移民精神中体现出的爱国主义要素,既是新时代集体主义的现实写照,也是历史传统的集中体现。它继承了三峡地区爱国主义传统,在新时期以新的形式展现出来,极大地丰富和发展了三峡文化,深刻影响了重庆文化的当代精神指向。

三峡地区历来是一个移民走廊和集散地,历史上不断的移民浪潮使三峡文化具有典型的"移民性"特征,形成了三峡移民文化传统。自强不息、艰苦奋斗、开拓创新正是这种移民文化传统的显著内涵。而形成于三峡百万移民过程中的三峡移民文化又将为三峡文化和重庆文化中的"移民性"注入新的时代内涵。在爱国精神上,不仅超越了古代方国的地域樊篱和某一民族的种族概念,而且把爱国精神上升到实现中华民族伟大复兴历史使命的高度;在奉献精神上也不仅仅表现在少数杰出人物的个人品格上,而是广大移民的自觉行为和集体意识,是当代中华民族精神的光辉体现;在拼搏精神上亦具有全新的内容,历史上三峡移民所创造的是传统生产方式所代表的农业文明,而今日三峡移民奋力拼搏所创建的则是现代化的物质文明和精神文明。①

在今天,三峡工程和三峡百万移民,使三峡库区和三峡移民成为举世瞩目的焦点地区。然而,三峡库区作为一个特殊的经济区域,由于历史和现实的诸多原因,呈现出底子薄、欠账多、发展慢的局面,构建和谐的三峡库区面临着一系列困难和问题。如产业空虚严重,人地矛盾突出,农业发展艰难,大批企业关闭破产,库区严重缺乏产业支撑,商贸流通迟缓,经营不景气;就业形势严峻,大量移民处于失业和半失业状态,

① 程地宇:《三峡移民精神的历史文化渊源》,重庆三峡学院共建频道,2008年12月31日,http://uzone.univs.cn/news2_2008_31766.html,访问日期:2015年2月1日。

成为数量庞大的困难群体;社会事业严重滞后,教育、文化、卫生、环境保护等社会事业投入少,基础薄弱,劳动者素质不高,这种现象在农村尤其突出;利益协调机制还不完善,在移民搬迁过程中,各种社会矛盾积累叠加,征地补偿、就业、移民后期扶持、利益分配等,已经成为库区的热点问题,库区经济发展滞后也严重地制约了库区人民收入水平和生活水平的提高。此外,三峡库区还同全国一样在社会转型期存在着贫富悬殊与社会公平、阶层的分化、人与自然的关系等诸多社会矛盾。面对这些困难和问题,要建设一个民主法治、公平正义、诚信友爱、充满活力、安定有序、人与自然和谐相处的三峡库区,没有一种包容广大、吞吐天下的精神指引,和谐三峡库区的美好蓝图就会化为泡影。因此,大力弘扬三峡移民精神,对于构建和谐库区,无疑具有重要的指向意义。为此,艰苦奋斗、负重拼搏、开拓创新,千方百计促民富、维民利、解民难、聚民心、保民安,才能使库区经济更快发展、社会更加进步、生活更加安定、环境更加优美。①

2. 丰富和发展中华民族文化

以三峡移民精神为核心的三峡移民文化是中华民族文化在新时代下的具体体现,它的形成又将丰富和发展中华民族文化。爱国主义是中华民族文化的灵魂和永恒主题。中华民族自古就有"国家兴亡,匹夫有责""苟利国家生死以,岂因祸福避趋之"的崇高爱国情感。在三峡工程建设中,为了服从兴建三峡工程这个大局,广大移民凭着"舍小家,为大家"的朴素的爱国情怀,使三峡工程的启动和建设过程成为民族精神的一次集中展示过程,也成为民族文化的一次再创造、再丰富过程。在此过程中,三峡工程创造了伟大的、代表当代中华民族精神的"三峡移民精神",从而使中华民族的文化和精神经受住了大考验,接受了大洗礼,获

① 徐承英:《三峡移民精神:和谐三峡库区的精神支撑》,《重庆三峡学院学报》2008年第2期。

得了大生机。在三峡工程全面完工之际，在中国各阶层呼唤民族精神、民族认同、民族凝聚力之际，对三峡工程的文化成就进行系统总结提炼无疑具有重大而深远的意义。所有这一切，都源于三峡工程所蕴含的丰富的文化内涵与精神意义，建立在三峡工程丰富文化内涵与精神意义基础上的系统总结，是有着坚实基础的，更是十分必要的爱国情怀，库区、对口支援省市、移民迁出地和安置地各级政府及百万移民抱着“民族兴盛，舍我其谁”的豪迈气概，用以国家、民族大义为重的宽广胸襟，发扬中华民族“国家兴亡，匹夫有责”和“毁家纾难”、为国分忧的优良传统，为了国家的整体和长远利益不惜牺牲地区利益和个人利益，书写了一部部顾全大局、舍家为国的爱国主义历史剧，使中华民族的爱国主义文化传统得到了充分诠释。

大公无私、乐于奉献是中华民族文化的重要组成部分。奉献精神就是为了整体和长远利益的自我牺牲精神。中国传统文化提倡“天下为公”“大公无私”，其宗旨在于提倡以公义战胜私欲，强调人们对社会、对国家、对民族的责任和义务。历史上，这种“精神”陶冶出千千万万以民族大义为重的贤哲志士。今天，这种精神也激发着人们国家至上、民族至上、人民利益至上的道德情操的养成，自觉舍弃个人小利，谋求国家和人民的大利。三峡工程百万移民的伟大实践中所表现出来的舍己为公的奉献精神正是“天下为公”“大公无私”精神的最新诠释。库区 16 个区县以自己大量土地、房屋、企业和基础设施葬身水底的重大牺牲，使长江下游几亿人民免受水患之苦；百万移民牺牲家业和产业、割舍乡情和亲情、惜别田园和家园，换来了三峡工程的按期截流、蓄水、通航、发电；广大移民干部本着“宁可苦自己，绝不负移民”的理念，进千家门、排千家忧、解千家难，以自己舍己为公和无私奉献的品格，诠释着中国共产党全心全意为人民服务的宗旨和执政为民的理念；全国各地特别是对口支援省市以自己局部利益的牺牲，共同为三峡工程及其移民安置做奉献。这些舍己奉公的行为无一不是对中华民族奉献精神的继承、发扬和提升。三峡移民工程中表现出来的全国人民共同支援三峡库区、共同破解世界级移民难题的伟大壮举，正是这一团结协作精神的生动体现。三峡工程是全国人民的工程，为三峡工程建设做贡献，不仅是库区人民的责任，也是全国人民的共同责任。凭着这样一种理念，全国20个省市、国家29个部委对口支援库区的移民搬迁安置工作，形成了全社会、全方位、多形式、宽领域支援库区移民开发和安置的生动局面。大批对口支援项目的实施使库区产业结构日趋优化，基础设施条件日益改善，极大地促进了库区经济社会的发展。有安置外迁移民任务的十多个省市尽心竭力，争相出台优惠政策，对外迁移民精心安置，为他们办实事、办好事，创造安居乐业和勤劳致富的良好环境。在三峡工程百万移民的伟大实践中，百万库区移民、移民与库区人民、库区与对口支援省市及各部门，共同奏响了识大体、顾大局，争相为三峡工程做贡献的社会主义大协作精神的时代乐章，这不仅是中华民族凝聚力的生动体现，也充分体现了社会主义制度能够集中力量办大事的优越性。正是这种凝聚力和优越性，成为我们破解百万移民这个世界级难题的强大精神力量。

艰苦奋斗、开拓创新，是中华民族生生不息的鲜活活力。中国传统文化提倡："天行健，君子以自强不息"，"刚健笃实，辉光日新"，"穷则变，变则通，通则久"。中华民族历来就以勤劳勇敢、不畏艰险、自强不息著称于世，我们的祖先也早有"艰难困苦，玉汝于成""居安思危，戒奢以俭""生于忧患，死于安乐"的警世名言。正是这种刚健笃实、自强不息、艰苦创业的精神，造就了中国人民奋发有为、昂扬向上的精神状态。三峡库区人民长期生活在艰苦险恶的环境中，更是养成了吃苦耐劳、自强不息、坚毅达观的品格，可以说"路漫漫其修远兮，吾将上下而求索"是对三峡库区人民自强不息、拼搏奋进的最好诠释。今天，广大移民重建家园的实践，把这种精神演绎得淋漓尽致。三峡工程移民是开发性移民，要实现“搬得出，稳得住，逐步能致富”的移民安置目标，最根本的要靠三峡移民自力更生、奋发图强，知难而上、艰苦创业。面对生存环境的变迁、面对重建家园的重任，三峡移民没有抱怨、没有消沉、没有坐等，他们怀着为三峡工程建设做奉献、为子孙后代谋幸福的信念，积极进取、顽强拼搏、艰苦奋斗，学习新知识，掌握新本领，转变新观念，用自己的心血、汗水，谱写了一章章自强不息、艰苦奋斗的壮丽诗篇。①

从现实意义上来说，三峡移民文化将是社会主义现代化建设的精神动力，有利于牢固树立建设中国特色社会主义的共同理想。建设中国特色社会主义，在21世纪中叶基本实现现代化，进而实现中华民族的伟大复兴，是全国各族人民的共同理想，这一共同理想始终是我们推动事业发展的精神支柱。在全体人民中牢固树立建设中国特色社会主义的共同理想，是一项长期而艰巨的战略任务，三峡移民精神为深入开展理想信念教育提供了生动的教材。弘扬三峡移民精神，有助于在全社会大力弘扬爱国主义、集体主义、社会主义思想，引导人们树立正确的世界观、人生观、价值观，正确认识国家、民族的前途命运，以当代中国的发展大局为重，以国家与民族的整体利益为先，自觉地把个人追求融入全体人民的共同追求之中，把个人奋斗融入实现中华民族伟大复兴的奋斗之中，团结一致、同心同德、艰苦奋斗、自强不息，共同创造我们的幸福生活和美好未来。

科学发展观是推进我国经济社会发展、加快推进社会主义现代化必须长期坚持的重要指导思想。三峡百万移民的过程，是党中央、国务院带领全国人民贯彻落实科学发展观的生动实践，“搬得出，稳得住，逐步

① 徐承英：《三峡移民精神：和谐三峡库区的精神支撑》，《重庆三峡学院学报》2008年第2期。

能致富”的开发性移民方针体现了科学发展观的本质要求。弘扬三峡移民精神，有助于我们自觉地坚持以科学发展观统领经济社会发展全局，树立科学的发展理念，制定科学的发展战略，形成科学的发展模式，防止和纠正“一代人求发展，几代人背包袱”和“吃祖宗饭，断子孙路”的问题，增强可持续发展的能力，珍惜使用有限的资源，提高保护生态环境的能力，推动整个社会走上生产发展、生活富裕、生态良好的文明发展道路，促进人的全面发展，促进人与自然和谐相处。

一个社会是否和谐，一个国家能否长治久安，很大程度上取决于全体社会成员的思想道德素质。在建设中国特色社会主义的过程中，我们必须坚持不懈地加强社会主义思想道德建设，通过持之以恒的爱国主义、集体主义、社会主义思想教育，提高人们的思想道德水平，在全社会形成积极向上的精神风貌。弘扬三峡移民精神，大力宣传具有时代特点的模范人物，积极倡导体现时代精神的道德行为，有助于加强思想道德建设，培育文明社会风尚，引导人们用社会主义道德标准要求自己，使爱国守法、明礼诚信、团结友善、勤俭自强、敬业奉献的公民基本道德规范深入人心，使集体主义精神和甘于奉献精神成为人们的内在觉悟与自觉行动，从而为社会主义现代化建设提供强大的精神动力。[①]

综上所述，三峡工程与三峡移民是我国发展史上一次具有里程碑意义的大事件，三峡移民文化作为中华民族的一笔宝贵文化财富，必将随着时代的发展，沉淀为中华民族精神的伟大遗产。继往开来，它巨大的凝聚力和感染力将影响着一代又一代中华儿女在中国这片热土上，为实现祖国的繁荣富强、民族的伟大复兴，不断奉献自我、挥洒汗水、锐意进取，使中华民族永远屹立于世界民族之林。

中华大地，纵横江河，自古以来就是中华民族的生存之源。在与江

① 肖长富:《新时期民族精神和时代精神的生动体现》,《人民日报》2006年4月10日。

河的长期共存中，治水成为中华文明发展的主要动力。远在上古时代，大禹为治水而三过家门不入，成为千古美谈。同时，也促成了华夏第一个王朝的诞生——夏朝。可以说，治水是中华文明国家形态产生的动因。因此，治水也成为国家的一项重要职能和文化传统。当三峡工程成为现实的那一刻，尽管还有很多人对于该工程有不同看法，但对三峡移民所付出的巨大牺牲，则必须加以肯定和彰显。我们相信，承载着中华民族百年梦想的三峡工程是中华儿女在工业文明时代铸就的一座新的文化丰碑，是中华绵延五千年伟大文化的当代写照，标志着中华民族彻底摒弃"三千年未有之变局"的可怕梦魇而开始走向伟大的复兴。而这一切的巨大牺牲者——三峡百万移民及其所造就的文化精神，无疑将成为中华民族文化一个符号性历史遗产。

FULU

附 录

附录 1. 就地后靠、内安、外迁移民考察点概况

三峡移民是三峡工程的重要组成部分，按照移民迁移范围是否迁出原居住地所属县(市)的管辖范围，移民安置大致可分为三种类型，即就地后靠、内安和外迁。所谓就地后靠是指未迁出淹没县而在本县安置的移民；迁出淹没县未迁出本市的称为内安移民；迁出淹没县以外且出重庆市的安置移民称外迁移民。我们按照移民安置的不同类型，最终选择就地后靠移民安置点巫山县洋河村，内安移民安置点江津，以及外迁移民安置点山东曲阜三个具有代表性的村落和集镇进行考察。本次田野调查着眼于微观社区，从物质文化适应、精神文化适应、制度文化适应三个层面，以移民的日常生活作为切入点，考察移民文化适应的具体过程，以求全方位、多视角地探析三峡移民在搬迁后如何应对自然和人文环境的变迁，以及适应过程中存在的问题、适应的动力，探讨文化适应的规律，为三峡文化理论建设添砖加瓦。

一、巫山县洋河村就地后靠移民安置点概况

(一)搬迁前的洋河村

1. 村落概况

洋河村是大昌镇行政区划下的一个行政自然村落，辖四个社，村落

依山傍水而建，溯洋溪河而上，依次为一、二、三、四、五社。该村坐落于大昌镇北部，东靠黄林、洋溪，南连洋溪，西临双胜，北与官阳接壤，此地是通往湖北、陕西的水上交通要道，阡陌纵横，区位优势突出。该村距大昌镇政府所在地 10 千米，距县政府所在地 70 千米。面积 5 平方千米，人口统计该村总人数为1 400人，老人占总人口的 15%，儿童占 20%，男女所占比例平衡，劳动力资源丰富。罐子口河、密岩子河贯穿并交汇于洋河村，多处泉水流淌。有珍稀两栖动物大鲵(娃娃鱼)。地势北高南低，最高海拔 280 米，地势较为平坦，土地资源丰富，稻田和旱平地都集中在 175 米水位以下。耕地1 700亩，其中稻田 500 亩、旱平地 600 亩、坡地 600 亩，山林5 000亩，人均耕地 1.21 亩。

关于洋河村这个名字的由来，村民间有两种不同的说法。一种说法认为红岩河(又叫罐子口河)与史家河(又叫密岩子河)在这里汇聚流向大宁河，呈 Y 字形，当地方言叫“羊叉”，故由“羊叉河”演变而成。另一种说法则颇具神话色彩。传说很久以前，两个猎人在距洋河村以东 25 千米的一个河谷中，看见一只很乖巧的羊，不忍心开枪猎杀，准备抓活口，就开始撵，之后称这个地方叫起羊(起阳)。只见这只羊向东北方向跑去，两个猎人远远看见前面有一位老翁，大喊帮忙挡下，老翁照办，后人管这里叫挡羊(当阳)。这羊聪明，遇到阻挡马上向西北方向跑去，猎人紧追到了关口，而当地人早已听说，在关口摆好笼子，等羊钻进去，后人管这里叫关羊(官阳)。谁承想这羊太机灵，它绕开笼子，一路西行，无人阻拦，跑到一条小溪边，仰起头四下环顾，随后在河边喝起水来，故名洋溪河，寓意仰着喝水，村落依河而建取名“洋河村”。

2. 经济社会状况

洋河村是一个典型的传统农业生产社区。村民日出而作、日落而息，以种地和养殖家禽为生。粮食以水稻、玉米、小麦为主，薯类、豆类为辅。经济作物有油菜、芝麻、花生等。养殖业主要是小规模的家庭化经营,养殖种类包括猪、牛、羊、鸡、鸭、蚕。村里有若干以家庭作坊形式出现的砖瓦窑、纸厂、粮食加工等企业,但规模较小,资金薄弱。手工制造业的发展依托于当地得天独厚的木材和竹林资源,产生了诸如木匠、篾匠、铁匠、铜匠、泥瓦匠、蒸笼匠等手工艺人,其中木匠、铜匠、蒸笼匠中产生了一批享誉川、鄂、陕等省的能手。也有从事运输行业的,主要运输工具为手扶拖拉机(也叫爬爬车)。全村外出务工人员较少,在200人左右,输出地多为沿海,以从事密集型手工制作业为主,农忙时节外出务工的人返乡协助家庭农忙,空闲时继续外出务工补贴家用。村民回忆道:“一年下来还有些许结余,日子过得也算是有滋有味,当时洋河村的经济、文化、生活在同地区属于中上等水平,曾被誉为‘放水不响’,‘有儿不愁娶,有女不愁嫁’的好地方。”

洋河村小学始建于20世纪60年代,设备、师资力量齐备,周边村庄适龄儿童多选择在此就读,生源充沛。但是村中医疗条件比较差,村内无卫生所,只有一位村医,因此村民一般小病不会去找大夫,多是自己找一些偏方来治疗,用当地人的话说就是“我们命不如城里人金贵,熬一熬就过去了”,只有较严重的病才会选择去镇或县医院就医。村民的生活用水主要靠村口的两口自来井水解决。

(二)搬迁过程

洋河村1996年正式启动搬迁,分为四步:

第一步:司法公证,和移民户签订协议。这个过程经历了大约3个月。那时没有具体文件,镇村两级在宣传时,也就说是试点,是他们努力争取来的。那时没有听说生活安置、生产安置,只是说房屋有补偿,有水、电、路基础建设。就在这种模糊的概念中,与移民户签订了协议,并进行了公证。

第二步：开始动迁。1997年开始，采取就地后靠、自主分散建房的原则，也有四、五两社集中建居民点。场坪自选，建房地都选择在高处地势比较陡峭的荒坡地，没有水、电、路，一切从零开始，那时仅有的房屋补偿也是分批次拨付给移民户（场坪挖出来后拨付20%，墙体建成后拨付40%，封顶后拨付25%，原房屋拆迁后拨付剩下的15%）。那个年代，没有大型机械设备，完全靠人工完成这些工程，其艰辛不言而喻。当时的公路，其实就是机耕道，也是一边建房一边修路，时间紧，钱少（基础建设费1 800元/人，按电、水、路、场坪1∶2∶3∶4拨付，主要是全村拉通使用，主要用到居民点建设上了）。而所谓机耕道，实际上只比人行道宽点，拖拉机负重行驶上坡时还需要人助推。运输工具就是手扶拖拉机、骡子、人。移民不分白昼，不辞辛劳，终于在艰苦奋斗两年后，有了今日洋河村的雏形。不少移民负债累累，有的甚至借了高利贷。村支书用高度疲劳、极度缺钱、严重无知来描述当时的情形。

第三步：2000年后，移民政策陆续出台，也有其他村开始移民。其间，物价上涨明显，但依然维持在可控制的范围，因为原有土地还没淹没，可以继续耕种，原房屋也还在使用，生产生活方式几乎没多大改变。

第四步：2001年开始，三峡工程第一期蓄水临近，搬迁面迅速扩大，洋河人第一次看到当时最有权威的巫山县第一号令（注：该文件是1996年颁发的），移民方知有生产安置、生活安置，有搬家费、过渡期生活补助、零星林果木补偿、分散建房基础建设费全额拨付，移民开始关注应得的利益。2001年底至2002年初，洋河移民又得到部分补偿款，暂时缓解了生活困难的局面。2003年，洋河移民又一次争取补偿款；2006年，争取生产安置补偿；2011年，争取土地新增补偿、价差补偿。数年间，洋河移民零星地获得多次补偿，总金额共约为每人2.5万元。

(三)搬迁完成后的洋河村

1. 村落位置

搬迁后的洋河村位于巫山大昌镇东北方向，距镇政府所在地 11 千米，距县政府所在地 16 千米。东与白洋村接壤，南与洋溪村相连，西与关门岩河相邻，北与官阳相依。村内有宽阔的湖面，湖岸线长达 15 千米，境内有大昌湖国家湿地保护区。村内机耕道交错，长 15 千米，连接官阳的麻林、白洋以及洋溪片区，通过关门岩大桥连接双胜与白云片区。此外还有犀牛望月、兰英碗、美人脚等自然景观傲立于此。

2. 人口及经济发展状况

截至 2012 年调研完成，洋河村面积 9.8 平方千米，辖 5 个社，村民由原来居住在洋河村四个社的后靠移民及非移民村祝马（现洋河二社）共同构成，合计 520 户、1 893人（人口密度约 190 人/平方千米）。其中男性 952 人，女性 941 人，农村劳动力人口约 950 人（其中女性劳动力人口约 470 人）。其中高中及以上文化水平的占 10%，具有初中文化水平的占 39%，具有小学文化水平的占 42%，文盲占 9%，整体文化素质不高。

搬迁后的洋河村在三峡蓄水后，千亩良田被淹没，加之人口的自然增长使得原本紧张的土地资源更加紧缺。移民被迫抛家舍业加入劳务输出大军，四处谋生。据不完全统计，洋河村现在外出务工人数近千人，较搬迁之前的 200 人，增加了近 4 倍，其中到南下沿海地区的约有 400 人，北上约 300 人，到重庆市、县城约 200 人，就近集镇约 100 人；从事手工制作约 400 人，建筑施工约 300，服务业约 200 人，自主创业约 100 人。家中几乎是“386199 部队”即妇女、儿童以及老人。

退耕地1 100多亩，现洋河村拥有土地资源1 500亩左右，已栽植柑橘树约 500 亩，剩余约1 000亩，其中长梁子（3 组）约 200 亩，祝家湾（4 组）约 200 亩，荫凉树（1 组）约 200 亩，邱家湾（2 组）约 100 亩，马堰（5 组）约

300 亩。掌握生猪养殖、普通种植、山羊养殖等技术的农民占 26%，现全村以畜牧业、种植业、劳务为支撑。2009 年全村粮食产量约 50 万斤，实现收入约 180 万元，畜牧业产值达 187 万元，劳务经济约 250 万元。2009 年，全村实现经济总收入 617 万元，人均收入3 260多元。洋河村村级服务中心于 1998 年建成，2010 年整修，占地1 100平方米，两层砖混结构。布置有群众会议室、小会议室、图书阅览室、支书主任办公室、会计和计生办公室以及远程服务中心等 9 个功能室。全村已建社级公路 3 条，全长 15 千米，建人行步道 8.5 千米。共建饮水管道 4 千米，建人畜饮水池约2 500立方米，20%农户用上自来水。全村安装有线电视 40 户，有线电视入户率 8%。有线电话及移动电话使用共 480 户。全村农网技术改造已完成，用电入户率 100%。

3. 移民情况

洋河村移民有特殊的历史背景，是大昌镇移民安置的首批试点村落，自 1996 年移民搬迁开始，该村经历了对移民搬迁政策的一无所知到逐步探索完善的过程。辖 5 个社，其中 4 个社系移民社，约 1 500 多人属就地后靠移民，属典型的移民大村。一大批合法婚迁、新生人员无生活或者生产安置费用，生活困难。此外仍有为数不多的村民房屋建在 182 米水位内，属临水房，很不安全。搬迁之后，肥沃的土地被淹没，村民为了求生被迫向土质薄弱之地开荒，造成严重的生态环境破坏。根据搬迁之后的总体情况，村主任用“无田、无钱、无事”来形容此种状态。一则无田。洋河村所有良田淹没水下，现在挂靠土地最低只有 0.016 亩(约 10 平方米)，若单单依靠农业种植的微薄收入根本不能生活。二则无钱。洋河村移民当时由于没有明确的补偿政策和标准，安置款项多是间断性领取，很少的一点儿补偿费如今早已消耗一空。现在每人每月 50 元的后期扶持，无异于杯水车薪。三则无事。后靠移民虽然仍然是农民身份，但在失去土地后面临失业，加之地理位置偏远，集镇的一些安置岗位也无法满足和照顾这部分群体。

此外，洋河村在移民搬迁后，一部分合法婚迁、正常出生或者违法生育的新增人口已过百。按照现有的政策无法对其进行生活或者生产安置，使得他们没有土地。这部分人的生活将何去何从，现已成为考验村镇干部和老百姓的一道难题。因此，村民为了生活对土地进行过度开发且屡禁不止，直接导致水土流失，地质灾害频发。农药、化肥生产污染严重，生活污水未经处理便随意排放。村民虽采取集中建房，但没有可供村民集中处理生活垃圾的场所，聚居地区卫生状况堪忧。

二、江津内安移民安置点概况

江津区位于长江中上游，三峡库区尾端，地处重庆西南长江要道，地跨长江两岸，东邻巴南、綦江，南靠贵州习水，西依永川、四川合江，北接璧山。地形南高北低，以丘陵兼低山地貌为主，分平阶地、丘陵地和山地。海拔最高处四面山蜈蚣坝为 1 709.4 米，最低处珞璜镇中坝为 178.5 米，相对高差为 1 530.9 米。长江流经境内，拥有 5 个国家级深水港，境内大小溪河通航里程长达 305 千米。成渝、川黔铁路环绕市境，是川南、川北通往重庆的必经之地，重庆西南方向的交通总口。

江津属北半球亚热带季风气候区，全年气候温和，四季分明，雨量充沛，日照尚足，无霜期长。资源丰富，是全国商品粮、柑橘、瘦肉型猪、速生丰产林和食品工业基地。物产丰富，特产众多，江津柑橘、江津花生、油酥米花糖等名特产扬名海内外。

截至调研完成的 2012 年，江津区常住人口 127.51 万人，其中城镇人口 68.6 万人，城镇化率 53.8%；户籍总人口 148.65 万人，其中非农业人口 72.02 万人，农业人口 76.63 万人。2011 年全年完成 GDP398 亿元，全区社会消费品零售总额 145 亿元。城镇居民人均可支配收入 19 330 元，农村居民人均纯收入 8 694 元。

江津区是三峡工程重庆库区 15 个库区区县之一，又是三峡库区唯一承担全国出县市内搬迁的移民安置试点区。从 1992 年起，已先后安置三峡移民总人数达10 246人，并在 2008 年通过国家对一、二、三、四期移民安置的验收。2010 年，江津区全面完成了三峡移民搬迁安置及新增规划调整任务。在三峡移民搬迁安置及移民安稳致富工作中，江津区高度重视移民资金管理，移民资金计划管理使用监管有力、安全有效，已全面完成移民资金财务总决算。于此，本课题研究小组选择江津区作为三峡库区内安移民的实地考察地点，分别对全国移民示范村油溪镇盘古村，移民重镇吴滩镇的郎家村、平安村以及慈云镇和支坪镇进行调研。

盘古村位于江津区油溪镇正南，现有农业户 359 户，1 283人，耕地面积1 766亩。其中，盘古村 4 个社安置三峡库区云阳县外迁移民 83 户 315 人。盘古村是单斜深中丘地貌，系遂宁组发育的红棕紫泥土，适宜种植黄桃、柑橘、花椒。该村被评为全国三峡库区外迁移民示范村。

郎家村是聂荣臻元帅故居所在村。位于江津区吴滩镇正南，与场镇紧紧相邻，由吴平路而入津永大通道。面积 8.51 平方千米，耕地面积 5 818亩。下辖狮山、插旗、老房子等 14 个村民组，总人口5 880人。其中，安置三峡库区云阳县、忠县外迁移民 402 人。村委会驻地在朝家坡。该村系重庆市无公害蔬菜基地吴滩镇的腹心村(蔬菜植种面积达5 000亩)、江津区杂交水稻制种基地村(制种面积1 000亩左右)，畜禽、水产养殖业也形成一定规模。2006 年，该村纳入重庆市社会主义新农村“千百工程”示范村进行建设。该村坚持“政府主导、农民主体、社会主动”原则，实施了“修通新路、建设新居、培养新人”和“三清洁十整治五提倡”工程，强化了产业支撑，改变了村容村貌，促进了乡风文明和农民增收。

平安村位于江津区吴滩镇南部，扼津永大通道要冲，德(感)朱(朱杨)公路也交汇于此，距镇政府驻地7千米。面积7.77平方千米，耕地面积4 822亩。下辖长田、河坝、新村等10个村民组，总人口5 002人。其中，安置三峡库区云阳县、忠县外迁移民408人。该村是江津区农民聚居新村建设试点村，村民除从事农业生产外，还从事多项经营。平安场建起了移民商贸一条街，新村内各项商贸活动红红火火。中型民营企业平安酒业有限公司、津永石油公司加油站也落户平安。同时，板鹅加工、医疗、餐饮、娱乐、汽车维修、干水面加工、农资供应、日用商品批发零售，应有尽有。蔬菜、花椒、蚕桑、畜禽等产业也发展很快。

慈云镇位于江津城西部，距江津主城区36千米，面积51.54平方千米，辖6个村(社区)，总人口3万人。慈云镇是江津现代农业园区的“核心区”，地势平坦，气候湿润，土地肥沃，塘、库、堰等水利设施完善，具有江南水乡特色，农业灌溉条件良好，水土资源丰富，自然条件适宜多种植物生长，杜仲、黄柏、栀子、花椒、桃、李、梨、核桃、板栗等苗木远销全国各地，是江津市苗木、花、果的种植基地。其交通发达，津白公路、龙土公路和渝合高速公路过境，区位优势明显。慈云镇慈云社区移民，主要来自云阳县高阳镇。慈云镇分别于2001年和2002年两次安置移民，共有移民315户1 147人。

支坪镇地处江津主城东部，距离江津主城区15分钟车程，距重庆主城区20分钟车程。全镇面积100.5平方千米(其中现有水域20平方千米)，耕地面积28 635亩，森林面积38 000亩，辖4个社区，2个行政村，总人口45 620人。自然地理条件优势明显。境内有长江、綦河、笋河一江两河，江河岸线长29千米。县际、省道、高速公路纵横穿境27千米，重庆外环(绕城)高速路穿境7千米，水路交通发达。支坪镇津坪社区移民主要来自云阳县高阳镇，于2001年和2002年两次安置，共156户566人。

三、山东曲阜外迁移民安置点概况

(一)重庆开县——迁出地概况

移民故乡开县位于重庆市东北部,长江上中游接合部,渝、川、陕、鄂四省市交汇处。地势北高南低,海拔 134～2 626米(县城 167 米)。开县始建于东汉建安二十一年(216 年),距今已有 1 800 年历史。开县文化底蕴厚重,在这片土地上,唐朝著名诗人韦处厚曾做过开州刺史,写下了轰动京城的《盛山十二景诗》。清光绪年间,开县有 6 名举人参与“公车上书”。抗战时期,有王润波将军等1 378名开县籍人在战争中英勇牺牲,渣滓洞内牺牲的 200 多名英烈中,开县就有 14 名,他们赤胆忠心,无一叛党,在红岩精神中写下了光辉的一页。最为著名的是这块土地上诞生了共和国一代元帅刘伯承,开县因此被誉为“帅乡”,以刘帅纪念馆、刘帅故居等为代表的红色旅游资源丰富。

随着三峡工程的开工,开县被列为三峡库区移民大县之一,三、四期移民重点县。全县淹没 1 座县城、7 个集镇,涉及 10 个镇乡街道,共 55.5 平方千米,搬迁近 17 万人。按 1992 年长江水利委员会核算的实物指标,全县淹没耕地、拆迁房屋、动迁人口总量分别占三峡库区的 9.9%、13.08%、14.13%,分别占重庆库区的 12.1%、15.53%、16.62%。就四期移民而言,开县的移民任务占重庆库区的 60%以上。因此,开县属于当之无愧的移民大县。

开县之所以是移民大县,首先在于它是人口和劳务大县。2009 年末总人口 162 万人,劳动力资源具有突出优势。2009 年,农村在外务工人员达 51 万余人,劳务收入 32 亿元,是重庆市劳务工作典型试点县,劳务经济已成为开县农村的“第一经济”。

(二)山东曲阜——迁入地概况

移民新居地曲阜位于山东省西南部，北负泰岱，南引凫峄，东连沂蒙群山，西俯平野千畴，泗水北枕，沂河南带，土地肥沃，物产丰富。曲阜是中国古代伟大的思想家、教育家孔子的故乡，是儒学的发祥地，她拥有气势宏伟的古代建筑、众多珍贵的文物古迹、巧夺天工的工艺美术、山清水秀的自然景光，因而造就了曲阜众多的旅游资源，使得旅游业成为当地重要支柱产业之一。

曲阜不仅有着独特的文化旅游优势，而且交通区位优势明显。104国道和327国道穿越曲阜市区，京台高速和日兰高速分别从南北、东西掠过，交汇于曲阜市息陬镇。铁路有我国经济大动脉京沪铁路在曲阜西北部掠过；新兖石铁路经过曲阜，并设曲阜火车站；京沪高铁也南北向贯通曲阜市境，并在曲阜市息陬镇设立京沪高铁曲阜东站。另外，曲阜的航空交通也是十分便捷的，其距离济南遥墙国际机场只有160千米，行程只需1.5小时；距离济宁曲阜机场仅需1小时；到徐州观音机场1.5小时。

三峡移民“插花式”地安置在曲阜市5个乡镇的18个村里面，每村有移民最少2户，最多4户，共计80户。五个乡镇分别是书院、小雪、息陬、时庄以及陵城，这五个乡镇相对来说是曲阜市内经济、文化、基础设施等方面均发展较好的乡镇，每个乡镇都有公交车直通市区。由于位于城郊地带，这五个乡镇居民的人均耕地面积较少，甚至个别乡镇的移民安置村已经没有耕地，所以这些村镇的居民在市内务工的较多。再具体到各个乡镇的移民安置村来说，每个乡镇有三或四个移民安置村。这些村大都是紧紧和镇中心相邻，有的就是在镇上，所以这些村的村民无论是就学、就医，还是务工、乘车都很方便。

附录 2. 三峡移民文化适应调查问卷

调查地点：__________　　　　　　　调　查　员：__________
调查时间：______年______月______日　问卷编号：__________

一、基本情况

1. 性别：______
2. 年龄：______
3. 文化程度：______
①文盲　②小学　③初中　④高中(包括中专)　⑤大专及以上
4. 当地话水平：______
①不会　②会一点儿　③能听懂，不会说　④能听懂，也会说
5. 家庭人口数：______
6. 子女数为____，其中有____个在读书，文化程度最高的是____
7. 搬迁前所在地是__________，主要从事的职业是________
8. 目前所从事的职业是__________

二、家庭的经济情况

(一) 家庭财物(请在对应的框里填写数量)

物品(个)	太阳能热水器	有线电话	手机	组合家具	电视	冰箱	洗衣机	电脑	VCD	摩托车	拖拉机	汽车	其他
搬迁前													
搬迁后													

注：1. 在表格中只填写物品的数量，没有就写“0”；2. 搬迁后只填写新增加物品的数量；3. 汽车包括小轿车和运输用的卡车。

(二)家庭收入情况

1.2011 年家庭的总收入大约为：______

①6 000 元 ②6 001～10 000 元 ③10 000 元以上

2. 家庭收入主要来源(按所占收入比重选出排名前三位的选项)：______

①政府补贴 ②打工 ③种地 ④经商 ⑤其他______

3. 与搬迁前相比，家庭收入：______

①减少了 ②差不多 ③增加了

4. 搬迁前，家庭收入主要来源(按所占收入比重选出排名前三位的选项)：______

①政府补贴 ②经商 ③打工 ④种地 ⑤出租房屋 ⑥服务业 ⑦其他______

(其中：打工收入包括工资收入、手工制品收入；经商包括做小本生意)

(三)家庭消费情况

5.2011 年，全家总支出大约为：______

① 5000 元以下 ②5 000～6 000 元 ③6 001～10 000 元 ④10 000 元以上

6. 其中，主要的支出项(按所占消费比重选出排名前三位的选项)是：______；最大的支出项是：______

①日常用品 ②食物 ③服饰 ④水电费 ⑤通信交通费 ⑥教育费用 ⑦医疗费用 ⑧人情礼金 ⑨其他

7. 与搬迁前相比，支出明显增加的项目是：______；支出明显减少的项目是：______

①日常用品 ②食物 ③服饰 ④水电费 ⑤通信交通费 ⑥教育费用 ⑦医疗费用 ⑧人情礼金 ⑨其他

8. 与搬迁前相比，家庭支出：______

①减少了　②差不多　③增加了

三、移民适应性及其发展

(一) 生活状况

1. 搬迁前你家的生活水平在你们村属于：______

①下等　②中等　③上等

2. 搬迁后你家在移民村的生活水平属于：______

①下等　②中等　③上等

3. 搬迁后你对以下各方面的适应情况，请在对应的框里画"√"。

适应情况	居住环境	饮食	工作条件	生产方式	生活习俗	人际关系	娱乐活动	语言环境	思想观念	心理认同	地方法规
很不适应											
不太适应											
一般											
比较适应											
非常适应											

4. 你认为目前生产中的困难是：______（可选三项）

①资金缺乏　②生产方式不适应　③信息缺乏　④劳力不足　⑤语言不通　⑥就业渠道窄　⑦其他______

5. 目前生活中你遇到的困难是：______（可选三项）

①生活方式不适应　②居住环境不适应　③语言环境不适应　④人际关系不适应　⑤资金缺乏　⑥宗教活动不方便　⑦其他______

6. 你认为这些困难是暂时的吗？______

①是　②不是

7. 与搬迁前相比，你觉得现在的生活水平：______

①下降了　②几乎没变化　③提高了

8. 搬迁后，你和老家的亲戚朋友的联系：______

①更多了　②没什么变化　③少了

9. 和过去相比，你现在的朋友：______

①更多了　②没什么变化　③少了

10. 当地人的红白喜事，你参加吗？______

①经常参加　②有时参加　③很少参加

11. 当地人参加移民的红白喜事吗？______

①经常参加　②有时参加　③很少参加

12. 你家有和当地人定亲结婚的吗？______

①有　②没有

13. 若你家有适婚青年，你希望他(她)找哪里人结婚？______

① 当地人　②一起移民来的　③无所谓

14. 搬迁前，你多与下面哪类人交往？______(可选三项)

①亲戚　②邻居　③同学　④同事　⑤村干部　⑥其他______

15. 在当地，你有非移民朋友吗？______

①有很多　②较少　③没有

16. 现在，你主要和下面哪类人交往？______

①亲戚　②邻居　③同学　④同事　⑤村干部　⑥当地居民 ⑦其他______

17. 搬来前，生活中遇到困难时，你主要找谁帮忙？______

①亲戚　②邻居　③同学　④同事　⑤村干部　⑥政府部门

⑦自己解决　⑧其他______

18. 搬迁后，生活中遇到困难时，你主要找谁帮忙？______

①亲戚　②邻居　③同学　④同事　⑤村干部　⑥政府部门　⑦自己解决　⑧其他______

19. 搬来前，你闲了都干些什么？______　现在呢？______（可多选）

①串门聊天　②看电视　③打麻将　④喝酒聚会　⑤逛集市　⑥其他______

20. 你现在大部分时间都在：______

①上班　②在外面找活干赚钱　③做家务活　④串门聊天　⑤打麻将

21. 搬迁前，本村的大会和活动你：______

①从未参加过　②很少参加　③经常参加　④全部参加

22. 搬来后，本村的大会和活动你：______

①从未参加过　②很少参加　③经常参加　④全部参加

23. 你觉得当地居民对你们的态度是：______

①对我们很热情，从不歧视我们　②大多数都不歧视我们，只有一小部分歧视我们　③很多人都歧视我们，我们经常遭白眼

24. 你及家人是否与原当地的居民发生过冲突或矛盾？______

①发生过多次　②发生过一两次　③从来没发生过

25. 与搬迁前相比，本村的娱乐活动：______

①减少了　②差不多　③增加了

26. 请对以下方面的满意度进行填写。（在对应的框里画"√"）

满意程度	家庭经济状况	居住环境	饮食质量	工作环境	工作收入	邻里关系	与当地居民关系	教育条件	医疗条件	交通条件	文化娱乐条件	移民政策的落实	对移民的帮扶
很不满意													

续表

满意程度	家庭经济状况	居住环境	饮食质量	工作环境	工作收入	邻里关系	与当地居民关系	教育条件	医疗条件	交通条件	文化娱乐条件	移民政策的落实	对移民的帮扶
不太满意													
一般													
比较满意													
非常满意													

27. 你及家人是否与一起搬迁过来的邻居发生过冲突或矛盾？______

①发生过多次 ②发生过一两次 ③从来没发生过

28. 你后悔选择移民这里吗？______

①不后悔 ②后悔 ③说不清

29. 在移民后的十年中，你回过老家吗？______

①没有 ②5 次以下 ③6—10 次 ④10 次以上

30. 最近三年你回过老家吗？______

①经常回去 ②偶尔回去 ③没有回去

31. 你觉得移民后的生活幸福吗？______

①幸福 ②不幸福 ③说不清

32. 你对当地人的印象是：______

①很好相处 ②比较容易相处 ③不好相处

（二）移民政策与制度

33. 你为什么要搬到这里？______

①说不清楚 ②为保护原来的生态环境，政府要求搬迁 ③为了获

得好的生存环境，主动提出搬迁　④为了孩子有个更好的受教育环境

34. 你认为三峡移民对搬迁的人来说：______

①没有好处　②有一点儿好处　③一般　④比较有利

⑤非常有利

35. 你对三峡移民政策的有关规定知道多少？______（选 ①的跳至第 37 题）

①一点儿也不知道　②不太了解　③一般　④比较了解

⑤非常了解

36. 你是通过何种渠道知道这些规定的？______

①看相关的报纸、文件　②看电视、听广播　③亲戚朋友、邻居告知

④政府宣传

37. 搬迁后，你家小孩上学条件比老家怎样？______

①好　②差　③差不多

38. 如果政府提供政策帮助，你最希望：______

①帮助提供就业机会　②增加移民生态补偿津贴　③提供一些医疗、失业等社会保障　④其他

39. 你对工厂和企业的上班制度适应吗？______

①很不适应　②不太适应　③一般　④比较适应　⑤非常适应

40. 你觉得三峡移民应不应该享受特殊政策？比如教育、养老、医疗等。______

①应该　②不应该　③无所谓

41. 你有没有违背村里以及工厂企业的规章制度？______

①从来没有　②偶尔　③经常

42. 你对村里一些约定俗成的规矩能够理解并支持吗？______

①不理解也不支持　②理解但不支持　③理解也支持

(三)未来的想法和打算

43. 你是否怀念搬迁前的生活？________ 你是否想念搬迁前的熟人？________

①想 ②不想

44. 假如给你一次选择的机会，你还会选择移民到现在这里吗？______

①肯定选 ②不选 ③不知道

45. 你觉得在移民村以后的生活会：______

①越来越差 ②不知道 ③越来越好

46. 你对以后有什么打算？______

①学一些技术，在城市打工 ②回到库区工作 ③自己在当地创业 ④等待政府的帮扶 ⑤子女的帮助 ⑥其他

47. 你对孩子上学有什么看法？______

①没有必要 ②不清楚 ③不太重要 ④很重要

48. 如果条件允许的话，你希望你的孩子能够上到：______

①小学毕业 ②初中毕业 ③高中毕业 ④大学以上

49. 你希望小孩以后回老家吗？______

①回去 ②不回去 ③无所谓

附录3. 三峡移民访谈提纲

受访者资料

姓名：______ 年龄：______ 性别：______ 文化程度：______

迁出地：__________________ 迁入地：__________________

1. 刚搬迁过来时，能听得懂当地方言吗？

2. 有没有因为语言上的不适应或者不习惯而和当地居民发生过冲突？比如去买东西时，有没有因为是外地口音而被不公平对待？

3. 对当地方言的习惯程度如何？有没有学过说当地话？

4. 搬迁前后的住房情况对比如何？对现在的住房条件是否满意？

5. 觉得安置地这边的自然环境、交通条件怎么样？和老家比有什么地方不同？

6. 对安置地的社会治安有什么样的看法？和老家相比，感觉对哪里的社会治安更习惯些？

7. 以前在老家饮食方面有什么样的习惯？和安置地这边相比有什么不同？适应这边的饮食习惯吗？

8. 老家的气候怎么样？冬天是否下雪？感觉安置地这边的气候好些还是老家气候好些？

9. 搬迁过来后，政府分给每户多少面积的耕地？是不是自己在耕种？觉得分配的土地质量如何？

10. 对这边的生产方式还习惯吗？比如农作物的栽种情况，农具的使用方法等。

11. 在老家，过春节有什么样的习俗？端午节有什么样的习俗？中秋节有什么样的习俗？搬迁后还这样过吗？

12. 老家婚嫁方面的习俗是怎么样的？比如聘礼、嫁妆、新房情况等。搬迁过来后，有移民举办过婚礼吗？是按老家习俗还是按当地习俗举办的？

13. 在老家，丧葬方面有什么样的习俗？搬迁后有没有改变？

14. 原来在老家的时候，村民们之间的关系怎么样？搬迁过来后，彼此之间的关系怎么样？

15. 刚搬迁过来时，和当地居民的关系怎么样？现在与当地居民的关系有改变吗？

16. 搬迁到这边后，如果家里有事一般找谁帮忙？

17. 感觉自己在人际关系即与人相处这方面的适应情况如何？

18. 感觉孤单吗？

19. 感觉当地的社会风气怎么样？

20. 从思想观念来看，觉得自己和当地居民差别大吗？比如思想开放程度，接受新事物的能力等。

21. 怀念在老家的生活吗？有没有产生过搬回老家居住的想法？

22. 觉得自己现在是不是本地人？把安置地当作自己的家乡了吗？有没有扎根下来的想法呢？

23. 对以后的生活有什么样的具体打算？

24. 搬迁过来后觉得遇到的最主要的适应困难是什么？这些困难现在都克服了或者说有所改善了吗？

25. 老家移民干部的态度如何？这边移民干部的态度呢？相比较的话，哪边的移民干部要更好一些？

26. 你对三峡移民的相关政策了解吗？你是通过何种渠道了解的？你对这些政策有什么建议？

27. 你觉得两地对移民政策的宣传方式有什么不同？哪边的方式更

易于让人接受？

28. 你觉得当前与你生活最为密切的移民制度有哪些？这些政策制度落实得怎么样？是否需要改进？怎样改进？

29. 你对村里的乡规民约以及工厂的上班制度适应吗？如果有不适，具体表现在哪些方面？

HOUJI

后 记

本书系“三峡移民文化理论研究”课题成果。该课题由重庆市移民局委托重庆市社会科学界联合会于2011年发布，作为重庆市哲学社会科学特别委托项目纳入重庆市社科联课题系统进行规范管理。课题负责人由黎小龙、张文担任，课题组成员以西南大学历史文化学院民族学院师生为主。第一阶段，经过充分论证，由张文组织实施调研计划。其中，张文率汪悦、孙丰琛、李娟娟等赴重庆江津调查内安移民，李文学率邱建彬、孙丰琛赴山东曲阜、青岛调查外迁移民，岳精柱、周渝津、孙丰琛先后赴重庆巫山、江津等地调查内安移民与就地后靠移民，并由邱建彬、周渝津、汪悦、孙丰琛、李娟娟等整理录音和访谈资料，撰写考察报告。在此基础上，完成了黎小龙指导、岳精柱执笔的《重庆江津内安三峡移民文化适应性研究》调研报告，李文学指导、邱建彬执笔的《山东曲阜外迁三峡移民文化适应性研究》硕士学位论文，曾现江指导、周渝津执笔的《重庆巫山就地后靠三峡移民文化适应性研究》硕士学位论文。第二阶段，由张文拟订编写大纲，黎小龙审定编写大纲，课题组在上述调研报告和硕士学位论文的基础上进行书稿编撰，具体分工如下：

第一章：汪悦、邱建彬、周渝津编撰；

第二章：裴一璞、汪悦编撰；

第三章、第四章、第五章：邱建彬、李文学、周渝津、曾现江、岳精柱、汪悦编撰；

第六章：汪悦、张文、陈宇编撰。

全书由黎小龙、张文审改、统稿，康文籍、孙丰琛、王碧、夏悦、韩晓玲、吴晓玲、易剑龙等对资料进行了核校。

课题论证过程中，得到了重庆市移民局的大力支持。其中，重庆市移民局郎诚、蒋卫中、雷猛、李静等领导对课题大纲的确定提出了宝贵意见。课题调研过程中，得到了各地移民管理部门的大力支持。课题成果出版过程中，得到了重庆市文化委员会的大力支持，将其纳入重庆市出版专项资金资助项目。在此，谨向为本书编写、出版做出贡献的相关机构及相关人员表示衷心感谢。

2016 年 7 月

编者